LE BON PAPE.

NIGEL CAWTHORNE

Das *Sex*leben der Päpste

Die Skandalchronik des Vatikans

INHALT

	Einführung	6
I	Der Bischof von Rom	9
II	Väter und Söhne	25
III	Frauenhelden	37
IV	Latin Lovers	47
V	Päpstin Johanna	53
VI	Päpstliche Pornokratie	67
VII	Römische Orgien	77
VIII	Ersehnter Zölibat	83
IX	Sex und Gewalt	91
X	Intermezzo in Avignon	121
XI	Kalamitäten in Konstanz	141
XII	Papale Pornographie	153
XIII	Schwestern in Christo	163
XIV	Orgien bei den Borgias	175
XV	Heilige Väter	223
XVI	Papst Unterrock	235
XVII	Die Sixtinische wird sittsam	243
XVIII	Sag einfach nein	257
	Bibliographie	264
	Liste der Päpste	266

EINFÜHRUNG

Selbst in einer Zeit, in der priesterliches Fehlverhalten regelmäßig Schlagzeilen macht, mag man sich kaum vorstellen, daß Papst Benedikt XVI. vor den Augen des Kardinalskollegiums von einer Mutter Oberin befriedigt wird. Und doch wäre ein solches Spektakel nicht ohne historisches Vorbild.

Nicht wenige Päpste haben es in der Vergangenheit toll getrieben. Viele waren verheiratet. Noch mehr lebten zwar zum Schein im Zölibat, holten aber ihre Mätressen in den Vatikan und schanzten ihren unehelichen Söhnen – oder „Neffen", wie man sie in Kirchenkreisen euphemistisch nannte – hohe Ämter zu.

Es gab schwule Päpste, die ihre Lustknaben zu Kardinälen machten, und homo- wie heterosexuelle Päpste, die ein ausgesprochen hemmungsloses Sexleben besaßen. Orgien in den päpstlichen Gemächern waren keine Seltenheit. Ein Papst betrieb im Lateranpalast ein Bordell. Einige besserten ihr Einkommen durch Besteuerung der römischen Huren auf. Andere verkauften dem Klerus Ablässe in Form einer Sündensteuer, die es den Geistlichen erlaubte, ihre Mätressen zu behalten, sofern sie eine jährliche Gebühr entrichteten.

Die katholische Kirche hat sich redliche Mühe gegeben, solche Vorkommnisse zu vertuschen. Zur Irreführung nahmen tugendhafte Päpste nach ihrer Ernennung denselben Namen und dieselbe Ordinalzahl wie ihre Vorgänger an. Es war ein willkommener Anlaß für radikale Protestanten des sechzehnten und siebzehnten Jahrhunderts, die Leichen im Keller der Papstgeschichte auszugraben. Ein Pamphletist der damaligen Zeit listete munter auf, welche Päpste Giftmörder, Meuchelmörder, Hurenböcke, Zuhälter, Säufer, Lüstlinge, Spieler, Geisterbeschwörer, Teufelsverehrer und Atheisten waren, und widmete einen eigenen Abschnitt jenen, die Inzest begangen haben.

Zahlreiche Päpste sind der Simonie beschuldigt worden – der Vergabe von Kirchenämtern gegen Geld.

Bis ins fünfzehnte Jahrhundert kam es gelegentlich zu Kirchenspaltungen, in deren Folge es mehr als einen Papst gleichzeitig gab. Rivalisierende Päpste exkommunizierten, inhaftierten und ermordeten sich gegenseitig. Der Verlierer dieses Machtspiels – derjenige, der sich nicht auf der direkten Linie vom heiligen Petrus bis zu unserem heutigen Vertreter Christi behaupten konnte – wurde Gegenpapst genannt. In den Augen von Kirchenhistorikern durften Gegenpäpste sich durchaus ein paar Ausrutscher leisten. Die echten Päpste waren, schenkt man den offiziellen Chroniken Glauben, natürlich ohne Fehl und Tadel, obwohl es nicht unüblich war, den Vorgänger zu vergiften, um den Heiligen Stuhl zu ergattern.

Wenn man bedenkt, wieviel Reichtum, Macht und Status das Papsttum mit sich brachte, kann es kaum verwundern, daß Päpste sich regelmäßig in den Armen von Liebhabern und Mätressen von der Bürde ihres Amtes erholten. Nur wenige wagten es, offene Kritik daran zu äußern. Schon früh in der Geschichte der Kirche wurde klargestellt, daß der Papst niemandem außer Gott verantwortlich war, und von dem erwartete man wohl, daß er ein Auge zudrückte.

Heutzutage stellt man sich Päpste in der Regel als alte Männer vor. Nach langen Jahren im Dienst der Kirche, meint man, müßte ein Papst von der ungestümen Leidenschaft der Jugend endgültig kuriert sein. Doch durch die Machenschaften intrigierender Familien wurde manch einer zum Papst gekrönt, der gerade mal das Teenageralter erreicht hatte. In so jungen Jahren an nahezu unbegrenzte Reichtümer und Machtbefugnisse zu kommen, verführte zu beinahe ebenso unbegrenzten Ausschweifungen, besonders, wenn einem niemand deswegen einen Vorwurf zu machen wagte.

Auch wenn einige der Skandalgeschichten etwas übertrieben wirken, beruhen viele auf handfesten Fakten. Bis 1139 war der Zölibat nicht zwingend, und selbst danach hielten sich Geistliche weiterhin Konkubinen. Die katholische Kirche war damals die reichste Institution der Welt. Religion war ein lukratives Geschäft, und reiche Männer leisten sich nun mal extravagante Vergnügen.

Darüber hinaus ließen sich päpstliche Exzesse problemlos vertuschen. Ab 1557 konnten Veröffentlichungen, die detailliert über die Verfehlungen der Päpste berichteten, den Gläubigen vorenthalten werden, indem man sie einfach in das Verzeichnis der verbotenen Bücher aufnahm. Die offizielle Kirchengeschichte zeichnet die Päpste als reinste Unschuldslämmer. Die ersten dreißig Päpste wurden, mit einer einzigen Ausnahme, zu Märtyrern erklärt, obwohl es keine zwingenden Anhaltspunkte dafür gibt, daß sie für Christus gestorben sind.

Sex und Religion waren seit frühesten Zeiten eng miteinander verwoben. Bei vielen heidnischen Kulten gehörten sexuelle Handlungen ausdrücklich zum Ritual. Auch nachdem das Christentum sich etabliert hatte, mußte es noch mit einer sehr viel sinnenfroheren Religion konkurrieren – dem Islam. Wenn Moslems das Paradies betreten, dann erwarten sie himmlische Zeiten: „Zweiundsiebzig Huris oder schwarzäugige Mädchen von herrlicher Schönheit, blühender Jugend, jungfräulicher Reinheit und außerordentlicher Empfindsamkeit werden zur freien Verfügung des niedrigsten Gläubigen gestellt; ein Augenblick des Vergnügens wird verlängert zu tausend Jahren, und seine Kräfte werden hundertfach gesteigert, um ihn der Glückseligkeit würdig zu machen." Und was wird den Christen im Jenseits geboten? Psalmengesänge, Moralpredigten, Sonnenschein und Himmelsarchitektur.

Doch auch die Geschichte der christlichen Kirche ist nicht annähernd so seriös, wie sie gerne vorgibt. Besonders die Päpste waren ausschweifend und zügellos. Seien Sie also nicht zu überrascht, wenn Sie eines Morgens aufwachen und auf der Titelseite eines Boulevardblatts lesen müssen: „Vatikan geschockt: Papst erwartet Nachwuchs!"

I

DER BISCHOF VON ROM

Der erste Papst, der heilige Petrus, war ein verheirateter Mann. In den Evangelien des Markus, Matthäus und Lukas wird übereinstimmend erwähnt, daß Simon Petrus eine Frau hatte, als Jesus ihm begegnete.

Die Wissenschaft legt sich nicht fest, ob die übrigen Apostel verheiratet waren, es besteht allerdings Einigkeit darüber, daß Johannes ledig war. Frühe Quellen beschrieben ihn fast einmütig als Sexmuffel. Außerdem stimmte man überein, daß Petrus ein Haus in Galiläa besaß, wo er mit seiner Frau, seiner Schwiegermutter und seinem Bruder Andreas lebte.

Nach den Evangelien des Lukas und Markus sagte Petrus: „Siehe, wir haben das Unsere verlassen und sind dir nachgefolgt." Jesus erwiderte: „Wahrlich, ich sage euch: Niemand hat Haus oder Frau oder Brüder oder Eltern oder Kinder verlassen um des Gottesreiches willen, der nicht ein Vielfaches dafür erhält in der jetzigen Welt, in der kommenden aber ewiges Leben." (Luk 18,28–30)

Nun sagte Petrus zwar, daß er sein Haus verlassen, aber nicht, daß er auch sein Weib zurückgelassen habe. Tatsächlich blieben sie auch nach Christi Kreuzigung noch zusammen. In seinem ersten Brief an die Korinther berichtet Paulus, daß Petrus während seines Apostelamtes in Begleitung seiner Frau reiste. Durchaus möglich, daß seine Kinder ebenfalls mitgenommen hat. Die heilige Petronilla, die in Rom begraben liegt, wurde lange als Petri Tochter verehrt.

Als Jesus sagte, Petrus sei der Fels, auf dem er seine Kirche bauen werde, muß er dessen Familienstand gekannt haben. Und bestimmt hätte er ihm nie zur Scheidung geraten. Christi ablehnende Haltung zur Scheidung war allgemein bekannt. Im Evangelium nach Matthäus verkündete er: „Es wurde auch gesagt: ‚Wer seine Frau entläßt, gebe ihr einen Scheidebrief‘. Ich aber sage euch: Ein jeder, der seine Frau entläßt – nicht kommt in Frage Begründung mit Unzucht –, macht sie zur Ehebrecherin, und wer eine entlassene heiratet, bricht die Ehe." (Matth 5,31–32) Das ist ziemlich unmißverständlich.

JESUS UND DER SEX

Auch dürfte Jesus von Petrus kaum erwartet haben, eine Ehe ohne Sex zu führen. Entgegen den Lehren der katholischen Kirche war Jesus ganz gewiß kein Verfechter des Zölibats. Bei Matthäus heißt es weiter: „Habt ihr nicht gelesen, daß der Schöpfer von Anfang an, sie als Mann und Frau geschaffen‘ und gesagt hat: ‚Deshalb wird ein Mann Vater und Mutter verlassen und seiner Frau anhangen, und die zwei werden ein Fleisch sein.‘?" (Matth 19,4–5)

In anderen Schriften erscheint Jesus geradezu als Sexbefürworter. Laut dem Evangelium des Thomas, einer der apokryphen, nicht in die Bibel aufgenommenen Schriften, sagte Jesus: „Wenn ihr wie kleine Kinder eure Kleider ablegt ohne Scham, wenn ihr zwei eins werden laßt, wenn ihr Mann und Frau zu einer Einheit verschmelzt, dann werdet ihr das Reich Gottes betreten."

EIN FAMILIENVATER MIT DREI KINDERN?

Demnach hatte Jesus eine durchaus tolerante Einstellung zum Sex. Eine Zeitlang wurde darüber spekuliert, ob er selbst nicht auch verheiratet war. Zumindest konstatiert die Bibel nicht eindeutig, daß Jesus ledig war, sondern schweigt sich diesbezüglich aus. Zur damaligen Zeit war es für einen jüdischen Mann seines Alters durchaus üblich, ja fast obligatorisch, verheiratet zu sein. Außer bei strenggläubigen essenerianischen Sekten wurde der Zölibat einhellig verurteilt. Ein zeitgenössischer jüdischer Schriftgelehrter verglich den Zölibat gar mit Mord. Es war die Pflicht eines jeden jüdischen Vaters, seinem

Sohn eine Frau zu suchen, genau wie es seine Pflicht war, ihn be-
schneiden zu lassen.

Wichtiger noch, das jüdische mischnaische Gesetz schreibt vor:
„Ein unverheirateter Mann darf nicht Lehrer sein." Es wäre Jesus als
ledigem Mann niemals gestattet worden, durchs Heilige Land zu ziehen und dem Volk zu predigen. Wenn Jesus aber verheiratet war,
stellen sich die Fragen: Wann wurde er getraut und mit wem? In
Kana vielleicht, als er Wasser in Wein wandelte? Vielleicht mit Maria
Magdalena? Es gab zahlreiche Spekulationen.

Dem Matthäusevangelium zufolge war Jesus von königlichem Ge-
blüt – dem des Hauses David. Daher dürfte von ihm erwartet worden sein, daß er Erben zeugte. In dem Buch *„Der heilige Gral und seine Erben"*
von Baigent/Leigh wird die These aufgestellt, Jesus und Maria Magdalena
hätten ein Kind gehabt, das nach Frankreich gebracht wurde und
dessen Nachkommen später den Templerorden gründeten. Die Autoren behaupteten, dieses gefährliche Geheimnis sei der Grund für
die blutige Verfolgung der Templer im dreizehnten Jahrhundert gewesen. *„Der heilige Gral und seine Erben"* ist nicht das einzige Buch, das die
Ansicht vertritt, Jesus sei ein verheirateter Familienvater gewesen. In
„Jesus von Qumran" wagt Barbara Thiering die Behauptung, Jesus habe mit
Maria Magdalena sogar drei Kinder gezeugt, zwei Söhne und eine
Tochter. Thiering erklärt weiter, Jesus sei nicht am Kreuz gestorben.
Er habe lediglich vergleichsweise kurze Zeit daran gehangen – oft
lebten die Gekreuzigten noch mehrere Tage, bis sie schließlich star-
ben. Jesus wurde abgenommen und, so Thiering, wiederbelebt. Aus
diesem Grund fand man auch sein Grab leer vor.

JESUS AUF ABWEGEN?

Einiges deutet sogar darauf hin, daß er Maria Magdalena nicht treu
gewesen ist. Das Thomasevangelium berichtet, Jesus habe des öfte-
ren mit Salome das Lager geteilt, und das koptische *Buch der Wieder-
auferstehung Christi*, welches dem Apostel Bartholomäus zugeschrieben wird, erwähnt, Maria Magdalena sei nicht allein gewesen, als sie
entdeckte, daß Jesus aus seinem Grab verschwunden war. Bei ihr befand sich „Salome, die ihn in Versuchung führte". Nach allem, was

11

man über den Tanz der sieben Schleier hört, besteht kaum ein Zweifel, daß Salome nur zu gut wußte, wie man jemandem den Kopf verdreht.

Thiering ist überzeugt, daß Jesus 44 n. Chr. von Maria Magdalena geschieden wurde und 50 n. Chr. Lydia heiratete, eine Gemeindevorsteherin aus Thyatira, in deren Haus kirchliche Zusammenkünfte stattfanden. Als Lydia schwanger wurde, bestritten viele von Jesu Anhängern die Legitimität des Sprößlings. Diejenigen, welche die Ehelichkeit von Jesu neugeborenem Kind anzweifelten, so Thiering, „wurden der Sodomie beschuldigt".

PAULUS UND DIE CHRISTLICHE SEXUALETHIK

Klemens von Alexandria, ein Theologe des ersten Jahrhunderts, der über christliche Sexualethik schrieb, erwähnte, daß Petrus verheiratet war und während seines apostolischen Amtes zusammen mit seiner Frau Alexandria besuchte.

Die prüderen unter den katholischen Historikern pochen darauf, Petrus sei Witwer gewesen, als er nach Rom ging. Dort begegnete er Paulus, der einen entscheidenden Beitrag zur Ausgestaltung der Sexualethik der Kirche leistete. Die Mehrzahl der katholischen Autoren behauptet, Paulus habe in strengem Zölibat gelebt. Wahrscheinlicher ist jedoch, daß er Witwer war und unter einer langen, unglücklichen Ehe gelitten hatte.

Im ersten Korintherbrief schrieb Paulus jedenfalls: „Haben wir nicht das Recht, eine Schwester, eine Frau, mitzuführen, wie auch die übrigen Apostel?" (1 Kor 9,5) Später behauptete er, seine Beziehungen zu den Schwestern in Christo seien rein platonischer Natur. Selbst in der Ehe, propagierte Paulus, tue ein Mann gut daran, „die Jungfräulichkeit seiner Partnerin zu wahren". Aber Paulus verkündete auch: „… denn besser ist es, zu heiraten als zu brennen." (1 Kor 7,9) Dieses „brennen" wurde häufig als „brennen vor Leidenschaft" und nicht als „in der Hölle brennen" interpretiert.

Außerdem sagte er: „Wenn du aber heiratest, sündigst du nicht." (1 Kor 7,28) Er legte Ehegatten und Ehefrauen eindringlich nahe, sich die ehelichen Rechte zu gewähren, und warnte vor zu lange währender Enthaltsamkeit. So pries er im Epheserbrief eheliche Liebe als hehres Ideal. Andererseits warnt er im ersten Korintherbrief: „Es ist für den Mann gut, eine Frau nicht anzurühren." (1 Kor 7,1)

Wenn es um Sex ging, konnte Paulus sich offensichtlich nicht so recht entscheiden.

VESTALISCHE JUNGFRAUEN, BACCHANALIEN UND DIE RÖMISCHEN BEHÖRDEN

Als das Christentum nach Rom kam, mußte es gegen eine ziemlich starke Konkurrenz antreten. Die wichtigste Staatsreligion dort huldigte dem Zölibat – die Priesterinnen der Göttin Vesta, die das heilige Feuer hüteten, waren ja immerhin vestalische Jungfrauen. Aber tatsächlich war es für diese sechs „Jungfrauen" ein verflixt harter Job, sich ihre Jungfräulichkeit zu bewahren.

Als zum Beispiel Hannibal die Römer bei Cannae besiegte, gab man die Schuld daran nicht militärischer Unfähigkeit, sondern auf Abwege geratenen Vestalinnen. Zwei wurden angeprangert und verurteilt. Später beschuldigte man sogar alle sechs vestalischen Jungfrauen, vom rechten Weg abgekommen zu sein. Ihnen wurde der Prozeß gemacht, und drei wurden schuldig befunden, ihre Jungfräulichkeit hingegeben zu haben. Die Strafe für Unkeuschheit war ein langsamer Tod. Sie wurden in einer unterirdischen Kammer mit einem Bett, einer Lampe und einem kleinen Lebensmittelvorrat eingemauert.

Im Rom des ersten Jahrhunderts wurde die Göttin Venus immer noch auf die überlieferte Weise verehrt, ebenso der Gott Liber. Er war das römische Gegenstück zum griechischen Priapus, dem Gott des erigierten Penis.

Die Behörden waren allerdings bestrebt, Zucht und Ordnung einzuführen. Der Verehrung von Bacchus, Gott des Weines, des Irrsinns und der sexuellen Zügellosigkeit, hatten sie bereits einen Riegel vorgeschoben. Traditionell verehrten Frauen Bacchus dreimal jährlich in geheimen Kulthandlungen. Als jedoch Männer dazukamen und anfingen, sich „gewaltsam" an jungen Bacchantinnen zu „vergehen", schritt der römische Senat ein. Bacchanalien, an denen mehr als drei Frauen und zwei Männer beteiligt waren, durften nur noch mit offizieller Genehmigung durchgeführt werden.

Im Jahre 19 n. Chr. griffen die Behörden gegen die Isisverehrung durch, nachdem eine leichtgläubige junge Matrone namens Paulina die Nacht, wie sie glaubte, in heiligem Beilager mit Isis' Gefährten, dem Gott Anubis, verbracht hatte. Später fand sie dann aber heraus, daß einer ihrer irdischen Bewunderer in die Rolle des Gottes geschlüpft war. Der Skandal, der auf ihre Entdeckung folgte, führte zur brutalen Zerschlagung des Kults. Die Priester der Isis wurden gekreuzigt, und Anhänger des Kults auf die moskitoverseuchte Insel Sardinien deportiert.

EIN PRIESTER NAMENS TYRANNUS

Doch dies hielt andere skrupellose Priester nicht davon ab, ihre jeweiligen Schäfchen zu mißbrauchen. Ein Diener des Saturn namens Tyrannus machte zahlreichen Ehemännern schöner Frauen weis, Saturn persönlich habe darum gebeten, ihre schönen Frauen sollten die Nacht im Tempel verbringen. Die jeweils Auserwählte fühlte sich geehrt und fand sich festlich gekleidet samt Geschenken im Tempel ein, wo sie von Tyrannus eingeschlossen wurde. Dann schlich er sich auf die Rückseite des Gebäudes und gelangte über einen geheimen Zugang in die Statue des Saturn. Von dort sprach er zu ihr. Die Worte des vermeintlichen Gottes schmeichelten der Frau so sehr, daß sie sich bereitwillig seinen Wünschen fügte. Nachdem Tyrannus sein Opfer ordentlich scharf gemacht hatte, blies er die Kerzen aus, betrat die Kammer und vergnügte sich mit der willigen Verehrerin des Saturn.

Das ging eine ganze Weile gut, bis schließlich eine der Frauen Tyrannus' Stimme erkannte und alles ihrem Mann erzählte. Tyrannus wurde verhaftet, gestand unter der Folter, und eine Vielzahl römischer Familien sah sich plötzlich durch ehebrecherische Frauen oder uneheliche Sprößlinge entehrt.

CLAUDIUS UND MESSALINA

Die christliche Botschaft der sexuellen Zurückhaltung fiel im antiken Rom zweifellos auf fruchtbaren Boden. Eheliche Untreue war weit verbreitet. Claudius war Kaiser, als das Christentum Rom erreichte, und seine Gemahlin, die laszive Messalina, hatte zahllose Affären.

Sie war so unersättlich, daß sie nachts verkleidet den kaiserlichen Palast verließ und ein Bordell aufsuchte, wo sie sich unter dem Namen Lycisca prostituierte. In ihrer feuchten Zelle entblößte sie Vagina und Brustwarzen. Anschließend befriedigte sie jeden, der zu ihr kam. Als sie 48 n. Chr. in aller Öffentlichkeit einen ihrer diversen Geliebten heiratete, ließ sich der wankelmütige Claudius schließlich überreden, sie hinrichten zu lassen. Danach heiratete Claudius seine Nichte Agrippina, die allerdings nicht viel besser war. Es gilt als nahezu sicher, daß sie zu ihrem eigenen Sohn, Nero, eine inzestuöse Beziehung pflegte. Sie reisten oft gemeinsam in einer geschlossenen Sänfte, und wenn sie diese wieder verließen, wurde häufig bemerkt, daß ihre Kleidung fleckig und zerdrückt war.

ROM UNTER NERO

Als Nero Kaiser wurde, brüskierte er mit voller Absicht seine Mutter und freundete sich mit der freigelassenen Sklavin Acte an, die Agrippina zum Verwechseln ähnlich sah. Er versuchte zudem, seine Mutter umbringen zu lassen, da sie gegen seine Affäre mit der schönen Poppaea opponierte.

Poppaea war bedauerlicherweise schon verheiratet, doch Nero schaffte sich den lästigen Ehemann vom Hals, indem er ihn kurzerhand zum Präfekten von Lusitanien ernannte. Seine eigene Frau Octavia wurde er dadurch los, daß er sie erst des Ehebruchs mit einem Sklaven bezichtigte und sich dann mit der Begründung, sie sei unfruchtbar, von ihr scheiden ließ. Sie mußte ins Exil, wo sie kurz darauf umgebracht wurde, wahrscheinlich auf Neros Befehl. Sie war bei ihrem Tod erst neunzehn.

Der römische Schriftsteller Sueton schilderte, daß Nero, obwohl er Poppaea heiratete, bis ans Ende seiner Tage „weder das Trinken noch seinen ausschweifenden Lebensstil aufgab ... oder die Art und Weise seiner Vergnügungen änderte".

Als Petrus und Paulus in Rom eintrafen, stand Neros korruptes Regime im Zenit, und man frönte jedem nur denkbaren exotischen Laster. Nero hatte einen fürstlichen Park auf dem Vatikanischen Feld angelegt, wo einige seiner großartigsten Orgien stattfanden. Die frühchristliche Gemeinde Roms befand sich quasi in Hörweite, und

Petrus und Paulus müssen gewußt haben, was sich nur hundert Meter von ihrer eigenen Haustür entfernt abspielte.

Merkwürdigerweise wurde von frühchristlichen Gelehrten behauptet, Neros zweite Frau Poppaea sei Christin gewesen. Trotzdem nahm sie, mit oder ohne Petri Segen, zweifellos an diesen Orgien teil.

„Die berüchtigtsten und lasterhaftesten dieser Vergnügungen", schrieb Tacitus, „waren jene, die in Rom von Tigellinus veranstaltet wurden [dem Chef der Prätorianergarde]. Auf einem See im Palastgelände war auf einem Kahn ein Festmahl angerichtet. Der Kahn wurde von mit Gold und Elfenbein geschmückten Booten geschleppt, an deren Ruder verderbte Jugendliche saßen, die entsprechend ihrer Tüchtigkeit bei fleischlichen Praktiken ausgewählt wurden. Da waren Vögel und Tiere aus fernen Ländern und Seeungeheuer aus dem Meer. An den Ufern des Sees gab es Lasterhöhlen mit Damen von hohem gesellschaftlichen Stand. Daneben waren splitternackte Prostituierte, die sich unzüchtiger Gesten und einer anstößigen Sprache befleißigten. Bei Einbruch der Dunkelheit erschallten Lieder aus den Hainen und Sommerhäusern, die von Fackeln hell erleuchtet wurden. Nero machte sich Schande mit Abscheulichkeiten jeder Art, natürlichen und widernatürlichen, und ließ auch nicht die niedrigste Ausschweifung aus, zu der er noch sinken konnte."

ZIRKUS- UND LIEBESSPIELE

Es waren nicht nur der Kaiser und die oberen Klassen, die der Promiskuität frönten. Zu Zeiten von Petrus waren die Spiele in Rom ausgesprochen populär. In der Nähe der großen Zirkusarenen gab es Tavernen und Stände, in denen Prostituierte ihrem Gewerbe nachgingen. Sie waren eigens dafür ausgebildet, Männern jene Art von sexueller Befriedigung zu schenken, die sie bei ihren Ehefrauen nicht finden konnten. Denn aufgrund der sinkenden Geburtenrate in Rom wurden Ehefrauen angehalten, beim Sex züchtigere Stellungen einzunehmen, von denen man glaubte, daß sie am ehesten eine Schwangerschaft begünstigten.

Die Spiele selbst waren alles andere als ein passives Zuschauen. In seiner *Liebeskunst* schrieb Ovid: „Gar vielfältig sind die Möglichkeiten, die dich im Zirkus erwarten. Niemand wird dich hindern, dich neben ein Mädchen zu setzen. Setze dich so dicht wie nur möglich neben sie. Das ist leicht genug, sind doch die Sitzplätze ohnehin sehr schmal. Erfinde einen Vorwand, um sie anzusprechen … Frage sie, welche Pferde in die Arena kommen und welches ihr am besten gefällt. Bestätige sie in ihrer Wahl … Falls, was durchaus wahrscheinlich ist, ein Schmutzflöckchen auf ihren Schoß fällt, wische es behutsam fort; und, selbst wenn kein Schmutz niedergeht, tu so als wäre es anders und wische genauso über ihren Schoß. Gewiß wird sie dir einen flüchtigen Blick auf ihre Beine gewähren … Das geschickte Zurechtrücken eines Sitzkissens hat schon oft genug einem Liebhaber geholfen … Dies sind die Vorzüge, die ein Zirkus einem Mann zu bieten hat, der auf eine Affäre aus ist."

Laut Neros Erzieher Seneca suchten homosexuelle Männer die Badehäuser auf, um einander zu taxieren. Gelegentlich badeten Männer und Frauen gemeinsam nackt. Der neu erfundene Vergrößerungsspiegel war das angesagte Sexspielzeug der Zeit. Und beim Abendessen sorgten nackte spanische Tänzerinnen für Unterhaltung. Durchsichtige Kleider, die sowohl Brüste als auch Genitalien entblößten, waren der letzte Schrei. Das Problem war nur, fand Seneca, daß „unsere Frauen nichts mehr haben, was sie ihren Liebhabern im Schlafzimmer noch enthüllen könnten".

SIMON DER MAGIER

Einen gewissen Eindruck von der Einstellung des heiligen Petrus zu den sexuellen Sitten des kaiserlichen Roms gibt eine apokryphe Erzählung. Während Petrus sich in Rom aufhielt, tauchte der Anführer einer anderen gnostischen Sekte, Simon der Magier, auf. Bekannt war er auch als „Der Stehende", da er einen priapischen Kult leitete, der das erigierte männliche Glied verehrte. Obwohl zum Christen getauft, war seine Leidenschaft für „Metzen" allgemein bekannt. Simon der Magier forderte Petrus zu einem Zauberwettkampf im Beisein des Kaisers heraus. Zur Eröffnung erhob sich Simon schwerelos in die Luft, doch Petrus fiel betend auf die Knie und brach so die Macht von Simons Zauber, woraufhin der hart zu Boden stürzte und sich dabei den Oberschenkel brach.

Diese Geschichte schreit förmlich nach einer allegorischen Interpretation. Und falls sie tatsächlich Petri sexualfeindliche Einstellung widerspiegelt, war der Konflikt zwischen ihm und Nero nahezu vorprogrammiert.

ROM IN FLAMMEN

Um die Christen loszuwerden, gab Nero ihnen die Schuld an dem Brand, der 64 n. Chr. einen großen Teil Roms vernichtete. Im Gegensatz zur landläufigen Ansicht klimperte Nero nicht müßig auf seiner Leier, während Rom in Flammen stand. Das Gegenteil war der Fall, er versuchte sogar, das Feuer zu löschen. Doch als die Feuersbrunst ihren Höhepunkt erreichte, unterbrach er die Leitung der Löscharbeiten, um auf die Bühne zu treten und ein Lied zu singen, in dem er den Brand mit der Plünderung Trojas verglich.

Nach dem Brand wurde Petrus verhaftet und gekreuzigt. Paulus starb etwa zur gleichen Zeit den Märtyrertod.

Natürlich wurde Petrus später heiliggesprochen, was dem paulinischen, sexfeindlichen Flügel der Kirche jedoch gewisse Bauchschmerzen bereitete. Wie konnte Petrus das Zeug zur Heiligkeit haben, wenn er sich doch mit einer Frau beschmutzt hatte? Ein zölibatärer Eiferer fand einen eleganten Ausweg aus diesem Dilemma. Er sprach Petrus von der Sünde der Unkeuschheit frei, indem er erklärte, Petrus habe sich „vom Schmutz der Ehe mit dem Blut seines Märtyrertodes reingewaschen".

NEROS TOD UND DIE CHRISTENVERFOLGUNG

Die Märtyrertode von Petrus und Paulus konnten die Bürger Roms ebenso wenig beschwichtigen wie die einsetzende Verfolgung der zum Sündenbock abgestempelten Christengemeinde. Der Senat verabschiedete eine Resolution, die Nero zum Tod eines gemeinen Kriminellen verurteilte. Er sollte nackt ausgezogen, an einen Pflock gefesselt und ausgepeitscht werden. Sobald er sein Urteil vernommen hatte, beschloß Nero, Selbstmord zu begehen, brachte jedoch die Courage nicht auf. Erst als er den Hufschlag der berittenen Soldaten nahen hörte, die kamen, um ihn festzunehmen, ergriff er schließlich doch den Dolch. Aber selbst da benötigte er noch Hilfe, um ihn sich in die Kehle zu stoßen.

Neros Tod brachte jedoch nicht das Ende der Christenverfolgung, die mit Unterbrechungen noch einige Jahrhunderte andauern sollte. In den schlimmsten Zeiten gingen die Christen buchstäblich in den Untergrund und versteckten sich in den Katakomben unter der Stadt.

Nichtdestoweniger begann das Christentum langsam an Bedeutung zu gewinnen. Was die Römer an der neuen Religion besonders beeindruckte, war die außergewöhnliche Fähigkeit mancher christlicher Priester, keusch zu bleiben. Ein junger Christ wandte sich sogar an den Kaiser mit der Bitte um Erlaubnis, sich von einem Arzt kastrieren lassen zu dürfen, damit er nicht in Versuchung käme. Doch bereits Kaiser Domitian hatte die Kastration verboten. Der hohe Bleigehalt des römischen Trinkwassers und exzessiver Alkoholkonsum hatten zu einem gefährlichen Rückgang der Geburtenrate geführt, und Rom brauchte alle neuen Bürger, die es bekommen konnte. Kaiser Hadrian erweiterte das Gesetz sogar noch: Selbst freiwillige Kastration war nun bei Todesstrafe verboten. Und so wurde dem jungen Christen die Erlaubnis verweigert.

Von Anbeginn an scheinen die Päpste sich in ihrer Einstellung zum Sex stark unterschieden zu haben. Papst Soter (166–175) tadelte Dionysius, den Bischof von Korinth, für seine laxe Haltung in der Frage der sexuellen Enthaltsamkeit und seine Toleranz gegenüber Sündern. Papst Victor I. (189–199) hingegen scheint viele von Dionysius' Ansichten geteilt zu haben.

CHRISTLICHE NÄCHSTENLIEBE

Victor I. war der erste Papst, von dem man weiß, daß er Umgang mit dem kaiserlichen Hof pflegte. Als seine Mittlerin fungierte Marcia, die Mätresse des verderbten Kaisers Commodus. Victor überreichte ihr eine Liste mit Namen von Christen, die zur Zwangsarbeit in den sardischen Bergwerken verurteilt worden waren, und beim Bettgeflüster überredete Marcia den Kaiser, ihre Glaubensbrüder zu begnadigen.

Marcia war schon eine tolle Frau. Wie so viele unerwünschte kleine Mädchen war sie als Säugling „ausgesetzt" worden – soll heißen, sie wurde zum Sterben ins Freie gelegt. Ein Christ namens Hyacinthus bewahrte sie vor diesem Schicksal. Angeblich war er ein Eunuch, möglicherweise sogar Priester. Jedenfalls erzog er sie im christlichen Glauben.

Seinen Lebensunterhalt verdiente Hyacinthus allerdings auf wenig christliche Weise. Er rettete zum Sterben ausgesetzte kleine Mädchen, zog sie bis zur Volljährigkeit auf und verkaufte sie dann in Harems oder Bordelle. Dementsprechend wurde Marcia, als sie die Pubertät erreichte, als Sklavin-Konkubine an den Hof eines römischen Adligen verkauft. Dieser Adlige war jedoch an einem Mordkomplott gegen Commodus beteiligt, das von der Schwester des Kaisers, Lucilla, eingefädelt worden war. Als die Intrige aufflog, wurde er hingerichtet und sein Besitz – Marcia inbegriffen – vom Kaiser beschlagnahmt. Sie landete im kaiserlichen Harem bei dreihundert wunderschönen Frauen und dreihundert der hübschesten Knaben, die Commodus' Zuhälter in der römischen Gesellschaft finden konnten.

Dank ihrer Schönheit und erotischen Kunstfertigkeit wurde Marcia schon bald eine von Commodus' Lieblingsgespielinnen. Sie organisierte Orgien, die angeblich „in ihrer Maßlosigkeit und Obszönität selbst jene von Nero übertrafen". Sie zeigte gern ihre üppige Figur und trug oft sehr gewagte Kleider, wenn Papst Victor sie besuchte.

Nachdem sie ihre Christenpflicht getan und ihre Glaubensgenossen auf Sardinien befreit hatte, feierte Marcia drei weitere Jahre wüste Orgien. Dann beteiligte sie sich an einem erfolgreichen Mordkomplott gegen Commodus und rettete ihre unsterbliche Seele, indem sie den Anführer der Mörderbande heiratete.

PAPST CALIXTUS I.

Aus Angst vor einem etwaigen Konkurrenten hatte Victor I. den Namen des Christen Calixtus bewußt nicht auf die Liste gesetzt, die er Marcia gab – ein frühes Beispiel für später noch oft praktizierte päpstliche Heimtücke. Calixtus war weniger aufgrund seines christlichen Glaubens als vielmehr wegen der Veruntreuung ihm anvertrauter Gelder nach Sardinien geschickt worden. Dennoch gelang es ihm, den Vorsteher des Bergwerks zu überzeugen, es läge offensichtlich ein Justizirrtum gegen ihn vor, und er konnte seine Begnadigung erwirken. Er wurde dann Papst Calixtus I. (217–222).

Den Minen Sardiniens lebend entronnen zu sein, galt schon als kleines Wunder. Die Sklaven erfuhren dort eine entsetzliche Behandlung. Die meisten hielten nur sechs bis bestenfalls vierzehn Monate durch.

KAISER ELAGABAL

Calixtus hatte erheblich mehr Schwierigkeiten als seine unmittelbaren Vorgänger, den christlichen Einfluß auf den kaiserlichen Hof aufrechtzuerhalten. Außerdem drohte eine neu aufkommende Religion dem Christentum Konkurrenz zu machen. Im Jahre 218 wurde der vierzehnjährige Elagabal (Heliogabal) von Emesa zum Kaiser ausgerufen. Er war Priester des syrischen Sonnengottes El-Gabal, der in einem angeblich vom Himmel gefallenen schwarzen Steinkegel verehrt wurde. Als Bestandteil der Riten von El-Gabal „vollführten syrische Maiden lüsterne Tänze zu den Klängen barbarischer Musik". Selbst die römischen Senatoren waren schockiert über die Orgien im kaiserlichen Palast. Mätressen und Lustknaben vergnügten sich auf mit Krokusblüten gefüllten Kissen, während der als Frau verkleidete Kaiser hohe römische Beamte verspottete.

Er ging mit seinen Frauen ins Badehaus und rieb sie von Kopf bis Fuß mit Psilothrum ein, einem Enthaarungsmittel. Er liebte glatte und makellos gepflegte Körper. Sein eigener Körper wurde auf gleiche Weise enthaart. Die Schamhaare seiner männlichen Geliebten jedoch rasierte er mit derselben Klinge, die er auch für seinen Bart benutzte.

Elagabal dachte sich immer neue und kreative Wege aus, seine Gelüste zu befriedigen. Geliebte beiderlei Geschlechts erhielten die höchsten Ämter im Staat. Als er aber gegen eines der heiligsten Gesetze Roms verstieß und die Vestalinnen vergewaltigte, ging er einen Schritt zu weit. Die Prätorianergarde meuterte und tötete ihn.

Unter der Herrschaft Elagabals übte Papst Calixtus ein ziemlich liberales Regime aus. Er weihte mehrfach Verheiratete zu Priestern, erlaubte die Eheschließung Geweihter und beließ sogar einen Bischof im Amt, der sich „schwerer Vergehen" schuldig gemacht hatte.

Er wußte auch, wie er Sünder in seine Herde locken konnte. Zu einer Zeit, als in Rom auf Ehebruch immer noch die Todesstrafe stand, verkündete er: „Ich werde selbst jenen die Absolution erteilen, die sich des Ehebruchs und der Unzucht schuldig gemacht haben, sofern sie Buße tun." Das zog natürlich neue Konvertiten an.

DER ERSTE GEGENPAPST

Selbstverständlich war Calixtus' nachsichtige Haltung manchem Kirchenmann ein Dorn im Auge, und so wählten sie einen eigenen Papst, den strengen und unversöhnlichen Hippolytus (217–235), der damit zum ersten Gegenpapst wurde. Er empörte sich über Calixtus' tolerante Mitgliedschaftspolitik, besonders was Frauen betraf, und beklagte, daß Calixtus „es Frauen sogar erlaubte, daß sie sich, wenn sie unverheiratet waren und vor Leidenschaft brannten, und das in einem unschicklichen Alter, oder wenn sie nicht geneigt waren, ihre gesellschaftliche Stellung für eine rechtmäßige Ehe aufzugeben, jeden als Bettgenossen aussuchen konnten, ob nun Sklave oder Freier, und daß sie, obgleich nicht rechtmäßig verheiratet, eine solche Person als ihren Ehemann ansehen durften".

Weiterhin erlaubte Calixtus freien Frauen die Eheschließung mit Sklaven, was zur damaligen Zeit gegen das römische Gesetz verstieß. Das lockte sogar Frauen aus Senatorenfamilien in die Kirche.

Hippolytus verdammte Sex in jedweder Form, mit oder ohne die Weihe der Ehe. Er endete zusammen mit Papst Pontianus (230–235), einem von Calixtus' Nachfolgern, auf der „Insel des Todes", Sardinien, als Kaiser Maximinus Thrax ihres Gezänks überdrüssig wurde.

KONSTANTIN, DER ERSTE CHRISTLICHE KAISER

Langsam, aber sicher, setzte sich das Christentum im Römischen Reich durch. Kaiser Diokletian heiratete eine Christin und schützte ihre Glaubensbrüder achtzehn Jahre lang vor Verfolgungen, bis Galerius ihm einredete, sie seien eine fanatische Sekte, die sich gegen ihn verschworen habe.

Kaiser Constantius Chlorus hatte eine Konkubine, die Christin war. Sie war Dienstmädchen in einer Schenke am Straßenrand gewesen, in der er Rast gemacht hatte. Er war so von ihr angetan, daß er sie kurzerhand mitnahm, als er die Schenke wieder verließ. Ihr Sohn Konstantin wurde der erste christliche Kaiser Roms. Seine Mutter bekehrte ihn von einem ähnlichen Sonnenkult wie dem des Elagabal. Als Konstantin im Jahre 312 in Italien einmarschierte, wies er zügellosere Sekten in ihre Schranken; den Titel Pontifex Maximus für den höchsten Priester der römischen Staatsreligion gab er allerdings niemals auf.

Der damalige Papst Silvester I. (314–335) muß gewisse ideologische Probleme mit seinem Schutzherrn Konstantin gehabt haben. Der Kaiser heiratete zweimal, ermordete 326 Crispus, seinen Sohn aus erster Ehe, und ließ seine zweite Frau im Bade töten. Des weiteren brachte er seinen Schwager um, nachdem er ihm zuvor sicheres Geleit versprochen hatte, und seinen elfjährigen Neffen. Christlich taufen ließ Konstantin sich erst kurz vor seinem Tod, als er zum Sündigen längst keine Kraft mehr hatte.

Die Lehren der Kirche waren damals auch nicht annähernd so streng wie heute. Erst 314, auf dem Konzil von Ankara, wurde der Geschlechtsverkehr mit Tieren verboten. Außerdem überhäuften Konstantin und seine Familie die Kirche mit großzügigen Geschenken – Gold, Silber, Edelsteine und kostbare Stoffe. Der Papst wurde aus seiner bescheidenen Unterkunft aus- und im prächtigen Palast der Familie der Laterani einquartiert.

Im Gegenzug überschlug sich die Kirche förmlich, um Konstantin gefällig zu sein. Um den promiskuitiven Sexgewohnheiten des großzügigen Kaisers entgegenzukommen, schrieb der heilige Augustinus, daß falls ein Mann feststellen sollte, mit einer unfruchtbaren Frau verheiratet zu sein, es völlig in Ordnung sei, wenn er sich eine Konkubine nähme. Es gibt weder Grund zu der Annahme, daß Konstantins Gattinnen unfruchtbar waren, noch, daß er sich auf eine Konkubine beschränkte. Aber der Papst schwieg.

KONSTANTINS TOD UND DIE KIRCHENSPALTUNG

Es versetzte der römischen Kirche einen schweren Schlag, als Konstantin der Große 330 Rom verließ und seine Hauptstadt nach Byzanz verlegte, das in Konstantinopel umbenannt wurde. Dort starb Konstantin im Jahre 337 und hinterließ das Reich seiner Familie, die sich prompt zerstritt. Die Thronfolge wurde einzig und allein durch Mord entschieden.

Zunächst wurden alle männlichen Verwandten dahingemetzelt.

Dann fiel der älteste Sohn dem jüngsten zum Opfer, von dem es heißt, er habe als Kaiser in seinen Untugenden und Lastern durchaus mit Elagabal konkurrieren können. Als auch er getötet wurde, übernahm der zweitälteste, Constantius, die Staatsgewalt.

Leider (aus römischer Sicht) war der Gewinner dieses Machtkampfs Anhänger des Arianismus – das heißt, er leugnete die Wesensgleichheit Christi mit Gott. Dies spaltete die Kirche, wobei ein großer Teil der herrschenden Klassen des Ostens dem neuen Kaiser folgte.

Wiewohl die Kirche durch Konstantins Familie gespalten wurde, konnte Rom doch wenigstens seine Enkelin Constantia für sich beanspruchen. Sie weihte ihre Jungfräulichkeit Christus und war im Alter von zwölf Jahren bereit, den Märtyrertod zu sterben. Zum Dank sprach die katholische Kirche sie heilig.

II

VÄTER UND SÖHNE

Frauen besaßen in Rom beträchtlichen Einfluß. Wenn man dort an der Macht bleiben wollte, konnte es nicht schaden, ein Frauenheld zu sein. Papst Liberius (352–366) erkannte diesen Zusammenhang von Anfang an. Im Jahre 355 wurde er von Konstantins Sohn, Kaiser Constantius II., nach Thrakien verbannt – etwa die Gegend des heutigen Bulgarien –, und Gegenpapst Felix II. (355–365) nahm seinen Platz ein. Aber Felix hatte einfach nicht denselben Schlag bei Frauen. Als Constantius im April 357 von seiner Hauptstadt Konstantinopel zu Besuch nach Rom kam, wurde er von reichen Frauen angegangen, die die Rückkehr des Liberius verlangten. Und sie meinten es ernst. Constantius wurde schnell überzeugt, daß er die öffentliche Ordnung in Rom nicht würde aufrechterhalten können, sollte Liberius nicht wiedereingesetzt werden. Also bekamen die Frauen ihren Willen, und Liberius kehrte zurück.

Genau genommen herrschten Liberius und Felix nach Liberius' Rückkehr gemeinsam. Felix zog sich jedoch aufs Altenteil zurück und überließ Liberius, der wußte, wie man die militanten Frauen Roms zu nehmen hatte, die eigentliche Arbeit. Allerdings war es Felix, der schließlich kanonisiert wurde. Liberius brachte es nie zum Heiligen.

Als Liberius am 24. September 366 starb, wählte man seinen Diakon Ursinus zum neuen Papst. Damasus jedoch, der Sohn eines Priesters, der sowohl für Liberius als auch für Felix gearbeitet hatte, war damit überhaupt nicht einverstanden. Als ehrgeiziger Mann dachte er gar nicht daran, sich seine Pläne von solchen Nebensächlichkeiten wie einer Wahl durchkreuzen zu lassen. Also engagierte er kurzerhand eine Bande von Schlägern und stürmte die julianische Basilika. Ein dreitägiges Massaker unter den Anhängern von Ursinus war die Folge. Am 1. Oktober 366 eroberten Damasus' Männer die Lateranbasilika, und der Priestersohn wurde zu Papst Damasus I. (366–384) geweiht. Die Tatsache, daß Damasus verheiratet war, stand ihm nicht im Weg – er verleugnete einfach Frau und Kinder.

GEMETZEL UND GELÜSTE

Das Blutvergießen zwischen den Anhängern von Damasus und denen von Ursinus ließ erst nach, als der Präfekt von Rom, Praetextus, ein Heide, einschritt und Ursinus' noch verbliebenen Gefolgsleute aus der Stadt vertrieb. Doch die Kämpfe waren damit noch nicht ganz beendet. Einige von Ursinus' Männern verschanzten sich in der Liberianischen Basilika. Damasus' Parteigänger griffen an, und 137 Ursinianer wurden abgeschlachtet. Für den Rest seines Lebens mußte Damasus vor den Ursinianern geschützt werden.

Der zeitgenössische heidnische Geschichtsschreiber Ammianus Marcelinus war nicht überrascht, daß Männer zu derart drastischen Maßnahmen bereit waren, um sich den Heiligen Stuhl zu sichern. „Wen wundert es, daß Männer für einen so kostbaren Preis, wie ihn der Bischofssitz von Rom darstellt, mit äußerstem Eifer und Hartnäkkigkeit kämpfen. Denn wenn dieser Posten einmal errungen ist, genießt ein Mann in Frieden ein Vermögen, das durch die Freigebigkeit der ersten Frauen der Stadt gesichert ist; er kann in einer Kutsche fahren, gekleidet in herrliche Gewänder; er kann Bankette geben, deren Luxus den der kaiserlichen Tafel übertrifft – dies sind die Belohnungen für erfolgreichen Ehrgeiz."

Damasus I. erfreute sich ganz sicher des Entgegenkommens „der ersten Frauen der Stadt". Er spielte den großzügigen Gastgeber und erhielt von Lästerzungen den Spitznamen „Ohrkitzler der Matronen".

Damasus' Sekretär, der asketische heilige Hieronymus, billigte weder das Verhalten des Papstes noch die Männer, mit denen er sich umgab, die auf ihn eher wie Freier denn wie Geistliche wirkten. Er warnte etwa ein Dutzend tugendhafter Damen, die römische Kirche, Klerus wie Laienstand, sei durch und durch verdorben. Seine Kommentare zu den dort herrschenden sexuellen Gepflogenheiten waren so eindeutig, daß Akademiker – bedauerlicherweise – davon Abstand nehmen, sie zu übersetzen. Hieronymus' Argumentation lautete in etwa, Priester, Mönche, professionelle Jungfrauen, Witwen und Christenfrauen seien ausnahmslos zügellos und verderbt.

VON PRIESTERN MIT LOCKIGEM HAAR

In einem Brief an eine altjüngferliche Aristokratin namens Eustochium ermahnte Hieronymus sie eindringlich, Damasus' Herde zu meiden. Christliche Jungfrauen „fallen jeden Tag der Sünde anheim", so sein Kommentar. Christliche Witwen würden von Alkohol und Drogen abhängig gemacht. Er schrieb von „Liebesgelagen" – Orgien – in Kirchen an Heiligenfesten. Andere frühchristliche Kirchenlehrer wie Ambrosius von Mailand und Augustinus von Hippo bestätigten dies. Folglich riet Hieronymus der braven Eustochium, sie müsse unbedingt „die Gesellschaft der Matronen meiden", und dürfe die Häuser der adligen Damen nicht betreten. „Sie werden als keusche Nonnen angesehen, und nach dem Abendmahl schlafen sie mit den Aposteln." Unter Damasus würden Männer Priester und Diakone, „um ungehinderter mit Frauen verkehren zu können". Priester mit lockigem Haar, duftenden Roben und juwelengeschmückten Fingern, die zudem ihre Zeit ausschließlich mit Besuchen bei reichen Frauen zubrachten – wie Damasus –, müßten „als Ehegatten angesehen werden, und nicht als Geistliche". Manche Priester beugten sich zwar dem Gebot der Ehelosigkeit, räumte Hieronymus ein, doch dafür umgaben sie sich mit Sklavenmädchen und verbrachten ihr gesamtes Leben in weiblicher Gesellschaft.

Eine andere römische Jungfer ermahnte Hieronymus, niemals mit einem Priester allein im Raum zu bleiben. Sollte sie dennoch in eine solche Situation geraten, müsse sie „vorschützen, daß entweder ihre Därme oder aber ihre Blase unbedingt der Erleichterung bedürften". Auch christlichen Frauen sei aus dem Weg zu gehen. „Betritt niemals das Haus, noch halte dich allein in ihrer Gesellschaft auf." Bei Mönchen, die barfuß gingen, und Nonnen, die alte und zerlumpte Kleider trügen, riet Hieronymus ebenfalls zur Vorsicht, da sie tagsüber fasteten, doch bei Nacht und an Feiertagen „schlingen bis zum Erbrechen". Die einzigen tugendhaften Frauen, die in den Straßen Roms zu sehen seien, schlicht gekleidet und von blassem, asketischem Äußeren, waren laut Hieronymus Heidinnen.

PAPST DAMASUS VOR GERICHT

Rein theoretisch lagen Papst Damasus und Hieronymus ziemlich auf einer Wellenlänge. Was Sex betraf, war Damasus strikt dagegen. Er verfaßte lateinische Prosa und Dichtung zum Lobe der Jungfräulichkeit. „Geschlechtsverkehr", schrieb er, „ist eine Schändung." Die Diskussion darüber, was genau er unter dem Wort „Schändung" verstand, dauert noch an. Manche behaupten, er meinte „Beschmutzung" im Sinne von Sünde, andere, er hatte eine Schändung des Gesetzes im Sinne. Wie auch immer – er praktizierte nicht, was er predigte. Im Jahre 378 erhob ein bekehrter Jude namens Isaac eine „skandalöse Anklage" gegen ihn. Damasus wurde von einer Synode aus vierundvierzig Bischöfen wegen Ehebruchs vor Gericht gestellt.

Nachdem sie die Zeugenaussagen gehört hatten, hegten die Bischöfe keinerlei Zweifel mehr an der Schuld des Papstes und standen im Begriff, ihn abzusetzen und zum Tode zu verurteilen, als Kaiser Gratian einschritt. Damasus wurde daraufhin nicht nur freigesprochen, er wurde nach seinem Tode auch noch kanonisiert – wenn auch im wesentlichen deshalb, weil er Gratians Nachfolger, Theodosius I., bekehrte, der das Christentum zur offiziellen Staatsreligion des Römischen Reiches machte.

PAPST SIRICIUS RÄUMT AUF

Nach dem Tod von Damasus versuchte Ursinus sein großes Comeback. Er schlug sich selbst als neuen Papstkandidaten vor, wurde aber niedergebrüllt; an seiner Stelle wählte man einstimmig Siricius (384–399).

Obwohl Siricius einer von Damasus' Diakonen gewesen war, teilte er dessen liberale Geisteshaltung nicht. Er erneuerte die Dekrete gegen die Ehe von Priestern und Diakonen und setzte jene kanonischen Rechtstitel durch, die es Frauen untersagten, in Pfarrhäusern zu leben. Weiterhin exkommunizierte er Jovinian, einen in der Nähe von Mailand lebenden Mönch und Kritiker der Prinzipien des Fastens und der Enthaltsamkeit. Jovinian hatte die Unverschämtheit besessen, anzudeuten, die Heilige Jungfrau Maria habe ihre Jungfräulichkeit verloren, als sie Christus gebar! Dem Bischof von Naissus widerfuhr Ähnliches, als er behauptete, Maria hätte nach Jesus noch weitere Kinder bekommen.

Siricius lehnte jede Art von Sex rundweg ab. Verheiratete Priester dürften nicht mehr im Ehebett schlafen, sagte er. Er reagierte äußerst aufgebracht, als ihm zu Ohren kam, daß die Kleriker in Spanien weiterhin eheliche Beziehungen mit ihren Frauen pflegten. Bischöfe, Priester und Diakone, so fand er, sollten nicht „einer derartigen Schamlosigkeit" frönen. „Wer am Fleische festhält, kann Gott nicht genehm sein", behauptete Siricius. Falls sie „aus Unwissenheit gesündigt" hätten und ihre Frauen nunmehr verstießen, würde ihnen zwar vergeben, aber jeder weitere Aufstieg in der Kirchenhierarchie verwehrt. Der Sex hatte sie ein für allemal besudelt. Doch die spanischen Bischöfe wollten nicht auf ihre Frauen verzichten. Sie argumentierten, Gott müßte doch wohl in der Lage sein, die „Hurenbökke und Ehebrecher" unter ihnen auszusortieren.

HIERONYMUS BRINGT DEN PAPST GEGEN SICH AUF

Ein anderer, der Siricius gegen sich aufbrachte, war ausgerechnet der heilige Hieronymus, dieser alte Spielverderber. Wiewohl alles andere als ein Freidenker, pries er die Ehe, weil sie Jungfrauen für die Kirche hervorbrächte.

Hieronymus prangerte außerdem eine unerlaubte, damals jedoch in der Kirche weit verbreitete Praxis an. Wie es scheint, lebten Frauen und Männer, die das Keuschheitsgelübde abgelegt hatten, unter einem Dach. Hieronymus fragte mit für ihn typischer Direktheit: „Aus welcher Quelle hat diese Plage der ‚lieben Schwestern im Herrn' ihren Weg in die Kirche gefunden? Woher kommen diese unverheirateten Frauen, diese neue Gattung von Konkubinen, nein, ich will noch weitergehen, diese Ein-Mann-Huren? Sie leben mit ihren männlichen Freunden in einem Haus; sie teilen dasselbe Zimmer und oft genug auch dasselbe Bett; und doch schimpfen sie uns argwöhnisch, wenn wir denken, hier könne etwas nicht in Ordnung sein."

Derartige Reden waren zuviel für den heiligen Siricius. Er setzte alles daran, Hieronymus aus Rom verbannen zu lassen; der alte Asket wurde schließlich vertrieben, als eine römische Adlige an der extremen Selbstkasteiung, die er propagierte, starb.

„VERLIEBT IN DIE LIEBE"

Der andere große Hüter der Sexualmoral, der heilige Augustinus, stand mehr im Einklang mit dem Pontifikat von Papst Siricius. Mit ihm begann die kirchliche Ächtung empfängnisverhütender Mittel. Er nannte sie die „Gifte der Sterilität", und eine Ehefrau, die sie verwendete, war für ihn die „Hure ihres Mannes".

Im Gegensatz zu Hieronymus kannte sich Augustinus in der Materie aus. Als Jugendlicher hatte er Prostituierte besucht, mit achtzehn sein erstes Kind gezeugt. Er hatte elf Jahre lang mit einer Frau zusammengelebt, ohne sie zu heiraten, und nahm sich eine zweite Geliebte, während er die Volljährigkeit der ihm bestimmten Braut abwartete. „Ich war verliebt in die Liebe", gestand er. „Wie Wasser kochte ich über, erhitzt von meinen Unkeuschheiten." Als er etwa mit dreißig zum Christentum übertrat, kannte er seine Grenzen. „Herr, gib mir Keuschheit", betete er zu Gott, „nur noch nicht sofort."

Allerdings quälten ihn zeitlebens bittere Schuldgefühle bei der Erinnerung an seine verbotenen Liebesaffären. „Es gibt nichts", schrieb er in seinen *Selbstgesprächen*, „das den Geist des Mannes so sehr von seiner sicheren Höhe stürzt wie die Schmeicheleien einer Frau und jene körperliche Berührung, ohne die man eine Frau nicht haben kann." In seinen Predigten mahnte er: „Männer, liebt eure Frauen, aber liebt sie keusch. Besteht nur soweit auf dem Werk des Fleisches, wie es zur Zeugung von Kindern notwendig ist. Da ihr auf keine andere Weise Kinder zeugen könnt, müßt ihr euch gegen euren Willen dazu erniedrigen, denn dies ist die Strafe Adams."

In seinen späteren Lebensjahren duldete es Augustinus nie, daß eine Frau – nicht einmal seine ältere Schwester – einen Fuß in sein Haus setzte oder ihn auch nur ansprach, es sei denn unter Zeugen, und das alles nur aus Angst, die Wollust könne ihn überwältigen.

Augustinus gewährt uns einen faszinierenden Einblick in das Rom der frühen Päpste. Während Siricius auf dem Heiligen Stuhl saß, verließ Augustinus Karthago, das im heutigen Libyen lag und das er einen „Hexenkessel zügelloser Liebe" schimpfte. Seine religiöse Suche führte ihn ins Rom des prüden Siricius. Doch dort fand er keine auf Zölibat und Keuschheit gegründete Stadt Gottes vor – weit gefehlt.

Besonders überwältigt war Augustinus von den römischen Trauungszeremonien. Diese begannen im Tempel des Priapus, wo die Braut auf dem gewaltigen, häßlichen Phallus des Gottes sitzen mußte – Augustinus wies darauf hin, daß dies lediglich die Braut ihres Schamgefühls beraubte, nicht aber ihrer Jungfräulichkeit oder Fruchtbarkeit. Weiterhin beeindruckte ihn die große Zahl anderer Götter, die in das Geschäft der Heirat verwickelt waren und allesamt die Frischvermählten zur Hochzeitsnacht mit nach Hause begleiteten. Da war der Gott der Ehe, der Gott, der die Braut ins eheliche Haus führte und ein weiterer Gott, der sie dort halten sollte. Nachdem die Hochzeitsgäste gegangen waren, marschierte eine ganze Horde weiterer Götter und Göttinnen zur Entjungferung ins eheliche Schlafgemach ein. Augustinus staunte darüber, wie bei so vielen Anwesenden im Zimmer ein Mann sexuell erregt werden und eine jungfräuliche Neuvermählte ihre sexuellen Hemmungen ablegen konnte.

PRIESTERSÖHNE AN DIE MACHT

Angesichts dieser Vorgänge ist es kein Wunder, daß Siricius' Diktum bezüglich des priesterlichen Zölibats wenig fruchtete. Selbst sein Nachfolger Papst Anastasius I. (399–401) hatte einen Sohn, der zunächst sein Diakon wurde und ihm später als Innozenz I. (401–417) auf den Stuhl Petri folgte.

Innozenz I. etablierte den Primat des Heiligen Stuhls in Rom und wird häufig als der erste echte Papst angesehen, aber zur Vormachtstellung Roms im Verlauf seines Pontifikats kam es durch puren Zufall. Während Innozenz' Regentschaft wurde Rom von den Goten geplündert. Der Papst floh nach Ravenna in die Sicherheit des degenerierten Hofs von Kaiser Honorius – der einen ausgeprägten Appetit auf junge Mädchen hatte. Von Innozenz hieß es, er habe des Kaisers Vorlieben geteilt. Unterdessen plünderten die Goten Rom, schlugen und vergewaltigten adlige Damen, Matronen und Nonnen auf den Straßen. Als Innozenz zurückkehrte, mußte er feststellen, daß die alte römische Ordnung zusammengebrochen war. Die Adelsfamilien, die das alte heidnische Brauchtum beibehalten hatten, waren verschwunden, und er war der erste Papst, der in einem rein christlichen Rom saß. Innozenz I. wurde heiliggesprochen, sein Vater Anastasius allerdings auch.

Bonifatius I. (418–422) war ein anderer Priestersohn, der es zum Pontifex brachte. Er hatte einen Rivalen um das Pontifikat, Eulalius. Beide wurden ordnungsgemäß gewählt und am gleichen Tag zum Papst geweiht, am 27. Dezember 418. Bonifatius' Anspruch setzte sich schließlich durch, weil er eng mit Galla Placidia, der Schwester von Kaiser Honorius, befreundet war.

Ein neuer Tiefpunkt kam im Jahre 440, als Papst Sixtus III. (432–440) wegen Verführung einer Nonne vor Gericht gestellt wurde. Da es keine Tatzeugen gab, konnten seine Ankläger die Beschuldigung nicht untermauern. Zu seiner Verteidigung erzählte Papst Sixtus die Geschichte von Jesus und der Ehebrecherin, was als stillschweigendes Geständnis gewertet werden konnte. Doch keiner seiner Prälaten sah sich bemüßigt, den ersten Stein zu werfen.

HUNNEN UND VANDALEN

Papst Leo I. (440–461) operierte geschickt mit sexueller Bestechung, um die politische Macht der Kirche auszuweiten. Kaiser Valentinian III. hatte eine ausgeprägte Neigung zu ausschweifenden Abenteuern, und seine Mutter, Bonifatius' alte Freundin Galla Placidia, tat alles, worum der Papst sie bat. Sie ermunterte Valentinian in seinen Exzessen, so daß sie und Papst Leo freie Hand bei der Führung dessen hatten, was vom Römischen Reich noch übrig war.

In ihrer wachsenden Ergebenheit dem Heiligen Stuhl gegenüber beging Galla Placidia allerdings einen katastrophalen Fehler. Sie verpfändete Gott die Jungfräulichkeit ihrer Tochter, nur um dann zu erfahren, daß sie schwanger war. Die unglückliche Tochter verschwand hinter den Mauern eines Konvents, fand jedoch einen Weg, dem Hunnen Attila einen Brief zu schicken, in dem sie ihm halb Italien als Mitgift versprach, wenn er ihr zur Hilfe käme. Attila erhörte ihren

Ruf, doch seine vergewaltigenden und plündernden Soldaten waren erschöpft, als sie Rom erreichten, und Leo gelang es, ihn zur Umkehr zu bewegen.

Kaiser Valentinian III. wurde von einem seiner Offiziere ermordet, weil er dessen Frau vergewaltigt hatte. Die Frau starb kurze Zeit später, und der Offizier verlangte zur Entschädigung, daß Valentinians Witwe mit ihm schlief. Diese schickte dem Anführer der Wandalen, Geiserich, eine Botschaft, worin sie ihn bat, ihr zur Hilfe zu eilen. Leo versuchte, auch Geiserich zur Umkehr zu bewegen, doch die Wandalen kamen frisch von der Eroberung Siziliens und waren wild entschlossen, Rom zu plündern. Allerdings sprach sich Leo so überzeugend gegen Vergewaltigungen aus, daß die Wandalen die römischen Frauen weitgehend unbehelligt ließen, als sie 455 die Stadt systematisch ausräumten. Valentinians Witwe blieb es zwar erspart, im Bett des Offiziers zu landen, den ihr Mann entehrt hatte, allerdings raubte man ihren Schmuck, und sie und ihre Tochter wurden von den Wandalen nach Afrika verschleppt, wo ihnen zweifellos ein weit schlimmeres Schicksal vorbehalten war.

ANDERSDENKENDE

Leo I. verhielt sich in dieser Sache durchaus ehrenhaft, aber er war ein recht merkwürdiger Mann. Er nahm es peinlich genau mit der Jungfräulichkeit und forderte, daß eine Frau erst sechzig Jahre lang ihre Jungfräulichkeit unter Beweis stellen sollte, bevor sie ins Kloster eintreten und Nonne werden durfte. Bischöfen jedoch wurde erlaubt, ihre Ehefrauen zu behalten, vorausgesetzt, sie behandelten sie „wie Schwestern".

Darüber hinaus war er ein abartiger und sadistischer Folterer. Als Leo I. den Manichäismus – eine christliche Sekte, die letzte Überreste heidnischer Religionen integrierte – zu unterdrücken begann, ließ er deren Anhänger brutal foltern. Er hatte präzise Vorstellungen, was er von seinen Opfern hören wollte. Sie wurden zu Geständnissen gezwungen, daß sie Sperma mit dem Brot und Wein des Abendmahls vermischten und zu diesem Zweck junge Mädchen vor dem Altar mißbrauchten. Leo war der erste Papst, der für sich das Recht beanspruchte, Häretiker – also jeden, der anderer Meinung war als er – hinzurichten. Papst Felix III. (483–492) war deutlich ausgeglichener. Auch er war der Sohn eines Priesters. Wie sein Vater praktizierte er den Zölibat nicht. Er war Witwer, als er Papst wurde, und hatte mindestens zwei Kinder, von denen einer Vorfahr von Papst Gregor I. (590–604) war.

Gelasius I. (492–496) und Anastasius II. (496–498) waren wiederum zwei Priestersöhne. Anastasius repräsentierte jedoch ein neues, unabhängigeres Papsttum. Wie es der Schriftsteller Volaterranus so anschaulich beschreibt, „leerte er seine Därme auf dem Stuhl" – er ging ohne fremde Hilfe zur Toilette. (Zu dieser Zeit war der römische Pontifex bereits so majestätisch geworden, daß er wie ein Kaiser oder König einen „Stuhlherrn" hatte, der ihm bei solchen Geschäften unter die Arme griff.)

EIN HEIDE UNTER DEN PÄPSTEN

Der nächste Papst, Symmachus (498–514) war kein Priestersohn. Tatsächlich wurde er unter Heiden geboren und großgezogen; diesen frühen Einfluß streifte er nie ab. Er ging als Sieger aus einer Bestechungsschlacht hervor und setzte sich gegen den Gegenpapst Laurentius (498–499 und 501–505) durch, doch im Jahre 501 mußte Symmachus vor Theoderich, dem Ostgotenkönig von Italien, erscheinen und sich einer Anklage wegen „Unzucht", Ehebruchs sowie Veruntreuung von Kircheneigentum stellen. Symmachus floh umgehend zurück nach Rom und nahm Zuflucht in der Basilika Alt-Sankt-Peter, was für viele einem Schuldeingeständnis gleichkam. Dreimal wurde Symmachus vor eine von Theoderich einberufene Synode geladen. Beim ersten Mal verweigerte er die Aussage, beim zweiten Mal erschien er gar nicht erst und beim dritten Mal vertrat er den Standpunkt, daß sich der Papst nicht vor den Menschen zu verantworten habe. Während der Verhandlung brach ein Kampf im römischen Senat aus. Das Ergebnis war, daß viele Christenmänner getötet und „sogar hingebungsvolle Frauen und Jungfrauen aus ihren Klöstern oder Häusern verschleppt" und nackt durch die Straßen gepeitscht wurden.

Vor diesem Hintergrund befand die Synode, daß ihnen keine Alternative blieb, als Symmachus dem göttlichen Richterspruch zu überlassen. König Theoderich war alles andere als zufrieden und setzte daraufhin Papst Laurentius in den Lateranpalast, während Symmachus wegen gewalttätiger Ausschreitungen auf der Straße in Alt-Sankt-Peter mehr oder weniger gefangen saß. Symmachus nutzte jedoch die Zeit, um Dokumente zu fälschen, die beweisen sollten, daß es Präzedenzfälle gab, die seinen Standpunkt stützten, der Papst müsse sich keinem menschlichen Gericht unterwerfen. Nach fünf Jahren gelangte man zu dem Schluß, daß zwei Päpste definitiv einer zuviel waren. Theoderich gab nach, und Laurentius zog sich auf ein Landgut zurück, das seinem Förderer Festus gehörte, wo er 507/8 starb.

Zahlreiche Angehörige des Klerus konnten sich jedoch aufgrund seiner anhaltenden Verfehlungen im Amt nie mit Symmachus aussöhnen. Nichtsdestoweniger wurde Symmachus wie manch anderer unbotmäßige Papst nach seinem Tod mit der Heiligsprechung belohnt.

Papst Hormisdas (514–523), ein weiterer Heiliger, war ebenfalls Vater, und das nicht allein im seelsorgerischen Sinne. Vor seiner Ordination war er verheiratet und hatte einen Sohn, den späteren Papst Silverius (536–537). Papst Agapet I. (535–536) war der Sohn Gordians, eines Priesters, der im September 502 von Anhängern des Gegenpapstes Laurentius ermordet worden war.

III

FRAUENHELDEN

Im sechsten Jahrhundert fiel das Papsttum zwei außerordentlich mächtigen Frauen in die Hände. Es begann mit Papst Vigilius (537–555), der „durch Kaiserin Theodora und Antonia, die Gemahlin des Generals Belisarius", die Papstwürde erlangte.

Speziell Theodora hatte einen ausgesprochen schlechten Leumund. Sie entstammte einer Zirkusfamilie und stand bereits als Kind auf der Bühne. Außerdem spielte sie das Dienstmädchen für ihre ältere Schwester Comito, eine berühmte Kurtisane. Theodora, noch zu jung für Geschlechtsverkehr, offerierte Oralsex oder masturbierte die Sklaven der Männer, die zu ihrer Schwester kamen.

Sobald Theodora alt genug war, wurde auch sie eine Vollzeitkurtisane und bediente zunächst die sogenannte „Infanterie", das untere Segment des Marktes. Später, als Schauspielerin, genoß sie den Ruf, ihren Körper auf der Bühne schamlos zu entblößen, auch wenn es gegen das Gesetz verstieß. Sie vollzog obszöne Handlungen mit den Schauspielern. Einmal ließ sie sich auf der Bühne von Sklaven Getreidekörner auf die Vulva streuen und diese von Gänsen aufpicken. Berühmt war sie auch für die Erfindung immer neuer Sexualtechniken. Sie verführte jeden, der ihr gefiel, besonders aber „bartlose junge Männer". Auf ihren Abendgesellschaften erschöpfte sie zehn athletische Jünglinge, um sich anschließend noch bis zu dreißig Sklaven anzunehmen.

527 heiratete sie Kaiser Justinian in der Hagia Sophia in Konstantinopel. In einem Exzeß scheinheiligen Eifers machten die zwei sich daran, in Byzanz aufzuräumen, schlossen die Bordelle und verfrachteten die Prostituierten in Konvente. Bisweilen waren die Bestrafungen, die Theodora sich für sie ausdachte, so extrem, daß sich die Frauen lieber umbrachten, als das Besserungsverfahren zu erdulden.

VIGILIUS WIRD PAPST VON THEODORAS GNADEN

Vigilius wurde vom damaligen Papst Bonifatius II. (530–532) als päpstlicher Gesandter nach Konstantinopel geschickt. Dort ging Theodora sofort daran, ihn zu korrumpieren, überschüttete ihn mit teuren Geschenken und versprach, ihm die Papstwürde zu verschaffen. Habgierig und ehrgeizig wie er war, akzeptierte Vigilius ihre Vorschläge bereitwillig.

Als Agapet I. (535–536) starb, schickte Theodora Vigilius nach Rom zurück, wo er jedoch zu spät eintraf und feststellen mußte, daß Silverius (536–537) bereits zum Papst gewählt worden war. Theodora war darüber sehr aufgebracht und überredete Justinian, Belisarius nach Rom zu schicken, um Silverius ab- und an seiner Stelle Vigilius einzusetzen. Silverius wurde des Verrats bezichtigt, seines päpstlichen Ornats beraubt, zum Mönch degradiert und deportiert. Justinian fand das ein bißchen sehr stark und ordnete an, daß er einen fairen Prozeß erhalten solle. Falls er für schuldig befunden würde, sollte er eine andere Diözese erhalten, im Falle seiner Unschuld aber sollte er als Papst wiedereingesetzt werden.

Das konnte Vigilius jedoch unmöglich tatenlos mitansehen. Er manipulierte das Gerichtsverfahren, und als Silverius erneut ins Exil geschickt wurde, beteiligte er sich aktiv an dessen Ermordung. Dem Kirchenhistoriker Milman zufolge war Vigilius der „zweifelhafteste Charakter, der jemals auf dem Heiligen Stuhl gesessen hatte" – was schon etwas heißen will –, und sei zu Recht für seine „Verbrechen" bestraft worden. Worin seine Strafe bestand, wird nicht näher ausgeführt. Sicher, Vigilius zerstritt sich mit Theodora und mußte nach Sizilien fliehen, aber nach einigen Jahren verzieh ihm Justinian. Vigilius starb am 7. Juni 555 auf der Rückreise nach Rom.

Nach Vigilius' Tod wurde ein anderer von Theodoras und Antonias Schützlingen eingesetzt, Papst Pelagius I. (556–561). Auch er hatte in Konstantinopel gedient. Sein Nachfolger Johannes III. (561–574) erhielt ebenfalls die offizielle Zustimmung aus dem Osten.

DER SCHWIERIGE WEG INS ZÖLIBAT

Unter Papst Johannes bestätigte das Konzil von Tours (567) die Benediktinerregel, daß Mönche niemals zu zweit in einem Bett schlafen sollten. Mehrere Jahrhunderte später fand dieselbe Regel auch Anwendung auf Nonnen. Weiterhin befand das Konzil, daß jeder Geistliche, der mit seiner Frau im Bett angetroffen wurde, aus dem Priesteramt verstoßen und für ein Jahr exkommuniziert werden sollte. Da aber das Konzil einräumen mußte, daß es in der gesamten Christenheit kaum einen Geistlichen gab, der keine Ehefrau oder Mätresse hatte, zeigte der Erlaß keine besonders große Wirkung. Bischöfe und Priester lebten auch weiterhin offen mit ihren Frauen und Geliebten zusammen. Falls überhaupt jemand bestraft wurde, dann die Frauen. Viele erhielten hundert Peitschenhiebe für die Sünde der Unzucht mit einem Priester.

Papst Pelagius II. (579–590) drückte bei klerikaler Unkeuschheit mehr oder minder beide Augen zu, vorausgesetzt, verheiratete Priester gaben nicht Kircheneigentum an ihre Frauen und Kinder weiter. Es wurden detaillierte Inventare über den gesamten Kirchenbesitz angelegt. Die Kirche unter Pelagius II. war so korrupt, daß man schließlich eine zweite Sintflut nahe wähnte, als Italien von schweren Überschwemmungen heimgesucht wurde.

Gregor I. (590–604) war ein sehr weltlich gesinnter Mann. In seiner Jugend bekleidete er das Amt des römischen Stadtpräfekten und verbrachte acht Jahre, von 578 bis 586, als Repräsentant der katholischen Kirche in Konstantinopel. Er stammte aus einer Familie, die bereits zwei Päpste gestellt hatte, nämlich Felix III. und Agapet I. Nach dem Tod seines Vaters wandelte er das elterliche Haus in ein Kloster um. Dann zog er sich in ein Leben der Kontemplation zurück und ruinierte durch Fasten seine Gesundheit.

Unter Protest wurde er im Jahre 590 zum Papst gewählt. Schon bald erließ er ein Edikt, das den Priesterzölibat erzwang, wobei er argumentierte, wenn er ohne Sex auskäme, dann könnte dies auch jeder andere. Wer gegen die Zölibatsregel verstieß, wurde seines Amtes enthoben. Besonders streng ging er gegen Klöster vor, zu denen Frauen freien Zutritt hatten und in denen die Mönche gegenüber ihren Kindern offen den „Patenonkel" spielten.

Doch ganz so energisch, wie es den Anschein haben mag, gab sich Gregor I. auch wieder nicht. Er ging immerhin als der erste Papst in die Geschichte ein, der Ablaß und Absolution gewährte. War man also dem Papst wohlgesonnen oder schlicht und einfach reich genug, konnte man sich die Lizenz zum Sündigen besorgen. Dies führte zu dem kleinen Spottgedicht: „Nur arme Vikare achten Gregors Gesetz, / Fischen in kleinen Bächen oder an der Flüsse Oberflächen; / Während fette Hechte und Karpfen ihren Pranken entwischen, / Versenken unsere Prälaten St. Peters größeres Netz / Und ihnen gehört, was sie auf dem Grund dann finden."

Mit anderen Worten, die Bischöfe konnten tun und lassen, wonach ihnen der Sinn stand, während kleine Priester und Mönche genötigt wurden, sich ihrer Ehefrauen und Familien zu entledigen. Erst später, heißt es, erfuhr Gregor, daß sein Edikt den unnötigen Tod vieler Kinder verursacht hatte, deren geistliche Väter gezwungen wurden, sie zu verstoßen. Einem Brief von Huldrich, dem Bischof von Augusta, an Papst Nikolaus I. (858–867) zufolge, hatte Papst Gregor seinen Dienern befohlen, einen Fischteich zu leeren. Auf dem Grund dieses Teiches fanden sie die Schädel von 6000 Kindern, ertränkt oder auf andere Art ermordet. Daraufhin hob Gregor sein Edikt sofort auf. Huldrich merkte an, daß die Priester, ohnehin weit davon entfernt, Gregors Diktum zu befolgen, „sich nicht nur Jungfrauen und Ehefrauen nicht enthielten, sondern nicht einmal vor nahen Verwandten, nein, nicht vor Männern und nicht einmal vor wilden Tieren zurückschreckten".

PAPST GREGOR ZU FRAGEN SPONTANER EJAKULATION

Nichts davon konnte Gregor überraschen, der sich als große Autorität auf dem Gebiet der Sexualität verstand und eine ganze Reihe von Büchern verfaßte, die alle möglichen Spielarten sexuellen Verhaltens behandelten. In diesen gelehrten Wälzern bemühte er sich intensiv um die Klärung der schwierigen Frage, ob ein Mann sich im Falle eines Spermastaus, der zu spontaner Ejakulation führt, der Sünde schuldig macht. Mit ungeheurer Sorgfalt legte er die verschiedenen Abstufungen der Sündigkeit dar, die sich aus den exakten äußeren Umständen des Ergusses ergaben. Wenn zum Beispiel ein Priester im Schlaf einen nächtlichen Erguß erlitt, weil er zuviel gegessen hatte, so Gregor, sollte es ihm nicht erlaubt sein, eine Messe zu lesen, aber er könnte die Kommunion empfangen, sofern ein anderer Priester zugegen war. Falls er den Erguß auf irgendeine Weise beförderte – mit der Hand, zum Beispiel –, dann sollte ihm die Kommunion insgesamt verweigert werden.

FORTPFLANZUNG JA, VERGNÜGEN NEIN

Weiterhin zermarterte sich Gregor das Hirn über die knifflige Frage, was zu tun war, wenn ein Mann sich durch den Geschlechtsakt befleckt hatte. Einem Mann, sagte er, sei es verboten, eine Kirche zu betreten, nachdem er mit seiner Frau geschlechtlich verkehrt hatte, es sei denn, er habe sich zuvor gewaschen. Der Geschlechtsverkehr durfte zudem allein der Fortpflanzung, keinesfalls aber dem Vergnügen dienen, andernfalls galt er als Sünde, und ein Betreten der Kirche war vollkommen ausgeschlossen.

Gregor urteilte über Homosexualität, Sodomie und Perioden, in denen sexuelle Abstinenz angezeigt war. Das grenzte bei ihm schon an die reinste Besessenheit.

Besonders „widernatürlichen Geschlechtsverkehr in der Ehe" traf sein Bannstrahl. Und *coitus interruptus* war eine schlimmere Sünde als Unzucht oder Ehebruch – ja, schlimmer noch, als wenn ein Mann Sex mit der eigenen Mutter hatte. Inzest ging als „natürlich" durch, da er zur Fortpflanzung führen konnte, wohingegen alles, was eine Empfängnis verhinderte, bedeutete, daß der Geschlechtsakt rein des Vergnügens willen erfolgte und somit von Natur aus böse war.

Zweifelsohne eine ziemlich eigenwillige Argumentation, aber Gregor schien ohnehin zwischen Schein und Sein nicht wirklich trennen zu wollen. Anläßlich des Massakers an Kaiser Mauritius und elf Mitgliedern seiner Familie schrieb Gregor an den Mörder, den neuen

Kaiser Phocas: „Ehre sei Gott in der Höhe ... Möge der Himmel ju-
bilieren und sich die Erde erfreuen." Außerdem schickte er einen mit
kriecherischen Komplimenten gespickten Brief an Phocas' Frau, Kaiserin Leontia, die er „eine zweite Pulcheria" nannte. Kaiserin Pulcheria war ein Vorbild an Jungfräulichkeit, Frömmigkeit und Kultiviert-
heit, während Leontia, darin herrscht allgemein Einigkeit, Theodora
wie eine Nonne erscheinen ließ.

EIN AUSGEKLÜGELTES BUSS-SYSTEM

Gregors fanatische Beschäftigung mit Sexualpraktiken setzte in der
Kirche, die versuchte, Bußen für die Sünden des Fleisches zu syste-
matisieren, eine endlose Diskussion in Gang. Jahrhundertelang un-
tersuchten Theologen jeden einzelnen Aspekt der menschlichen Sexualität und mühten sich, eine angemessene Bestrafung dafür zu
finden. Im Mittelalter handelte man sich mit einer unbeabsichtigten
Ejakulation sieben Tage Fasten ein. Falls dabei die Hand im Spiel
war, bekam der reuige Sünder zwanzig Tage aufgebrummt. Ein
Mönch, der in der Kirche masturbierte, wurde zu dreißig Tagen Fasten verurteilt; ein Bischof, den man beim gleichen Vergehen erwischte, mußte fünfzig Tage fasten. *Coitus interruptus* trug zwei bis
zehn Jahre Buße ein. Auf „Unfruchtbarkeit auslösende Gifte" – soll
heißen, die Verwendung von empfängnisverhütenden Mitteln –,
Anal- und Oralverkehr (auf Lateinisch *seminem in ore*, „Sperma in den
Mund") standen drei bis fünfzehn Jahre Buße bei Brot und Wasser
und ohne Sex. Die genaue Dauer der Buße hing von den jeweiligen
Umständen des Vergehens ab, die der reuige Sünder seinem Beichtvater natürlich in allen Einzelheiten zu enthüllen hatte. Man sollte
meinen, dies allein wäre schon Strafe genug. Die Verführung einer
Jungfrau wurde als weniger schwerwiegendes Vergehen angesehen
und zog lediglich eine dreijährige Bußzeit nach sich, falls das Mädchen schwanger wurde, und nur ein Jahr, wenn keine Schwangerschaft folgte. War die Frau arm, fiel die Buße geringer aus.

Diese Bußen galten selbstverständlich nur für die unteren Schich-
ten. Päpste und Kaiser mußten sich wegen dergleichen keine grau-
en Haare wachsen lassen. Bonifatius III. (607) beispielsweise gelangte auf den päpstlichen Thron, indem er eine Allianz mit Kaiser

Phocas einging – der in den Geschichtsbüchern einhellig als „Ehebrecher, Elternmörder und Tyrann" beschrieben wird. Manche Kommentatoren sagen, Bonifatius und Phocas hätten „gewisse Vorlieben" geteilt.

Phocas erklärte Bonifatius als Bischof von Rom zum Oberhaupt aller Kirchen, womit er dem konkurrierenden Anspruch der Bischöfe von Konstantinopel ein Ende setzte. Im Gegenzug ließ Bonifatius eine vergoldete Statue von Phocas mit einer verherrlichenden Inschrift errichten.

Trotz der Unterstützung des Kaisers mußten die Päpste von Rom feststellen, daß sich die Patriarchen in Konstantinopel nicht ihrer Autorität unterwarfen und ganz eigene Wege gingen: Einer ließ sich öffentlich kastrieren, um ein- für allemal jede Möglichkeit zur Unzucht auszuschließen. Ein anderer zog sich bei einer öffentlichen Gerichtsverhandlung aus, weil er so beweisen wollte, daß er eine Nonne nicht vergewaltigt hatte.

DIE KIRCHE ZIEHT GEGEN DIE HOMOSEXUALITÄT ZU FELDE

Der römische Klerus war nur wenig besser. Wiederholte Edikte, die den priesterlichen Zölibat anmahnten, führten zu nichts. Adeodatus I. (615–618), heiliggesprochen als St. Deusdedit, war der Sohn eines Subdiakons, während Theodor I. (642–649) der Sohn eines Bischofs war. Sergius I. (687–701) versuchte im Westen, dem klerikalen Zölibat wieder Geltung zu verschaffen, während die Ostkirche völlig davon abkam. Allerdings mußte Sergius feststellen, daß der Versuch, ein Eheverbot durchzusetzen, zu anderen Formen sexuellen Fehlverhaltens führte. Im Jahre 693 beschrieb das Konzil von Toledo die Homosexualität als „in Spanien weit verbreitet". Das Konzil entschied: „Falls einer jener Männer, die diese abscheuliche Handlung wider die Natur mit anderen Männern begehen, ein Bischof, ein Priester oder ein Diakon ist, dann soll er von der Würde dieser Weihe degradiert werden, soll in immerwährendem Exil verbleiben und von Verdammnis getroffen werden." Hundert Peitschenhiebe, ein kahl geschorener Kopf und Verbannung waren die Strafen für an solchen Akten Beteiligte. Der König von Spanien setzte noch Kastration auf die Liste. Das war das Ende einer jeden Kirchenlaufbahn, denn nach dem alttestamentarischen Gesetz des Buchs Leviticus mußte ein Priester in sexueller Hinsicht unversehrt sein.

Papst Gregor III. (731–741), an sich ein glühender Befürworter des mönchischen Lebens, kämpfte weiter verbissen gegen die Homosexualität. Er erklärte sie für „ein so abscheuliches Laster vor Gott, daß die Städte, in denen Sodomie praktizierende Menschen lebten, der Vernichtung durch Feuer und Schwefel bestimmt waren". Er kam immer wieder auf die anschaulichen Beschreibungen der Sünde zurück, wie sie der Geschichtsschreiber Philon von Alexandrien im ersten Jahrhundert lieferte: „Das Land der Sodomiten war voller zahlloser Ungeheuerlichkeiten, besonders jener, die entstehen aus Völlerei und Lüsternheit ... [Die Bewohner] schüttelten das Naturgesetz ab und gaben sich exzessivem Trinken starken Alkohols und appetitlichem Essen und verbotenen Arten des Geschlechtsverkehrs hin. In ihrer irren Lust auf Frauen schändeten sie nicht nur die Ehen ihrer Nachbarn, auch Männer begatteten Männer ohne Rücksicht auf die sexuelle Natur, die der aktive Partner mit dem passiven teilt; und als sie dann versuchten, Kinder zu zeugen, stellte sich heraus, daß sie nur unfruchtbaren Samen hervorbringen konnten."

DER HEILIGE BONIFATIUS GEISSELT DIE VERDERBTHEIT DES DEUTSCHEN KLERUS

Das Problem war natürlich, daß Homosexualität und andere Laster im Klerus tiefer verwurzelt waren als in jeder anderen gesellschaftlichen Gruppe. Der heilige Bonifatius fand unter den Bischöfen und Priestern Deutschlands eine solche Zügellosigkeit vor, daß er Papst Gregor III. bat, bezüglich des ganzen Haufens seine Hände in Unschuld waschen zu dürfen.

Zum Schutz der Kirche war Gregor allerdings gezwungen, einen Pakt mit Karl Martell, dem König der Franken, zu schließen, der im Gegenzug Konvente als seine Bordelle benutzte und zum Zeitvertreib Bischöfe bestach.

In einem Bericht an Gregors Nachfolger Zacharias (741–752) behauptete der heilige Bonifatius, der gesamte deutsche Klerus sei ausnahmslos verderbt. Junge Männer, die ihre Jugend mit Vergewaltigung und Ehebruch vertaten, stiegen zu den höchsten Kirchenämtern auf. Priester, so Bonifatius, verbrachten ihre Nächte im Bett mit vier oder fünf Frauen, dann standen sie morgens auf, um die Messe zu lesen.

IV

LATIN LOVERS

Zacharias war der erste Papst, der den Prunk von ganzem Herzen liebte. Er führte neue, reich mit Gold und Juwelen verzierte Prachtgewänder ein. Sein Nachfolger Stephan II. (752 757) konnte dann wirklich Reichtümer anhäufen, was er der Ergebenheit des fränkischen Königs verdankte, der ihm gern die Füße küßte. Stephan darf sich außerdem zugute schreiben, als erster Papst von anderen Männern auf den Schultern getragen worden zu sein. Bis dahin hießen die Tugenden Demut und Bescheidenheit.

Stephan ist noch ein weiterer Durchbruch zu verdanken. Er erlaubte freien Männern, Sklavenmädchen zu heiraten, sofern beide dem christlichen Glauben angehörten. Das war eine Art Freibrief für Spitzbuben, denn solche Ehen konnten auch wieder geschieden werden, wobei dem Mann erlaubt wurde, erneut zu heiraten, wohingegen das Mädchen niemals eine Freie werden konnte.

Leo III. (795–816) gehörte zu den Päpsten, die nicht als zölibatär galten. Obwohl einstimmig gewählt, war er doch bei der römischen Aristokratie nicht sonderlich beliebt. Eines Tages lauerten ihm ein paar zwielichtige Gesellen auf, die ihn zunächst ohrfeigten und, erfolglos, versuchten, ihm die Augen auszustechen und die Zunge herauszuschneiden. Nachdem er offiziell abgesetzt worden war, sperrte man ihn in ein Kloster. Mit Hilfe von Freunden gelang ihm die Flucht, und er fand Unterschlupf bei Karl dem Großen, dem König der Franken. Als eine Abordnung der Rebellen an Karls Hof erschien und Leo des Ehebruchs und Meineids beschuldigte, akzeptierte man die Anklagen als wohlbegründet. Leo bediente sich der gleichen Verteidigung wie einst der heilige Symmachus, und berief sich darauf, keine irdische Autorität könne einen Papst richten. Karl der Große ließ sich auf diese schwache Verteidigungsstrategie nicht ein. Er brachte Leo zurück nach Rom und berief ein aus Franken und Römern zusammengesetztes Tribunal ein, das die Anklagen gegen ihn untersuchen sollte. Als Leo jedoch erneut die Argumentation von Symmachus vorbrachte, lehnte es die Versammlung ab, weiter über ihn zu Gericht zu sitzen.

PAPST LEO GIBT SICH OPPORTUN

Während Karl der Große in Rom weilte, nutzte er die Gelegenheit, sich zum Kaiser des Heiligen Römischen Reiches krönen zu lassen. Leo, diplomatisch klug, spielte mit und kniete, nachdem er Karl die Krone aufgesetzt hatte, als Zeichen der Ehrerbietung vor ihm nieder; er war der erste und letzte Papst, der vor einem westlichen Kaiser den Kniefall machte. Die restliche Zeit der Herrschaft Karls des Großen versuchte Leo sauber zu bleiben, obwohl Karl, der große Beschützer der Kirche, der letzte war, der sich zum Richter über anderer Leute Sexualmoral aufschwingen durfte. Er hatte sich von seiner ersten Frau scheiden lassen, hatte sechs Kinder mit der zweiten und gab auch ihr den Laufpaß. Eine dritte Gemahlin schenkte ihm zwei Töchter, und eine weitere Tochter entsprang seiner Verbindung mit einer Konkubine. Seine vierte Frau starb kinderlos, doch er tröstete sich mit vier weiteren Mätressen.

Nach dem Tod Karl des Großen im Jahre 814 kehrte Leo wieder zu seinen alten Unarten zurück. Als eine neuerliche Verschwörung mit dem Ziel seiner Absetzung und Ermordung aufgedeckt wurde, klagte Leo die Verschwörer des Verrats an, stellte sie persönlich vor Gericht und verurteilte Dutzende Menschen zum Tode.

Leo gab Unsummen für einen neuen Festsaal im Lateranpalast aus und ließ überhaupt den ganzen Palast in verschwenderischem Stil herrichten. Ein prächtiges Mosaik zeigt ihn mit Karl dem Großen und dem heiligen Petrus. Im Jahre 1673 wurde Leo mit der unzutreffenden Begründung heiliggesprochen, ein Wunder habe ihm Augenlicht und Zunge zurückgegeben. Aus diesem Anlaß wurde ihm ein Feiertag geweiht, der 12. Juni, der heute allerdings offiziell nicht mehr begangen wird.

Im neunten Jahrhundert wurden unter Leo und seinen Nachfolgern viele Klöster zu Jagdgründen von Homosexuellen, und Konvente waren Bordelle, in denen ungewollte Babys getötet und verscharrt wurden. Das Konzil von Aachen gestand dies 836 offen ein. Man gab sich jedoch alle Mühe, das angeschlagene Image der Kirche aufzupolieren. Dem Klerus wurde verboten, mit Müttern, Tanten oder Schwestern in einem Haus zu wohnen, da die Sünde der Blutschande allzu weit verbreitet war. Französische Geistliche fügten noch hinzu, daß dies außerdem zu unerwünschten Kindern und Kindesmord führte.

DREI PÄPSTE, DIE SCHWESTER EINES ABTS UND EIN DELIKATER SCHEIDUNGSFALL

Nicht alle Päpste des neunten Jahrhunderts zählten zu den sexuell verderbten. Nach allem, was man hört, war Benedikt III. (855–858) ein heiliger Mann. Seine Tagebücher sind voller erboster Berichte über das Treiben von Hubert, Abt von St. Maurice, der mit einer Entourage von Mätressen kreuz und quer durch Frankreich zog und dabei Klöster wie Konvente durch seine Orgien entweihte.

Huberts Schwester Theutberga wurde mit König Lothar von Lothringen verheiratet. Als Lothar die Scheidung wollte, damit er seine Mätresse Waldrada heiraten konnte, klagte er seine Frau der Inzucht mit ihrem Bruder, dem Abt, sowie der Abtreibung der aus dieser Beziehung hervorgegangenen Leibesfrucht an. Obwohl Theutberga die Unschuldsprobe mit kochendem Wasser bestand, wurde sie so unter Druck gesetzt, daß sie schließlich ein Geständnis unterschrieb.

Benedikts Nachfolger Nikolaus I. (858–867) „verbot allen Christen, eine Messe zu hören, die von einem hurenden Priester zelebriert wurde". Trotzdem ging Cypriano de Valera, ein Kirchenkritiker des siebzehnten Jahrhunderts, hart mit ihm ins Gericht. „Jetzt zeigte der Papst sein wahres Gesicht", schrieb er in seinem Buch *Popery*, allerdings nur, weil Nikolaus Johannes, den Bischof von Ravenna, seines

Amtes enthob, als dieser sich ihm nicht beugte und zuließ, daß die Messe in den slawischen Volkssprachen zelebriert wurde. Nikolaus „protzte auch gemeinsam mit Michael [dem Säufer], dem Kaiser von Konstantinopel", der berühmt-berüchtigt war für die Orgien, die er und seine Mätresse in ihrem byzantinischen Palast abhielten.

Nikolaus wurde in Lothars Scheidung verwickelt, als Theutberga ihn um Hilfe bat. Eine Synode hatte der Scheidung zugestimmt. Auf einer zweiten wurden die päpstlichen Legaten bestochen, und sie ratifizierten die neue Ehe mit Waldrada. Obwohl offensichtlich war, daß Theutberga unter einer Mißbildung litt, die ihr jede Freude am Sex unmöglich machte, kippte Nikolaus die früheren Entscheidungen und exkommunizierte zwei Bischöfe, weil sie der Bigamie Vorschub leisteten.

Leider ergriff Kaiser Ludwig II. Partei für die Scheidungsbefürworter und marschierte auf Rom. Nikolaus flüchtete sich in die Peterskirche. Am Ende gab Ludwig nach, die Bischöfe akzeptierten ihre Strafe, und Lothar kehrte vorübergehend zu Theutberga zurück. Hadrian II. (867–872) klärte die Sache endgültig. Er gewährte Lothar wieder seine leidenschaftliche Waldrada, aber erst nachdem Lothar und seine Gefolgsleute in der Messe einen Eid schworen, daß er mit ihr niemals Ehebruch begangen habe. Beherzt log einer wie der andere.

DAUERBRENNER ZÖLIBAT

Es gab einen guten Grund, warum Hadrian in sexuellen Fragen verständnisvoller reagierte als sein Vorgänger. Er war selbst verheiratet, und seine Frau Stephania erfreute sich noch an ihrem Dasein, als er zum Papst gewählt wurde. Sie lebten offen mit ihren Kindern im Lateranpalast. Allerdings hatte Hadrian bei seiner Wahl zum Papst bereits die siebzig überschritten, und katholische Kirchenhistoriker behaupten, vielleicht nicht ganz zu Unrecht, daß ihr weiteres eheliches Zusammenleben streng keusch verlief.

Papst Marinus I. (882–884) war wieder ein Priestersohn, der es auf den Stuhl Petri schaffte. Trotz wiederholter Versuche, dem Klerus den Zölibat aufzuzwingen, herrschten lockerere Verhältnisse denn je. Der Bischof von Vercel beispielsweise mußte seinen Klerus diesbezüglich ermahnen: „Einige unter euch sind der Fleischeslust so sklavisch ergeben, daß ihr schamlosen Kurtisanen erlaubt, in euren Häusern zu wohnen, euer Essen zu teilen, mit euch in der Öffentlichkeit aufzutreten. Ihren Reizen erlegen, erlaubt ihr ihnen, eure Haushalte zu führen und Übertragungen für ihre Bastarde zu machen … Damit diese Frauen gut gekleidet sind, werden die Kirchen beraubt, und die Armen müssen leiden."

Marinus' Nachfolger Hadrian III. (884–885) versuchte seiner Autorität Geltung zu verschaffen, indem er die Frau eines römischen Würdenträgers, der sich gegen ihn stellte, nackt durch die Straßen der Stadt peitschen ließ. Als er sich der Thronfolge des illegitimen Sohnes von Kaiser Karl dem Dicken widersetzte, wurde er ermordet.

V

PÄPSTIN JOHANNA

Etwa ab der Mitte des dreizehnten Jahrhunderts kamen Erzählungen über eine Päpstin auf, und in einem der frühen Berichte heißt es: „Ursprünglich trug sie den Namen Giberta, reiste aber, das starke Geschlecht nachahmend, mit einem Mönche, ihrem Liebsten, in Männerkleidung nach Athen; nach ihren großen Leistungen in den Künsten und dem Tod ihrer Freunde kehrte sie verkleidet nach Rom zurück und verdiente sich in allen Disputen Lorbeer, wurde bewundert wegen ihrer Wortgewandtheit und errang mit ihren scharfsinnigen Antworten die Achtung all ihrer Zuhörer. Nach dem Tod Leos wurde sie zum Papst gewählt und saß zwei Jahre und sechs Monate auf dem Stuhl Petri; während ihrer Amtszeit als Papst wurde sie schwanger mit dem Kinde ihres Kaplans, und während einer feierlichen Prozession setzten mitten in der Stadt die Wehen ein; vor allen Menschen brachte sie einen Sohn zur Welt und starb."

Sie soll angeblich Engländerin gewesen sein, und man glaubte, ihr Liebhaber habe Johannes geheißen. Der oben erwähnte Leo ist Papst Leo IV., womit ihr Amtsantritt auf 855 zu datieren wäre, das Jahr, in dem Benedikt III. geweiht wurde.

Niemand ist ganz sicher, wann Päpstin Johanna auf dem Heiligen Stuhl gesessen hat – im neunten, zehnten oder elften Jahrhundert –, aber daß sie existiert hat, gilt allgemein als gesichert. Erst als im neunzehnten Jahrhundert militante Protestanten und andere Papstkritiker die Legende von der Päpstin Johanna benutzten, um das Papsttum anzugreifen, begannen katholische Historiker, sich von dieser Überlieferung zu distanzieren.

DIE ERSTEN SCHRIFTLICHEN ZEUGNISSE ÜBER JOHANNA

Die erste Aufzeichnung über Päpstin Johanna erschien um 1250 in der *Universalchronik von Metz.* Der Verfasser war ein Dominikaner-mönch namens Jean de Mailly. Er behauptete, eine talentierte Frau, die sich als Mann verkleidet habe, sei die Nachfolge von Victor III. (1086–1087) angetreten. Ihr wahres Geschlecht unter dem geistlichen Gewand verbergend, habe sie sich bis zum Kardinal hochgearbeitet, ehe sie zum Papst gewählt wurde. In de Maillys Version wurde das wahre Geschlecht der Päpstin durch eine Niederkunft beim Reiten offenbar. Zur Strafe für diese Ungeheuerlichkeit wurde sie mit den Füßen an den Schweif des Pferdes gebunden und durch Rom ge-schleift, bis sie starb.

Ein anderer Dominikaner, Etienne de Bourbon, und ein Franzis-kanermönch aus Erfurt, Verfasser der *Chronica Minor,* berichteten Ähnliches über eine Päpstin. Allerdings konnten sie sich nicht darauf einigen, wann sie gelebt hatte. De Bourbon datierte sie auf etwa 1100, während der Erfurter Mönch das Jahr 915 nannte.

Martinus Polonus oder Martin von Troppau, ein Dominikaner aus Polen, lieferte Ende des dreizehnten Jahrhunderts in seiner *Chronik der Päpste und Kaiser* die allgemein als gültig anerkannte Version. Er nennt sie Johannes, und damit gibt auch er ihr den Namen, unter dem sie allein in den frühesten Berichten auftaucht. Erst bei späteren Historikern heißt sie Jeanne oder Johanna. Martinus Polonus berich-tete, ein gewisser Johannes Anglicus habe die Nachfolge von Leo IV. (847–855) angetreten. Er habe zwei Jahre, sieben Monate und vier Tage den Stuhl Petri innegehabt, bis entdeckt wurde, daß er in Wahr-heit eine Frau war.

Andere frühe Berichte datieren die Päpstin jedoch auf etwa 1099 oder 1110, was möglicherweise korrekter ist, da diese Daten dem Zeit-punkt näher liegen, an dem die Geschichte zum ersten Mal aufkam. Der Historiker Professor N. C. Kist behauptete im neunzehnten Jahrhundert findig, Päpstin Johanna sei in Wirklichkeit die Witwe von Leo IV. gewesen und habe gemeinsam mit Leos Nachfolger Benedikt III. als Papst regiert.

Den frühen Erzählungen zufolge wurde die spätere Päpstin im deutschen Mainz geboren, vermutlich als Kind englischer Eltern. Als junges Mädchen reiste sie in Männerkleidung mit ihrem Geliebten nach Athen. Dort nahm sie ihre Studien auf und erwies sich in verschiedenen Wissenschaften als äußerst vielversprechend. Nach einiger Zeit zog sie gen Rom, immer noch in Begleitung ihres Liebhabers. Eine spätere, in einer Benediktinerabtei in Bayern gefundene Version besteht darauf, daß sie aus Thessalien stamme und ihr Name Glancia gewesen sei. Verschiedene Versionen berichten, sie habe an einer griechischen Schule in Rom unterrichtet, die für ihre Verbindungen zum heiligen Augustinus berühmt gewesen ist. Vornehme römische Zuhörer kamen, um sie sprechen zu hören, und da sie weniger verderbt erschien als die meisten Geistlichen der damaligen Zeit, wurde sie einstimmig zum Papst gewählt.

VERBOTENES TERRAIN

In der Version von Martinus Polonus wurde sie entlarvt, als sie im Verlauf einer Prozession von St. Peter zum Lateran, an der sie zu Pferd teilnahm, auf einer schmalen Straße zwischen Kolosseum und Klemenskirche eine Frühgeburt hatte. Sie starb noch an Ort und Stelle und wurde begraben, wo sie lag. Seitdem achteten die Päpste sorgsam darauf, diese Straße zu umgehen.

Faszinierenderweise gibt es in Rom tatsächlich eine Straße, die von Päpsten gemieden wurde. In seinem Bericht über die Krönung von Papst Innozenz VII. im Jahr 1404 schrieb der Waliser Adam von Usk, der sich zu jener Zeit in Rom aufhielt: „Nachdem er sich aus Abscheu vor Päpstin Agnes, deren steinernes Standbild, das sie mit ihrem Sohn zeigt, auf der geraden Straße in der Nähe der Kirche San Clemente steht, abgewandt hat, betritt der Papst, von seinem Pferd absteigend, zur Inthronisierung den Lateran." Die Statue wird in den verschiedenen Ausgaben der *Mirabilia Urbis Romae* zwischen 1375 und 1500 (ein Stadtführer von Rom, der während des gesamten Mittelalters verkauft wurde) sowie in anderen Reiseführern erwähnt. Johannes Burchardt, Bischof von Horta und päpstlicher Zeremonienmeister unter Innozenz VIII., Alexander VI., Pius III. und Julius II. erwähnte sie in seinem Bericht von der Papstkrönung ebenfalls: „Auf dem Hinweg wie dem Rückweg kam der Papst am Kolosseum vorbei und zog die gerade Straße hinunter, an der sich die Statue der Päpstin befindet, zum Zeichen, so heißt es, daß Johannes Anglicus dort ein Kind gebar", schrieb Burchardt in seinem *Liber Notarum*. „Was der Grund dafür sei, so behaupten viele, daß es den Päpsten nicht erlaubt ist, bei ihren Kavalkaden dort entlang zu reiten. Deshalb wurden mir Vorhaltungen gemacht von Seiner Exzellenz, dem Erzbischof von Florenz, dem Bischof von Massano und Hugo de Bencii, dem apostolischen Subdiakon. Allerdings hatte ich diesbezüglich mit Seiner Exzellenz dem Bischof von Piacenza gesprochen, der mir versicherte, es sei töricht und ketzerisch zu glauben, es sei den Päpsten verboten, diese Straße zu benutzen, da kein authentisches Dokument oder ein Brauch bekannt sei, der so etwas untersage."

Manche haben vorgebracht, dieser Brauch sei entstanden, weil die Straße einfach viel zu schmal war. Es ist zwar belegt, daß unter Sixtus V. (1585–1590) die Straße verbreitert wurde, aber Burchardt erwähnt nicht, daß die Prozession irgendwelche Probleme mit der Breite der Straße hatte. In der Nähe stand die Statue einer ihr Kind stillenden Frau, deren Kleidung durchaus ein päpstliches Ornat hätte sein können. Die Inschrift auf dem Sockel kann sich auf Päpstin Johanna bezogen haben. Leider wurde die Statue im Verlauf der Straßenerweiterung unter Sixtus V. entfernt, aber in den Vatikanischen Gärten befindet sich eine ähnliche Figur.

EINE FRAU MIT TAUSEND GESICHTERN

Bei Giovanni Boccaccio wird aus der Päpstin Johanna Giliberta. Im fünfzehnten Jahrhundert nannte der böhmische Häretiker Johannes Hus sie Agnes, und als Jutta taucht sie in Dietrich Schernbergs Stück *Ein Schön Spiel* aus dem Jahre 1490 auf. Andere Berichte lassen sie namenlos. Ihr Liebhaber heißt in der bayerischen Fassung Pircius und in Schernbergs Stück Clericius. In ein oder zwei Darstellungen bestreitet er, der Vater ihres Kindes zu sein, während eine frühe Aufzeichnung für gewiß nimmt, daß das Baby ein Kind des Teufels ist.

Andere Chronisten wissen, daß ein Kaplan oder „ein gewisser Diakon, ihr Sekretär", der Vater gewesen ist. Ein Holzschnitt zeigt ihn sogar im Gewand eines Kardinals.

Auch über ihr weiteres Schicksal liegen unterschiedliche Berichte vor. Martinus Polonus gibt – wie wir gehört haben – an, sie sei bei der Geburt gestorben oder getötet worden, nachdem ihr Geheimnis allgemein bekannt wurde. Boccaccio erzählt, sie sei vom Teufel zur Sünde der Lust verführt worden und deswegen von den Kardinälen eingesperrt und bis zu ihrem Tod im Kerker festgehalten worden. Eine frühe Fassung der *Mirabilia Urbis Romae* behauptet, daß sie „unter den Tugendhaften" in der Basilika St. Peter bestattet worden sei. Doch diese Aussage wurde in späteren Ausgaben getilgt.

WIE JOHANNA PÄPSTIN WERDEN KONNTE

Ein Benediktinermönch schrieb 1366 in der Malmesbury Abbey im Westen Englands, Päpstin Johanna habe im Jahre 858 das Amt des Papstes erlangt, weil „die Dummköpfe in der Stadt so zahlreich waren, daß es keiner an Gelehrsamkeit mit ihr aufnehmen konnte". Er fährt fort, daß sie „nach etwas mehr als zweijähriger Amtszeit von ihrem alten Geliebten schwanger wurde und während einer Prozession niederkam, und so wurde ihre Sünde aufgedeckt und man setzte sie ab".

Wieder scheint ihr eigentliches Verbrechen nicht darin bestanden zu haben, daß sie alle durch Täuschung glauben machte, sie sei ein Mann, sondern, daß sie der Lust nachgegeben hatte und auf so dramatische Art überführt worden war. Natürlich sind viele Päpste ihrem Trieb gefolgt, aber die Beweise für ihre sexuellen Eskapaden waren nie so offenkundig wie eine Niederkunft auf einer öffentlichen Durchgangsstraße. Vergleichbar war es höchstens, wenn Päpste tatsächlich in flagrante delicto erwischt wurden – und die scheinen dann von zornigen Ehemännern getötet worden zu sein.

Und was ist nun aus dem Kind geworden? Die meisten Berichte scheinen wie selbstverständlich davon auszugehen, daß es bei der Geburt starb. In einer Abschrift von Martinus Polonus' *Chronica* jedoch, die im Jahr 1400 erschien, heißt es: „Sie wurde wegen ihrer Zügellosigkeit abgesetzt, und nachdem sie den Schleier nahm, lebte sie noch so lange in Buße, daß sie miterlebte, wie ihr Sohn zum Bischof von Ostia geweiht wurde. Als sie am Ende ihrer Tage den Tod nahen spürte, veranlaßte sie, an jener Stelle beigesetzt zu werden, wo sie ihren Sohn zur Welt gebracht hatte, was dieser allerdings nicht erlaubte. Nach der Überführung ihres Leichnams nach Ostia bereitete er ihr eine ehrenvolle Beisetzung in der Kathedrale. Deswegen hat Gott bis zum heutigen Tage viele Wunder vollbracht." Andere hingegen behaupten, das Kind sei der leibhaftige Antichrist gewesen.

Frühe Berichte schicken die Seele der Päpstin Johanna, ihres Geliebten und des Säuglings geradewegs in die Hölle. Viele sagen, daß sie einen Pakt mit dem Teufel schloß oder unter Zuhilfenahme des *Buches der Nekromantie* Teufelsanbetung betrieben habe, um sich das Amt des Papstes anzueignen – andererseits wurden während des Mittelalters immer wieder solche haltlosen Beschuldigungen gegen Päpste erhoben, die auch nur etwas mehr als die übliche Rudimentärbildung besaßen.

Spätere Autoren urteilten dann etwas nachsichtiger. Immerhin war Johannas Verhalten gemessen an dem vieler anderer mittelalterlicher Päpste vergleichsweise sittsam gewesen. 1490 schrieb Felix Haemerlein, daß sie „wegen Erlaß ihrer Sünden gebar".

ES REGNETE BLUT

Die im Jahr 1500 unter der Herrschaft des Borgia-Papstes Alexander VI. zusammengestellte Ausgabe der *Mirabilia Urbis Romae* sieht es ähnlich: „Weiter geht es zu einer kleinen Kapelle zwischen dem Kolosseum und der Kirche San Clemente; diese verfallene Kirche befindet sich an der Stelle, wo die Frau starb, die Papst wurde. Sie war hochschwanger, und ein Engel Gottes stellte ihr die Frage, ob sie lieber auf ewig im Fegefeuer brennen oder sich offen der Welt stellen wolle. Da sie nicht für alle Ewigkeit verloren sein wollte, wählte sie die Beschämung der öffentlichen Schande."

Der Dichter Petrarca war der einzige Renaissanceautor, der hart mit ihr ins Gericht ging. Er war entsetzt über die Tatsache, daß eine Frau auf dem Papstthron gesessen hatte, und behauptete, in der Folge habe es „in Brescia drei Tage und Nächte Blut geregnet. In Frankreich tauchten fabelhafte Heuschrecken mit sechs Flügeln und mächtigen Zähnen auf. Auf wunderbare Weise flogen sie durch die Luft und fielen ohne Ausnahme ins Britische Meer. Die goldenen Körper wurden von den Wogen des Meers aber nicht angenommen und verpesteten die Luft, so daß eine große Zahl Menschen daran starb." Die apokalyptische Metaphorik ist unmittelbar der Offenbarung des Johannes entlehnt.

WAHRHEIT ODER DICHTUNG?

Daß zwischen der Amtszeit der Päpstin Johanna auf dem Stuhl Petri und dem ersten dokumentierten Auftauchen der Geschichte einige Zeit verstrich, bedeutet nicht unbedingt, daß sie Folklore oder freie Erfindung ist. Die ersten schriftlichen Zeugnisse über das Leben Christi erschienen immerhin auch erst ein Jahrhundert nach seinem Tod, und trotzdem glauben viele Menschen, daß Jesus eine historische Gestalt ist.

Natürlich wurde die Geschichte mit teils kunstvollen Details ausgeschmückt – besonders als Boccaccio und Petrarca sich des Stoffes annahmen –, aber die grundlegende Prämisse, daß es eine Päpstin gab, die durch ihre Schwangerschaft enttarnt wurde, ist über Jahrhunderte nie angezweifelt worden. Das Motiv taucht in der Ikonographie häufig auf. Päpstin Johanna fand sogar einen Platz im Dom von Siena zwischen den Büsten der Päpste, die etwa um 1400 fertiggestellt wurden. Auf Befehl von Klemens VIII. mußte ihre Büste jedoch um 1600 entfernt werden.

Johannes Hus wurde nach dem Konzil von Konstanz im Jahre 1415 verbrannt, doch niemand auf dem Konzil widersprach ihm, als er im Verlauf seiner Verteidigung mehrfach „Papst Johannes" erwähnte, „eine Frau aus England mit Namen Agnes".

Im sechzehnten Jahrhundert behauptete der Schriftsteller Mario Equicola aus Alvito, Gott habe Johanna auf den päpstlichen Thron erhoben, um die Gleichheit der Frauen zu demonstrieren. Auch andere vermuteten, Gott habe seine Hand im Spiel gehabt, und meinten, ein männlicher Papst sei auf wunderbare Weise in eine Frau verwandelt worden oder ein männlicher Papst habe auf wundersame Weise ein Kind zur Welt gebracht.

Im Laufe der Jahrhunderte wurden immer neue Auslegungen diskutiert. Eine der banaleren lautete, bei Päpstin Johanna handelte es

sich um einen Zwitter. Eine apokalyptische besagte, sie sei die Hure
Babylon aus der Offenbarung gewesen, und ihr Erscheinen in Rom
habe das Jüngste Gericht angekündigt. Der Ausgabe von *A Present for
a Papist* aus dem Jahr 1785 ist ein Holzschnitt der Päpstin Johanna
vorangestellt, die, umgeben von ihren Prälaten, in einem gar prächtigen Zelt ihr Kind zur Welt bringt. Darunter befindet sich folgender
Vers: „Eine Päpstin (wie die Geschichte erzählt) / Mitten in einer Prozession in Wehen fiel, / Und entband einen unehelichen Sohn; / Weswegen manche Rom die Hure Babylon nennen."

Diese Theorie kann man getrost verwerfen. Päpstin Johanna, falls
sie denn wirklich lebte, ist schon lange tot, und bisher haben wir die
Posaunen des Jüngsten Gerichts noch nicht vernommen.

Die berühmteste Version der Geschichte ist zweifellos der griechische Klassiker von Emmanuil Roidis aus dem neunzehnten Jahrhundert. Darin offenbart Johanna ihre Heiligkeit zuerst als Säugling, der
sich an Fastentagen weigert, von der Brust zu trinken.

Nach der Reformation wurden in der katholischen Kirche zunehmend Zweifel an der Geschichte laut, aber es war dann ein Protestant, nämlich David Blondel (1590–1655), der sie in einer zuerst 1647
und dann wieder 1657 in Amsterdam veröffentlichten Abhandlung
gründlich zerpflückte. Sein Hauptargument lautete, daß es weder
zeitgenössische Berichte über eine Päpstin noch Platz für eine Päpstin
zwischen den bekannten Päpsten gäbe, deren Ernennungen und
Tode (oder Amtsenthebungen) seit dem zweiten Jahrhundert gut do-
kumentiert waren. Dagegen könnte man allerdings anbringen, daß
die Kirche schon immer großes Geschick beim Vertuschen päpstlicher Entgleisungen an den Tag gelegt hat.

DIE JOHANNNA-VARIANTE DER OSTKIRCHE

Man mag die Idee, es habe eine Päpstin gegeben, als absurd abtun,
doch bislang hat niemand den eigentlichen Ursprung dieser Legende zufriedenstellend klären können. Eine mögliche Erklärung findet
sich in einem Brief aus dem Jahr 1054 von Papst Leo IX. an Michael
Kerullarios, Patriarch von Konstantinopel. Darin verurteilt Leo die
Ostkirche mit den Worten: „Indem sie gegen das erste Gesetz des
Konzils von Nicäa Eunuchen unüberlegt fördert, erhob sie einmal

eine Frau auf den Stuhl des Pontifex." Leo irrte in einem Punkt. Das Konzil von Nicäa untersagte lediglich die Beförderung von Eunuchen, die sich selbst kastriert oder um diese Verstümmelung gebeten hatten. Solche, die gegen ihren Willen kastriert worden waren, blieben damals durchaus noch wählbar.

Richtig ist jedoch, daß es schon sehr früh Erzählungen über einen weiblichen Patriarchen von Konstantinopel gab, und das *Chronicon Salernitanum* von etwa 980 berichtet: „Damals [im achten Jahrhundert] herrschte ein gewisser Patriarch über Konstantinopel, ein guter und gerechter Mann, aber zweifellos befleckt durch körperliche Liebe, und dies so sehr, daß er seine Nichte in seinem Haus hielt, als wäre sie ein Eunuch, und sie in wunderschöne Gewänder hüllte. Als dieser Patriarch dem Tode nahe war, empfahl er dem Wohlwollen aller seinen vermeintlichen Neffen. Bei seinem Ableben wählten sie einhellig und in völliger Unwissenheit eine Frau zu ihrem Bischof. Sie leitete sie fast anderthalb Jahre."

Das konnte ja nur schiefgehen. Einem gewissen Prinz Arichis erschien im Traum der Teufel und erzählte ihm davon. Daraufhin schickte er Gesandte nach Konstantinopel, die herausfanden, daß die Worte des Teufels der Wahrheit entsprachen – „dann wurde dieser Ungeheuerlichkeit ein Ende gesetzt". Einer anderen Version der Geschichte zufolge wurde die Päpstin nach ihrer Absetzung in einem Nonnenkloster gefangengehalten, und die Stadt zur Strafe von einer Seuche heimgesucht. Auch diese Geschichte hat vielleicht einen realen Hintergrund. Etwa um jene Zeit gab es einen Patriarchen namens Nicetes, der Eunuch war. Mit Sicherheit wuchs ihm kein Bart – in der Ostkirche ist es dem Klerus verboten, sich zu rasieren –, daher sah er für die Griechen wie eine Frau aus.

FRAUEN IN MÄNNERKLEIDUNG

Das Mittelalter kannte zahllose Geschichten über Frauen, die sich, aus welchen Gründen auch immer, als Männer verkleideten und in Abteien oder Klöster zurückzogen. Die heilige Eugenia wurde gar Abt, bis eine Frau, deren Annäherungsversuche sie zurückgewiesen hatte, die Heilige eines sexuellen Fehltritts beschuldigte und so deren wahres Geschlecht ans Tageslicht brachte.

Die heilige Marina war die Tochter eines Mönchs. Verkleidet als Knabe wurde sie in seinem Kloster aufgenommen. Nach dem Tod ihres Vaters blieb sie dort, bis die Tochter eines Gastwirts Marina beschuldigte, Vater ihres Kindes zu sein. Sie verließ aber lieber das Kloster, als ihr wahres Geschlecht zu enthüllen, und erst nach ihrem Tod trat die Wahrheit zutage.

Eine weitere Geschichte ist die der heiligen Theodora. Sie war die Frau von Gregor, dem Präfekten von Alexandrien. Theodora nahm sich einen Liebhaber und flüchtete dann aus Reue in Männerkleidung in ein Kloster. Wieder erhob eine Frau eine Vaterschaftsklage gegen den vermeintlichen Mönch. Doch statt sich zu erkennen zu geben, entfloh sie den Klostermauern und adoptierte das Kind. Als der Junge erwachsen war − er wurde später Abt −, kehrte sie ins Kloster zurück, wo ihr wahres Geschlecht ebenfalls erst nach ihrem Tod entdeckt wurde.

Nachdem die wunderschöne und genußsüchtige griechische Tänzerin Pelagius eine Predigt von Nonnus, dem Bischof von Edhessa, gehört hatte, bereute sie ihr sündiges Leben. Sie zog sich Männerkleidung an und lebte von da an in einer Zelle auf dem Ölberg. Dort war sie bekannt als „Pelagius, Mönch und Eunuch". Wieder kam die Wahrheit erst nach ihrem Ableben heraus.

Eine junge Deutsche namens Hildegund war als Junge verkleidet, als sie mit ihrem Vater auf Pilgerfahrt nach Jerusalem ging. Er starb im Verlauf der Reise. Sich selbst überlassen, trat sie in ein Kloster ein. Ihr wahres Geschlecht blieb seltsamerweise unentdeckt, obwohl sie ihren Oberkörper zur Geißelung freimachen mußte.

GESCHLECHTSTEST FÜR PÄPSTE

Es ist ein weitverbreiteter Glaube, daß sich seit dem zehnten Jahrhundert Päpste im Anschluß an ihre Wahl einem Geschlechtstest unterziehen mußten. Diese Legende entstand unabhängig von der um die Päpstin Johanna. Der Dominikaner Robert d'Usez schrieb 1409, daß sich der neugewählte Papst auf einen Stuhl setzen mußte, „auf dem, wie man sagt, der Beweis erbracht wird, daß der Papst ein Mann ist". Fünf Jahre später erwähnte der französische Mönch Gaudridus von Collone aus der Abtei St. Pierre-le-Vif und Sens, diese Verfahrensweise sei als Reaktion auf das Pontifikat der Päpstin eingeführt worden, verweist jedoch zugleich darauf, „der Brauch der Geschlechtsuntersuchung des designierten Papstes durch ein Loch im Sitz eines steinernen Stuhls [gehe] auf die Römer zurück". Frühe Chronisten berichten, dies sei einerseits gemacht worden, um sicherzustellen, daß die Kirche nicht gesetzwidrig eine Päpstin gewählt hatte, andererseits, um zu vermeiden, daß der neue Papst kastriert war, denn ein Eunuch durfte nicht auf den Heiligen Stuhl gelangen.

DIE SEDES STERCORARIA

Die *sedes stercoraria*, der „Befummel-Stuhl", war „unten offen", und es war traditionell „die Pflicht des jüngsten Diakons, die Genitalien Seiner Heiligkeit zu ertasten". 1490 beschrieb Felix Haemerlein das Ritual: „Bis zum heutigen Tag ist der Stuhl fester Bestandteil der Wahl des Papstes. Um zu beweisen, daß er des Amtes würdig ist, werden seine Hoden von einem anwesenden jungen Geistlichen betastet, der bezeugen muß, daß der Erwählte männlichen Geschlechts ist. Wird dies festgestellt, ruft der Untersuchende mit lauter Stimme aus: ‚Unser Erwählter ist ein Mann.' Und alle anwesenden Kleriker erwidern: ‚Gelobt sei der Herr.' Dann schreiten sie freudig zur Weihe des designierten Papstes."

Haemerlein versicherte, dieses Untersuchungsverfahren sei mit der Wahl von Benedikt III. (855–858) eingeführt worden, der angeblich Päpstin Johannas Nachfolger war. Früheren Berichten zufolge wurde der Stuhl erstmals 1099 bei der Weihe von Papst Paschalis II. benutzt, was zeitlich zufällig mit dem ersten datierbaren Bericht über Päpstin Johanna zusammenfällt.

Das 1680 in London im Theatre Royal uraufgeführte Bühnenstück *The Female Prelate* von Elkanah Settle präsentiert eine andere Version der Prozedur. Hier übernimmt eine Mutter Oberin die Aufgabe, die Genitalien Seiner Heiligkeit zu berühren, da ein Kardinal oder Subdiakon wohl in dieser Rolle nicht vorstellbar waren.

Burchardt und andere sagen, daß sogar zwei „durchbohrte" Stühle benutzt wurden. Und tatsächlich existieren bis heute zwei dieser Stühle. Pius VII. (1800–1823) ließ sie Ende des achtzehnten Jahrhunderts aus San Giovanni ins Vatikanmuseum bringen. Einer befindet sich immer noch im Museo Pio-Clementino, der andere wurde nach Paris transportiert, nachdem Napoleon den Vatikan geplündert hatte. Auch als viele kostbare Kunstgegenstände und das Vatikanarchiv schließlich von den Franzosen an Rom zurückgegeben wurden, blieb der durchbohrte Stuhl im Louvre.

DIE PÄPSTIN IM TAROT

In einigen Versionen des Tarot gibt es eine Päpstin als Pendant zum männlichen Papst. Sie scheint jedoch ihren Ursprung nicht in Päpstin Johanna zu haben. Im Jahre 1260 traf eine Frau namens Guglielma von Böhmen – in manchen Versionen kommt sie auch aus England – in Mailand ein. Sie war reich und fromm und machte sich bald mit ihren Predigten einen Namen. Sie starb 1281 und wurde in einem Zisterzienserhaus in Chiaravalle beigesetzt. Schon bald entwickelte sich ein Kult um ihre Reliquien. Manche ihrer Anhänger waren Fanatiker und glaubten, Guglielma sei die Verkörperung des Heiligen Geistes gewesen und würde im Jahre 1300 zurückkehren, den korrupten Papst Bonifatius VIII. (1294–1303) vom Stuhl Petri verjagen und eine junge Frau aus Mailand, genannt Maifreda di Pirovano, an seiner Stelle als Papst einsetzen.

Gemeinsam mit ihren Jüngern begann Maifreda, sich auf ihr Pontifikat vorzubereiten. Sie planten ein neues Kardinalskollegium, das weitgehend, wenn nicht gar völlig aus Frauen bestehen sollte. Bonifatius und der Inquisition schmeckten solche Ideen ganz und gar nicht, und Maifreda und ihre Guglielmiten endeten auf dem Scheiterhaufen. Bisweilen kam die Vermutung auf, die Legende um Päpstin Johanna ginge auf Guglielma und Maifreda zurück. Die Geschichte der Päpstin Johanna wurde jedoch früher aufgezeichnet, wiewohl sie durchaus die Guglielmiten inspiriert haben mag. Denn immerhin, wenn es bereits eine Päpstin gegeben hatte, was sollte dann gegen eine zweite sprechen?

Maifreda ist jedoch mit an Sicherheit grenzender Wahrscheinlichkeit das Vorbild für die Päpstin des Tarot. Die Nonne des Umiliata-Ordens in Biassono war eine Verwandte – möglicherweise Cousine – von Matteo Visconti, und die Familie Visconti gab nachweislich verschiedene Tarot-Kartenspiele in Auftrag. Eines dieser Spiele, das dem Künstler Boniface Bembo zugeschrieben wird, ist angeblich der erste Kartensatz, in dem eine Päpstin auftaucht. Ihr braunes Habit gehört zum Orden der Umiliata.

Fast zwei Jahrhunderte lang enthielten die meisten Tarot-Blätter „La Papessa". Später wurden männliche und weibliche Päpste durch sitzende und stehende oder bärtige und glattrasierte Päpste ersetzt. In manchen Decks erscheint die Päpstin völlig verändert als Hohepriesterin.

VI

PÄPSTLICHE PORNOKRATIE

Es grenzte schon an Nekrophilie, als Papst Stephan VI. (896–897) den Leichnam seines Vorgängers Formosus (891–896) ausgraben, in Pontifikalgewänder stecken, auf den Apostolischen Stuhl setzen und ihm in aller Form wegen Meineids und ehrgeizigen Strebens auf das Papstamt den Prozeß machen ließ.

Für diesen Skandal verantwortlich zeichnete die erste einer neuen Reihe von Papstmacherinnen. Ihr Name war Ageltrude, Herzogin von Spoleto. Sie galt mit ihren blauen Augen, dem langen blonden Haar und einer beeindruckenden Figur als ausgesprochene Schönheit. Ageltrude führte eine Armee nach Rom und nahm die Stadt 894 ein. Arnulf, der Kaiser des Heiligen Römischen Reiches, konnte dies nicht hinnehmen und schickte eine Armee mit Papst Formosus an der Spitze, um sie nach Spoleto zurückzudrängen.

Nachdem Formosus die Stadt erobert hatte, starb er wahrscheinlich an einem Herzinfarkt – obwohl manche Quellen sagen, er sei in Ageltrudes Auftrag vergiftet worden. Er wurde mit dem bei Päpsten üblichen großen Zeremoniell in Rom beigesetzt. Ihm folgte Bonifatius VI. (896) nach.

Bonifatius verkörperte wohl kaum den idealen Kandidaten für das Amt des Papstes, war er doch bereits zweimal wegen Unsittlichkeit aus dem Priesteramt verstoßen worden. Nach dem zweiten Zwischenfall wurde er nicht mehr ins Priesteramt eingesetzt, dank öffentlicher Unterstützung aber dennoch zum Papst gewählt – die Römer rebellierten zu seinen Gunsten. Er hielt gerade einmal fünfzehn Tage durch und fiel mit an Sicherheit grenzender Wahrscheinlichkeit Ageltrudes Gift zum Opfer. Sie eroberte Rom erneut und setzte Stephan VI. als Papst ein, der, wie jeder wußte, vollkommen verrückt war, was jedoch Ageltrudes Zwecken hervorragend diente. Auf ihre Anregung ließ er Formosus' bereits stark angefaulte Leiche exhumieren und vor Gericht stellen.

DIE LEICHENSYNODE

Ageltrude wohnte persönlich der berüchtigten Leichensynode bei und genoß es ganz offensichtlich, wie ihr Erzfeind Formosus vor ihren Augen gedemütigt wurde, auch wenn er schon geraume Zeit tot war. In ihrer Begleitung befand sich ein sechsjähriges Mädchen namens Marozia, das die Aufmerksamkeit eines sechsunddreißigjährigen Kardinals namens Sergius erregte.

Ein achtzehnjähriger Diakon stand als Pflichtverteidiger neben der Leiche und antwortete für Formosus. Bedauerlicherweise war er kein Perry Mason, und Formosus wurde in allen Anklagepunkten für schuldig befunden. Er wurde seiner päpstlichen Gewänder beraubt, und man hackte ihm die drei Finger der rechten Hand ab, die für den päpstlichen Segen benötigt wurden. Anschließend wurde die Leiche durch die Straßen geschleift und in den Tiber geworfen.

Die Finger sollten Ageltrude von Kardinal Sergius überreicht werden. Als er ihr die grausige Trophäe schließlich übergab, fiel sein Blick wieder auf das Kind Marozia. Trotz des Altersunterschiedes von dreißig Jahren wurde in diesem Augenblick ein Band geschmiedet, das für das nächste Jahrhundert die Entwicklung des Papsttums bestimmen sollte.

Exakt in dem Augenblick, da Papst Stephan im Anschluß an die Leichensynode mit Ageltrude, Marozia und Kardinal Sergius aus dem Lateranpalast trat, stürzte mit einem gewaltigen Donnern die alte Basilika des Lateran ein, die bereits seit geraumer Zeit wegen gefährlicher Baufälligkeit nicht mehr benutzt worden war. Das Volk Roms faßte dies als Omen auf, und die Leichensynode, die zunächst wie ein harmloser Spaß ausgesehen hatte, verkehrte sich in ihr Gegenteil. Schnell machten Gerüchte die Runde, Formosus' Leiche habe angeblich Wunder bewirkt. Schon bald kam es zu einer Volkserhebung gegen Papst Stephan. Er wurde seiner päpstlichen Insignien beraubt, abgesetzt, in einen Klosterkerker geworfen und dann erwürgt.

Ageltrude, darüber erzürnt, besetzte Rom ein weiteres Mal und zwang der Kirche Papst Romanus (897) auf. Doch bereits nach vier Monaten wurde sie seiner überdrüssig und setzte statt dessen Papst Theodor II. (897) ein. Er starb unter mysteriösen Umständen einen frühen Tod. Und so ging es munter weiter. Nachdem Papst Leo V. (903) und Gegenpapst Christophorus (903–904), der ihn gestürzt hatte, ermordet worden waren, hatte es bis 904 acht Päpste in ebenso vielen Jahren gegeben. Die Wechsel erfolgten so häufig, daß sich die Bediensteten im Lateran ein hübsches Zubrot verdienten, indem sie das komplette Inventar der päpstlichen Wohnräume verhökerten, sobald wieder ein Papst das Zeitliche gesegnet hatte.

EIN HURENGESPANN LEITET DEN VATIKAN

Nach einem solchen Anfang kann es kaum überraschen, daß das Papsttum im zehnten Jahrhundert zum Synonym für schamlosen Amtsmißbrauch und Korruption geriet. Diese Epoche wurde unter der Bezeichnung „Pornokratie" oder „das römische Hurenregiment" bekannt, weil das Papsttum in den Augen eines großen Teils der Christenheit von zwei Huren geleitet wurde. Es handelte sich um ein Mutter-Tochter-Gespann: Theodora und Marozia, die beide päpstliche Mätressen waren.

Zu dieser Zeit gab es in Rom keinen Kaiser. Die Stadt wurde effektiv von Theophylakt, Konsul, *magister militum* (Kommandant der Miliz) und Leiter der päpstlichen Finanzen regiert – und, wichtiger noch, er war gleichzeitig der Gemahl der ehrgeizigen Theodora. Sie galt als „schamlose Hure, die zu dieser Zeit in Rom lebte und zwei Töchter hatte, Marozia und Theodora, von denen keine einen besseren Ruf genoß als die Mutter". Theodora die Jüngere war vermutlich die Tochter des späteren Papstes Johannes X. (914–928). Marozia scheint größeren Gewinn aus den Lehren ihrer Mutter gezogen zu haben. Sie hatte bereits als Kind auf der Leichensynode Ageltrude in Aktion erlebt und verfolgte ehrgeizige Machtpläne.

PÄPSTLICHE PORNOKRATIE

Theodora hatte den sanftmütigen Benedikt IV. (900–903) auf den päpstlichen Thron gehievt, und Leo V. sowie der Gegenpapst Christophorus waren beide ihre gefügigen Marionetten. Ihnen folgte Sergius III. (904–911), mit dem nicht gut Kirschen essen war. Er hatte bei der Leichensynode von Stephan VI. – damals noch als Kardinal – eine Hauptrolle inne. Als Gegenpapst Christophorus Leo V. in den Kerker werfen ließ, marschierte Sergius auf Rom und brachte Christophorus ebenfalls hinter Schloß und Riegel. Er weihte sich selbst zum Papst und sorgte dann dafür – aus Mitleid, wie manche sagen –, daß Leo und Christophorus erdrosselt wurden. Aber Theodora wußte, wie er an die Kandare zu nehmen war: Sie stellte ihm ihre sexuell frühreife, halbwüchsige Tochter Marozia an die Seite.

LOLITASEX IM LATERAN

Marozia war erst fünfzehn, da wurde sie die Mätresse von Sergius III. Er war fünfundvierzig. Sie hatte bereits einen Sohn mit ihm, als er vier Jahre später starb. Die Erfahrung, Geliebte des Papstes gewesen zu sein, hatte nachhaltigen Eindruck bei ihr hinterlassen. Drei Ehen und zahllose Affären taten ihrem ehrgeizigen Streben nach dem Papsttum keinerlei Abbruch.

Die halbwüchsige Marozia ging im Lateranpalast ein und aus, da ihr Vater der Senatsvorsteher von Rom war. Als Sergius das erste Mal mit ihr schlief, war sie nicht mehr als ein hübsches Kind. Für die restliche Zeit seines Pontifikats verfolgte er mit außerordentlicher Freude, wie seine minderjährige Liebe zu einer Frau von atemberaubender Schönheit aufblühte. Marozia ihrerseits genoß in den Armen des Papstes nicht die romantische Leidenschaft der Jugend, sondern die Ekstase der Macht. Die Geschichtsschreibung fällte über sie das verständliche Urteil, eine „äußerst dreiste und unverschämte Hure" zu sein, und lastete ihr die Entweihung des Heiligen Stuhls an. Der Sohn von Marozia und Papst Sergius wurde schließlich Papst Johannes XI. (931–935).

Sergius selbst kam bei der ganzen Geschichte nicht sonderlich gut weg. Kommentatoren beschuldigten ihn, während seiner Amtszeit fortgesetzt „grenzenlose Abscheulichkeiten mit leichten Frauen" begangen zu haben. Dem Historiker Cesare Baronio zufolge stand

Sergius nicht nur auf Sex mit Minderjährigen, sondern war obendrein „der Sklave eines jeden Lasters und ein äußerst gottloser Mensch". Sergius ließ in seiner Amtszeit die Lateranbasilika wieder aufbauen, die seit der Leichensynode zur Ruine zerfallen war, und stellte Papst Formosus, nur zur Sicherheit, gleich noch einmal vor Gericht. Auch dieses Mal kam Formosus nicht davon.

PÄPSTE IN BUNTER FOLGE

Theodora suchte die nächsten beiden Päpste aus – Anastasius III. (911–913) und Lando I. (913–914). Keiner war ein Muster an Tugendhaftigkeit, und Lando, so wird berichtet, „ein gesalbter Junggeselle, vergeudete den größten Teil seines Lebens mit unanständigen Frauen, und am Ende wurde er selbst verzehrt, nachdem er sieben Monate regiert hatte". Er hatte einen unehelichen Sohn namens Johannes, in den sich Theodora, Marozias Mutter, einige Jahre zuvor verliebt hatte. Sie hatte ihren Einfluß auf den damaligen Papst Sergius genutzt, um Johannes zunächst zum Bischof von Bologna und dann zum Erzbischof von Ravenna zu machen. Doch Theodora paßte es überhaupt nicht, ihren Liebhaber in so weiter Ferne zu wissen, und als Lando starb, sorgte sie dafür, daß Johannes als Nachfolger seines Vaters in den Lateranpalast gewählt wurde, wo sie „seine nächtliche Gefährtin" sein konnte. Er wurde Papst Johannes X. (914–928).

MAROZIAS SOHN AUF DEM LANGEN MARSCH ZUM APOSTOLISCHEN STUHL

Bischof Liutprand von Cremona erzählt, Marozia sei darüber alles andere als glücklich gewesen, und so entstand eine ungesunde Rivalität zwischen Mutter und Tochter. Marozias Sohn war damals erst sechs und damit – selbst für jene Zeit – ein bißchen sehr jung, um schon Papst zu werden.

914 war Marozia zweiundzwanzig und stand, wie es heißt, in der Blüte ihrer Schönheit. Sie führte ein kleines Etablissement auf der Isola Tiberina, einem Inselchen in der Mitte des Tiber. Dort veranstaltete sie Lustbarkeiten für junge Adlige und kirchliche Würdenträger. Die meisten von ihnen waren Bischöfe der Sorte, die mit Sporen

an den Stiefeln die Messe lasen, Jagdmesser an den Gürteln baumeln und ihre Pferde gesattelt und bereit vor der Tür stehen hatten, damit sie nachmittags auf Bärenjagd gehen oder sich der Falknerei widmen konnten, sobald der Gottesdienst beendet war. Sie bewohnten prächtige, in Samt und Purpur dekorierte Häuser, speisten von goldenen Tellern und ließen dazu Musikanten aufspielen und Tänzerinnen auftreten. Sie schliefen auf seidenen Laken in Betten, die mit goldenen Intarsien und mit Erinnerungsstücken an frühere Geliebte verziert waren. In dieser Welt fühlte sich Marozia vollkommen heimisch.

Mitten in diese dekadente Szenerie platzte Alberich, ein Prinz aus der Lombardei. Da er als Bedrohung angesehen wurde, entschieden Papst Johannes X. und Theodora, daß Marozia ihn heiraten sollte, um ihn unter die Kontrolle der Familie zu bringen. Ein riskanter Schachzug. In Marozias Händen verwandelte sich Alberich von einer vagen Bedrohung in eine echte Gefahr. Statt sich auf die Seite ihrer Mutter und deren Geliebten zu schlagen, überredete Marozia ihren frischgebackenen Gemahl, Rom anzugreifen. Der Coup mißlang, Alberich wurde getötet, und Johannes X. zwang die junge Witwe, die verstümmelte Leiche ihres Ehemannes anzusehen. Wieder ein Fehler. Marozia, die inzwischen Mutter von Alberichs Sohn geworden war, Alberich II., sann auf Rache.

Als Theodora 928 starb, ließ Marozia Papst Johannes X. gefangensetzen und in der Hoffnung, ihren erstgeborenen Bastard auf den Heiligen Stuhl befördern zu können, Seine Heiligkeit, ihren Stiefvater, mit einem Kissen ersticken.

„Dennoch wurde sie um ihren Erfolg betrogen", schrieb Liutprand. „Denn unmittelbar nach dessen Tod wurde Leo VI. gewählt, den Marozia mit Gift umbrachte, um für ihren Bastard Platz zu schaffen. Jedoch irrte sie ein zweites Mal, denn nachdem er so vergiftet wurde, wählte man Stephan VII., der 930, nur wenige Jahre später, auf die gleiche Weise und durch dieselbe Hand umkam."

Schließlich erfüllte sich Marozias Wunsch, als ihr unehelicher Sohn im Jahre 931 als Papst Johannes XI. den Apostolischen Thron bestieg. Angeblich hat er einen großen Teil seiner Amtszeit mit „abscheulich unanständigen Frauen" verbracht. Unterdessen war seine Mutter nicht untätig gewesen. Aus ihrer ersten Ehe war der ehrgeizige Alberich II. hervorgegangen; und sie beabsichtigte, ein drittes Mal zu heiraten, diesmal Hugo von Provence, Alberichs Bruder. Er war zwar schon verehelicht, aber Marozias Sohn Papst Johannes XI. arrangierte für seinen Onkel eine Scheidung und las außerdem bei ihrer Hochzeit die Messe.

ALBERICH II. LÄSST SEINE MUTTER EINKERKERN

Schon beim Hochzeitsmahl beschimpften sich Marozias Sohn Alberich II. und ihr neuer Gemahl Hugo. Einige Monate später führte Alberich einen bewaffneten Mob gegen das Castel Sant'Angelo, die Engelsburg. Hugo gelang die Flucht über die angrenzende Stadtmauer, versteckt in einem Korb und lediglich mit einem Nachthemd bekleidet, aber Alberich II. konnte seine Mutter Marozia und seinen Stiefbruder Papst Johannes XI. gefangensetzen und in den Kerker werfen.

Nachdem sich Alberich II. zum Herrscher Roms ernannt hatte, ließ er Johannes XI. frei. Allerdings stand er im Lateranpalast unter Hausarrest, wo er nur wenig mehr tun durfte als das heilige Abendmahl auszuteilen. Marozia jedoch blieb im Kerker der Engelsburg, und das immerhin für die Dauer der nächsten fünfzig Jahre.

Ganz so streng hätte Alberich II. wirklich nicht sein müssen, hatte er doch selbst einen unehelichen Sohn, Octavian, der später Papst Johannes XII. (955–963) wurde. Er war der erste Papst, der seinen Namen änderte. Außerdem hieß es von ihm, daß zu seinen zahlreichen Mätressen „eine der Konkubinen seines Vaters" zählte.

Alberich regierte Rom die folgenden zweiundzwanzig Jahre und ernannte die nächsten fünf Päpste, von denen einer, Marinus II. (942–946), angeblich der Sohn „einer gemeinen Frau und eines Geisterbeschwörers" war.

MAROZIA WIRD MIT 94 JAHREN AUS DEM KERKER BEFREIT...

Lange nach Alberichs Tod im Jahre 954 erbarmte sich schließlich Papst Johannes XV. (985–996) Marozias. Im Jahre 986 hob er die Strafe der Exkommunikation auf und schickte einen willfährigen Bischof, der alle Dämonen austreiben sollte, von denen die vierundneunzigjährige Frau angeblich immer noch besessen war. Dann sollte sie hingerichtet werden. Einen Tag vor ihrer Hinrichtung erhielt sie in ihrer Zelle Besuch vom Kaiser des Heiligen Römischen Reiches, dem sechsjährigen Otto III. Zwar war sie Gefangene des Papstes und nicht der weltlichen Behörden, aber er wollte einmal die Frau sehen, die Geliebte eines Papstes gewesen war, die Mutter eines zweiten, die Tante eines weiteren und die Großmutter wieder eines anderen. Gemeinsam mit ihrer Mutter hatte sie immerhin acht Päpste gemacht. Zwei waren erdrosselt, einer mit einem Kissen erstickt und vier weitere abgesetzt und unter nie ganz geklärten Umständen beseitigt worden.

Ein junger Bischof folgte Otto in Marozias Zelle. „Marozia, Tochter des Theophylakt, weilst du noch unter den Lebenden?" fragte der Bischof eine Gestalt, die wie ein Haufen alter Lumpen auf dem Stroh in einer Ecke des schmutzigen und verwahrlosten Verlieses lag. „Ich, Bischof Johannes Crescentius von Protus, befehle dir im Namen der Heiligen Mutter Kirche zu sprechen."

Ohne sich zu rühren, flüsterte Marozia, das Gesicht zur Wand gedreht: „Ich lebe, Euer Exzellenz, ich lebe." Nach einer langen Pause fügte sie hinzu: „Für all meine Sünden, Vergebung … Vergebung."

…UM DANN HINGERICHTET ZU WERDEN

Dann verlas der Bischof den Hinrichtungsbefehl. „Insofern du, Marozia, von Anfang an und bereits im Alter von fünfzehn Jahren während der Herrschaft des Heiligen Vaters Papst Sergius gegen die Rechte des Stuhls Petri konspiriert hast, dem Beispiel deiner satanischen Mutter Theodora folgend …"

Ihr wurde zur Last gelegt, mit ihrem Sohn Papst Johannes XI. versucht zu haben, die Weltherrschaft an sich zu reißen, und daß „sie es gewagt habe, wie Isebel in alten Zeiten noch einen dritten Ehemann zu nehmen". Sie wurde sogar für die Sünden ihres Enkels Papst Johannes XII. verantwortlich gemacht, obwohl sie während seiner skandalösen Herrschaft bereits im Kerker geschmachtet hatte. Er war schließlich der Sohn des Mannes, der sie ins Gefängnis geworfen hatte.

„Dein Enkelsohn Papst Johannes XII", lautete die Anklage, „war gegen sich selbst meineidig, indem er seinen Eid gegenüber dem großen Kaiser brach. Er stahl den Kirchenschatz und flüchtete zu den Feinden Roms, wurde von der Heiligen Synode abgesetzt und durch Leo VIII. ersetzt. Dann kehrte der Abtrünnige nach Rom zurück, zwang Leo VIII. zur Abdankung, schnitt dem Kardinaldiakon Nase, Zunge und zwei Finger ab, häutete Bischof Otger, schnitt Notar Azzo den Kopf ab und enthauptete dreiundsechzig Geistliche und Adlige Roms. Im Verlauf der Nacht des 14. Mai 964, während er verbotenen und schmutzigen Verkehr mit einer römischen Matrone hatte, wurde er vom wütenden Ehegatten der Matrone im Akt der Sünde überrascht. Der Ehemann schlug ihm in gerechtem Zorn mit einem Hammer den Schädel ein und befreite so seine böse Seele vom Zugriff Satans …" Marozia muß todunglücklich gewesen sein, diesen Heidenspaß nicht selbst miterlebt zu haben.

Als der junge Bischof den Hinrichtungsbefehl verlesen hatte, legte ein Henker, der heimlich in die Zelle geschlichen war, ein Kissen über ihr Gesicht und erstickte die alte Frau „zum Wohlergehen der Heiligen Mutter Kirche und des Friedens des römischen Volkes".

Doch auch noch nach ihrem Tod dauerte der Einfluß Marozias auf das Papsttum via Gregor V., den Bruder von Johannes XII., an: Benedikt VIII. (1012–1024) und Johannes XIX. (1024–1032) waren Urenkel von Marozia, Benedikt IX. (1032–1045) war ihr Ur-Urenkel.

VII

RÖMISCHE ORGIEN

In Sachen der Unmoral stand Johannes XII. (955–963) seiner Großmutter Marozia in nichts nach. Mit achtzehn empfing er die heilige Weihe, war aber mit dem Herzen einfach noch nicht bei der Sache. Es hieß, er habe seit Anbeginn der Welt ungekannte Sünden erfunden, und ganze Klöster beteten Tag und Nacht um sein Ableben.

Johannes war schier unersättlich bisexuell und scharte die schamlosesten jungen Adligen und Edelfräulein um sich. Er wurde beschuldigt, Sankt Peter in ein Bordell verwandelt zu haben. Er plünderte die päpstliche Kasse, um seine Spielschulden zu begleichen, und er erfreute sich an Späßen wie der Ordination eines zehnjährigen Jungen zum Bischof. Er verzockte die Opfergaben von Pilgern, seine Liebhaber erhielten goldene Kelche aus der Peterskirche, und er unterhielt ein Gestüt mit 2000 Pferden, die er mit in Wein eingelegten Mandeln und Feigen fütterte. Es hieß, er habe aus dem heiligen Lateranpalast einen Harem gemacht, und „Blutschande verlieh dem Verbrechen neue Würze, wenn simple Lasterhaftigkeit schal für ihn geworden war".

Die Bürger Roms beklagten sich, daß von „seiner promiskuitiven und ungezügelten Lust" die Rompilgerinnen abgeschreckt wurden, die früher die heiligen Orte aufsuchten. Glücklose Pilgerinnen wurden von Johannes entführt, weil er „gerne mehrere Frauen zur Auswahl hatte", schrieb der Chronist Benedikt von Socrate.

RÖMISCHE ORGIEN

Pilger abzuschrecken war schlecht fürs Geschäft – ebenso eine Bischofsweihe im Pferdestall. Als er von einem Kardinal darauf aufmerksam gemacht wurde, ließ Johannes XII. ihn kurzerhand kastrieren. Der Kardinal starb kurze Zeit später.

PAPST JOHANNES XII. MUSS SICH DIE HÖRNER ABSTOSSEN

Im zehnten Jahrhundert war ein solches Verhalten eigentlich kein Problem, aber Johannes enttäuschte die Erwartungen seiner Familie, da er sich als wenig geschickter Politiker herausstellte. Er unterstützte König Otto I. von Sachsen gegen Berengar, den Herrscher über Norditalien. Nachdem er Otto in der Peterskirche zum Kaiser des Heiligen Römischen Reiches gekrönt hatte, änderte er jedoch seine Meinung und nahm mit Berengar Verhandlungen auf. Otto bekam Wind von der Sache und schrieb an Johannes: „Alle, Klerus wie Laienstand, bezichtigen Euch, Heiligkeit, des Mordes, Meineides, Sakrilegs, Inzests mit Euren Verwandten, Eure beiden Schwestern inbegriffen, und daß Ihr wie ein Heide Jupiter, Venus und andere Dämonen angerufen habt."

Johannes tat diese Beschuldigungen als „Klatsch" ab, „der von lüsternen Bischöfen nachgeplappert wird". Andere wiesen darauf hin, daß Johannes doch nur ein junger Mann sei, dem man zugestehen müsse, sich die Hörner abzustoßen. Anschließend würde er schon ruhiger werden.

EXKOMMUNIKATION IN SCHULJUNGENLATEIN

Aber Otto war damit nicht zufrieden. Er stellte Johannes vor die Alternative, ihm entweder zwei Bischöfe zu schicken, die beschwören sollten, daß die vorgebrachten Beschuldigungen nicht der Wahrheit entsprachen, oder aber zwei Meisterkämpfer, die die Angelegenheit bei einem Kampf gegen zwei seiner eigenen Männer entscheiden würden. Johannes lehnte es ab, sich der Herausforderung zu stellen, also kehrte Otto nach Rom zurück und berief in der Peterskirche ein mit Prälaten und Adligen aus Deutschland, Frankreich und Italien besetztes Tribunal ein, um über ihn zu urteilen.

Die Liste der Anklagepunkte gegen ihn scheint endlos: „… Blutschande mit zwei Schwestern zu begehen, Würfel zu spielen und den Teufel zu beschwören, der beim Gewinnen behilflich sein sollte, gegen Geld minderjährige Jungen zu Bischöfen zu weihen, mehrere Jungfrauen geschändet zu haben, den heiligen Palast in einen Harem oder ein Bordell zu verwandeln, der Konkubine seines Vaters, einer gewissen Königinwitwe und einer Witwe namens Anna und seiner eigenen Nichte beizuwohnen, seinem Paten die Augen ausgestochen zu haben, öffentlich auf die Jagd zu gehen, stets bewaffnet zu sein, Häuser in Brand zu stecken, des Nachts Fenster einzuschlagen ...“

Weiterhin soll er einen Pakt mit dem Teufel geschlossen und auf die Gesundheit des Satans getrunken haben, Inzest mit seiner Mutter begangen, heilige Jungfrauen – soll heißen, Nonnen – vergewaltigt und sich des Ehebruchs, Mordes, der Entweihung und Blasphemie schuldig gemacht haben. Selbst für einen mittelalterlichen Papst eine ziemlich beeindruckende Liste.

Als Johannes aufgefordert wurde, sich zu den Beschuldigungen zu äußern, schickte er einen in Schuljungenlatein abgefaßten Brief, in dem er Otto und alle an diesem Tribunal Beteiligten exkommunizierte. Eine zweite Vorladung veranlaßte ihn zu der Erwiderung: „Der Papst ist zur Jagd.“

JOHANNES WIRD VON OTTO AB-, VON HUREN WIEDEREINGESETZT UND IN FLAGRANTI ERTAPPT

Johannes wurde *in absentia* vor Gericht gestellt, der Blutschande, des Ehebruchs und des Mordes für schuldig befunden und abgesetzt. Otto verlangte, daß ein geachteter Kleriker Johannes' Stelle einnehmen solle, doch es war der Synode unmöglich, einen solchen zu finden. Also setzten sie Leo VIII. (963–965) ein, der dem Laienstand angehörte. Allerdings gefiel es den Römern nicht, auf diese Weise einen Papst aufgezwungen zu bekommen. Der Schriftsteller Cypriano de Valera aus dem achtzehnten Jahrhundert beschrieb die Ereignisse folgendermaßen: „Diese schlechten Frauen, mit denen der ehemalige Papst verkehrte“, erhoben sich und griffen Ottos Armee an. Otto wiederum eroberte die Stadt in einer blutigen Schlacht zurück, konnte sie aber nicht halten. Johannes XII. wurde schließlich zurückgerufen und „durch die Macht der Huren in das Amt des Papstes wiedereingesetzt". Als erstes exkommunizierte er Leo VIII., dann machte er sich daran, alle die Kleriker zu bestrafen, die Leo unterstützt hatten. Einer wurde ausgepeitscht, einem anderen die Hand abgeschlagen und einem dritten wurden zwei Finger und die Nase abgeschnitten sowie die Zunge herausgerissen. Und so wäre es sicher weitergegangen, wäre nicht Johannes XII. am 14. Mai 964 unerwartet gestorben. Er wurde vom Gatten einer seiner Mätressen in flagranti erwischt. Der erboste Ehemann erstach ihn. Anderen Berichten zufolge soll der Gemahl ihm mit einem Hammer den Schädel eingeschlagen haben. Johannes XII. wurde gerade mal sechsundzwanzig Jahre alt.

OTTOS STETIGER ÄRGER MIT DEN PÄPSTEN

Die Todesumstände des Papstes erregten große Belustigung in Rom. Man sagte, er könne von Glück reden, im Bett gestorben zu sein, selbst wenn es ein fremdes war. Benedikt V. (22.5.–23.6.964) wurde zum neuen Papst gewählt, aber Otto war fest entschlossen, seinen eigenen Mann, nämlich Leo VIII., wieder auf den päpstlichen Thron zu setzen. Er belagerte die Stadt, die tapfer Widerstand leistete, bis die Pest ausbrach und die Lebensmittel knapp wurden. Am 23. Juni wurden dann die Stadttore geöffnet und Benedikt hinausgeworfen. Leo VIII. riß ihm das päpstliche Gewand herunter und verbannte ihn ins Exil.

Das war die eine Version der Geschichte. Der anderen zufolge ist Benedikt V. mit dem päpstlichen Schatz nach Konstantinopel geflohen, nachdem er in Rom ein junges Mädchen entehrt hatte, um dann wieder dort aufzutauchen, als ihm das Geld ausgegangen war. Er wurde dann von einem eifersüchtigen Ehemann ermordet und seine mit hundert Wunden übersäte Leiche wurde durch die Straßen geschleift und in eine Jauchegrube geworfen. Der Kirchenhistoriker Gerbert von Aurillac, der spätere Papst Silvester II. (999–1003), nannte Benedikt „das ungeheuerlichste von allen Monstern der Gottlosigkeit".

Obgleich die Anführer des römischen Widerstandes über dem Grab St. Peters Kaiser Otto zum wiederholten Male Treue schworen und zusicherten, sie würden nie wieder rebellieren, griffen sie erneut zu den Waffen, als Leo VIII. starb und Johannes XIII. (965–972), Sohn von Johannes XII., die Nachfolge antrat. Diesmal kannte Otto kein Pardon. Die Rädelsführer wurden gehängt oder geblendet. Otto überstellte den Stadtpräfekten Petrus an Johannes, der erheblich gnädiger war. Er ließ den Präfekten an den Haaren an der Statue des Marc Aurel aufhängen. Sodann wurde er nackt ausgezogen, rücklings auf einen Esel gesetzt, der ein Glöckchen am Schwanz hatte, und mit je einem Sack Federn auf dem Kopf und an beiden Oberschenkeln durch die Straßen getrieben. Am Ende wurde er in die Alpen verbannt.

EIN PAPST MIT STIL: JOHANNES XIII.

Wie die anderen Päpste seiner Familie vor ihm wurde auch Johannes XIII. als Lüstling angeprangert. Es hieß: „Außer Jungfrauen und jungen Nonnen genügte nichts seinen Ansprüchen; den Lateranpalast machte er zu seinem Bordell; er schändete die Konkubine seines Vaters und seine eigene Nichte."

Wen wundert's. Unter ihm ging es am päpstlichen Hof wieder stilvoller zu. Er lebte wie ein Prinz, speiste von goldenen Tellern und trank aus mit Edelsteinen besetzten Kelchen, während er sich von hübschen Tänzerinnen unterhalten ließ.

Die Päpste jener Zeit schliefen, dem Schriftsteller Gregorovius zufolge, „auf seidenen Kissen und auf kunstvoll mit Gold eingelegten Betten in den Armen ihrer Geliebten, während sie es ihren Vasallen, Dienern und Sklaven überließen, sich um die Belange des Hofes zu kümmern". Außerdem würfelten sie, gingen auf die Jagd, ritten Pferde mit goldenem Zaumzeug und reisten in luxuriösen Kutschen „umringt von Parasitenschwärmen".

Johannes XIII. teilte das Schicksal einiger seiner Vorgänger, denn auch er starb durch die Hand eines erzürnten Ehemannes, der ihn auf frischer Tat ertappte.

VIII

ERSEHNTER ZÖLIBAT

Der Tod von Papst Johannes XIII. und Otto I. im darauf folgenden Jahr konnte den Machtkampf zwischen den römischen Nationalisten und den Kaisern des Heiligen Römischen Reiches nicht beenden. Der Nachfolger von Johannes XIII., Benedikt VI. (973–974), ein Mann des Kaisers, war der uneheliche Sohn eines Mönchs. Seine Mutter stammte aus Franken. Unter seinem Pontifikat wurden zahlreiche fränkische, englische und spanische Edelfrauen, die nach Rom kamen, verführt oder vergewaltigt, und als Kurtisanen blieben sie dort.

Benedikt, in dem man den Ursprung dieser Verderbtheit sah, wurde „wegen seiner Lasterhaftigkeit" zum Castel Sant'Angelo gezerrt und stranguliert. Die mächtige römische Familie, die den Aufstand angeführt hatte, die Crescentier, setzte an seiner Stelle Bonifatius VII. (974; 984–985) ein. Papst Silvester II. (999–1003) schilderte ihn als „entsetzliches Monstrum", und die Synode von Reims brandmarkte ihn als „einen Mann, dessen verbrecherisches Wesen die gesamte restliche Menschheit übertraf".

Bonifatius wurde durch Otto II., den jungen Erben des Kaisers, aus Rom vertrieben, doch ihm gelang mit dem Kirchenschatz im Gepäck die Flucht nach Konstantinopel, wo er Gegenpapst zu Benedikt VII. (974–983) wurde. Als 983 Otto II. unerwartet starb, kehrte Bonifatius zurück und ließ Benedikts Nachfolger Johannes XIV. (983–984) verhaften. Ihm wurden die Augen herausgerissen, und er starb im

Kerker, entweder an Hunger oder Gift. Dann wandten sich die Römer gegen Bonifatius. Er wurde getötet, nackt ausgezogen und unter der Statue des Marc Aurel öffentlich ausgestellt. Anschließend wurde seine Leiche durch die Straßen geschleift und „grausam vom Pöbel mißhandelt".

OTTO III. WILL DEM PÄPSTLICHEN MUMPITZ EIN ENDE BEREITEN

Auf Johannes XV. (985–996), den Sohn eines Priesters, folgte ein fünfundzwanzigjähriger deutscher Verwandter der kaiserlichen Familie, Gregor V. (996–999). Die Familie der Crescentier vertrieb ihn aus Rom und verschacherte die Papstwürde an den Meistbietenden. Ein reicher Grieche blätterte ein fettes Sümmchen dafür hin und wurde so Gegenpapst Johannes XVI. (997–998). Sein Betragen war „so lasterhaft und gottlos, daß er vom Klerus und dem Volk Roms verabscheut wurde".

Otto III., Thronfolger von Otto II., war beim Tod seines Vaters erst drei Jahre alt. Mit siebzehn zeigte er sich fest entschlossen, diesem päpstlichen Mumpitz einen Riegel vorzuschieben. Mit einer großen Armee marschierte er auf Rom und mußte feststellen, daß sich Johannes XVI. in der Campagna verkrochen hatte. Johannes hatte inzwischen bitter bereut, einen so großen Geldbetrag für das Pontifikat hingeblättert zu haben. Ihm wurden Nase, Zunge ebenso wie die Ohren abgeschnitten und die Augen ausgerissen. Man schleifte ihn zurück nach Rom, wo er zum Sterben in einen Klosterkerker geworfen wurde.

Gregor V. kam wieder auf den Heiligen Stuhl, doch die Crescentier hatten sich immer noch in der Engelsburg verschanzt. Sie fiel am 29. April 998. Das Oberhaupt der Familie nahm man gefangen, seine Augen riß man ihm heraus und verstümmelte seine Gliedmaßen. Auf einer Kuhhaut wurde er sodann durch die Straßen Roms gezogen, danach geköpft und sein Leichnam schließlich zusammen mit den Leichen zwölf weiterer führender Aufständischer auf dem Monte Mario ans Kreuz geschlagen.

Nach Gregors Tod nahm Silvester II. seinen Platz ein. Es heißt, Silvester habe sich als Gegenleistung für das Amt des Papstes dem Teufel verschrieben, darüber hinaus sei er Atheist gewesen und habe die Magie beherrscht. Von Geburt Franzose, war er nach Sevilla gereist, wo er von einem Mauren in die Schwarzen Künste eingeweiht wurde. Man behauptete, er habe diesem Mauren mit Hilfe von dessen Tochter, mit der er „ungesetzlichen Verkehr" gehabt habe, ein Zauberbuch gestohlen.

In seiner Jugend war Silvester in einen ziemlichen Skandal verwikkelt. Damals hatte er den Posten des Sekretärs beim jungen Erzbischof von Reims, dem Sohn Lothars und seiner Konkubine, Waldrada. Der Erzbischof stand im Ruf, „durch und durch verdorben zu sein", als er der Liste seiner Verfehlungen aber auch noch Verrat hinzufügte, wies der Frankenkönig eine Synode an, ihn vor Gericht zu stellen. Er wurde für schuldig befunden und verurteilt. Der junge Silvester wurde wegen seiner Beteiligung an der „Amtsverfehlung" des Erzbischofs ebenfalls gemaßregelt.

GREIFTEST BEI BENEDIKT VIII.

Nachdem er den Heiligen Stuhl bestiegen hatte, vertrat Silvester eine recht laxe Haltung gegenüber klerikaler Unkeuschheit. Gut möglich, daß er verheiratet war. In seiner Zeit als Abt von Bobbio schrieb er seinem Förderer Kaiser Otto II. einen Brief, in dem sich Anspielungen auf seine Frau und Kinder finden. Da zu dieser Zeit legitime Ehe und promiskuitive Lasterhaftigkeit in der Kirche allgemein verbreitet waren, gestand er vermutlich das kleinere der beiden Übel ein.

Papst Silvester II. wurde am 17. Mai 1003 ermordet. Sein Nachfolger Johannes XVIII. (1004–1009) hieß von Geburt Giovanni Fasanus – was in der damaligen Volkssprache „Hahn" bedeutete. Sieben Monate nach Amtsantritt wurde er vergiftet. Sergius IV. (1009–1012) hatte den Spitznamen Os Porci – „Schweineschnauze".

Es heißt, Benedikt VIII. (1012–1024) sei der Sohn von Bischof Gregor von Portua gewesen. Er war ein Laie und verdankte dem Einfluß seines Neffen Theophilactus, eines Ratgebers von Silvester II., seine Wahl zum Papst. Theophilactus soll das Buch der Nekromantie geerbt haben, das Silvester angeblich dem Mauren in Sevilla gestohlen hatte. Laut Kardinal Beno bediente er sich der Schwarzen Magie, um Frauen dazu zu bewegen, ihre Männer zu verlassen und ihm zu folgen.

Benedikt VIII. konnte nur Papst werden, weil er zuvor seinen Vorgänger ermordete. Der Erzbischof von Narbonne beschuldigte ihn der „Simonie, des Meuchelmordes und des Wuchers, der Verleugnung des Abendmahls und der Unsterblichkeit der Seele, des Einsatzes von Gewalt zur Erlangung der Beichtgeheimnisse, des Lebens im Konkubinat mit zwei seiner Nichten sowie Kinder mit ihnen zu haben, und schließlich der Verwendung von Ablaßgeldern, um die Invasion Siziliens durch die Sarazenen zu finanzieren". Bischof Beno klagte ihn „vieler abscheulicher Ehebrüche und Morde" an, während Papst Victor III. „Vergewaltigungen, Morde und andere Abscheulichkeiten" erwähnte. Es wurde der Versuch unternommen, ihn nach Lyon zu bringen, wo er vor dem allgemeinen Konzil zu diesen Anschuldigungen Stellung nehmen sollte, doch Benedikt lehnte dies entschieden ab.

Benedikt VIII. war der erste Papst, der sich auf der sedes stercoraria einer Überprüfung seiner Männlichkeit unterziehen mußte, bevor er den Heiligen Stuhl besteigen durfte.

BENEDIKT IX. STELLT EINEN REKORD AUF

Mit der Wahl von Johannes XIX. (1024–1032) zum Pontifex übernahm die korrupte Familie der Tuscolani endgültig die Herrschaft in Rom.

Ihre Güter lagen oberhalb der Stadt auf den Höhen von Tusculum. Als im Jahre 1032 Johannes XIX. unter äußerst verdächtigen Umständen starb, ließ einer seiner Verwandten die päpstlichen Roben kurzerhand für seinen zwölfjährigen Sohn Theophylakt umschneidern und setzte ihn auf den Apostolischen Stuhl. Er wurde Papst Benedikt IX. (1032–1044; 1045; 1047–1048) und stellte so etwas wie einen Rekord auf, weil er dreimal hintereinander das heilige Amt innehatte. Als Kind auf dem Stuhl Petri „wuchs er in ungezügelter Freiheit auf und schockierte die abgestumpften Empfindsamkeiten eines rohen und barbarischen Zeitalters mit den Skandalen seines Alltagslebens".

Es hieß auch, daß der Kind-Papst Benedikt „früh eine Neigung zu allen Arten der Lasterhaftigkeit zeigte". Die hohe Stellung scheint dem Jungen, was nicht weiter verwundert, zu Kopf gestiegen zu sein. Er war bisexuell, hatte Geschlechtsverkehr mit Tieren und ordnete Morde an. Außerdem beschäftigte er sich mit Hexerei und Satanismus.

„Ein Dämon aus der Hölle hat sich in der Verkleidung eines Priesters auf den Stuhl Petri gesetzt", verkündete ein zeitgenössischer Beobachter.

Der heilige Petrus Damiani schrieb: „Dieser Elende schwelgte vom Anfang seines Ponitfikats bis zu seinem Lebensende in Unmoral."

ABSOLUTER MORALISCHER TIEFPUNKT IN DER GESCHICHTE DER PÄPSTE

Weiterhin wird behauptet, daß Benedikt IX. „es gewohnt war, in Wäldern und an abgelegenen Orten böse Geister zu beschwören und durch Nekromantie Frauen seiner Lust gefügig zu machen", daß der junge Papst wie ein türkischer Sultan im Lateranpalast lebte und daß während seiner Amtszeit das Papsttum den absoluten Tiefpunkt an moralischer Erosion erreichte. Er „gab sich exzessiver Sittenlosigkeit und den schändlichsten Ausschweifungen" hin. Unterdessen herrschten seine Brüder über die Stadt als wäre sie ihr Privatbesitz, und die Folge war eine Welle des Verbrechens, die Raub und Mord in den Straßen überhandnehmen ließen. Der Schriftsteller Gregorovius beschrieb die Situation folgendermaßen: „Jedes Recht war außer Kraft gesetzt ... Es fällt nur ein schwacher Lichtschein auf diese Zeit, als der Stellvertreter Christi ein Papst, noch verbrecherischer als Kaiser Elagabal war."

Auch Dante schloß sich der Meinung an, das Papsttum habe unter Benedikt einen absoluten Tiefstand erreicht. Doch in seinem *Inferno* landeten noch einige Päpste mehr in der Hölle. Die Kardinäle wurden im Vierten Kreis nackt ausgezogen, und Prälaten waren gezwungen, bis in alle Ewigkeit riesige Felsbrocken zu schieben.

Benedikt veranstaltete im Lateranpalast ausschweifende homosexuelle Orgien, und im Alter von dreiundzwanzig war sein wüstes Betragen so entsetzlich geworden, daß man am Fest Peter und Paul 1043 versuchte, ihn noch während der Messe vor dem Altar zu erdrosseln. Eine Sonnenfinsternis scheint seine Rettung gewesen zu sein. Die Dunkelheit löste allgemeine Verwirrung aus, und ihm gelang die Flucht.

Erfolgreicher verlief 1044 eine Verschwörung mit dem Ziel, Rom von Benedikt IX. zu befreien. Doch der nachfolgende Gegenpapst Silvester III. (1045), der sich seine Wahl erkauft hatte, war kaum besser. Sein Übernahmeangebot wurde von heftigen Kämpfen begleitet und von einem Erdbeben unterbrochen. Sinnenfreudig und korrupt wie er war, beschuldigte man Silvester bald, dem Satan näher zu stehen als Christus. Wieder hieß es, der Papst verkehre in den Wäldern mit dem Teufel und locke Frauen mit Zaubersprüchen in sein Bett. Silvester bewohnte den Lateranpalast nur zwei Monate, bis Benedikt IX. zurückkehrte. Bei seiner Flucht ließ Silvester Bücher über Zauberei zurück, dann ging er in die Sabiner Berge und unternahm keine weiteren Anstrengungen, den Heiligen Stuhl zurückzuerobern.

HEILIGE SCHACHEREI

Bereits zwei Monate nach seiner Rückkehr wurde Benedikt des Papsttums wieder überdrüssig. Er beabsichtigte, seine hübsche Cousine zu heiraten, eine Tochter des Girard de Saxo, der jedoch zur Bedingung gemacht hatte, Benedikt müsse das Amt des Papstes niederlegen, falls er die Hand seiner Tochter wolle. Also verkaufte Benedikt das Pontifikat an seinen Taufpaten Johannes Gratianus, der dann als Gregor VI. (1045–1046) den Thron bestieg. Der Preis betrug unter anderem den *Peter's Pence* (Peterspfennig) – den jährlichen Tribut der englischen Kirche an den Heiligen Stuhl – auf Lebenszeit. Gratianus behauptete, seine Wahl sei ein Schlag gegen die Simonie – die Vergabe kirchlicher Ämter für Geld. Die Nachricht über den Kauf der Papstwürde war da noch nicht durchgesickert.

Doch dann erhielt Benedikt von seiner Angebeteten einen Korb, und so gab er sich von neuem „seinen niederträchtigsten Freuden" hin. Er wohnte weiterhin im Lateranpalast, den er in ein Bordell verwandelte, wie es hieß, das beste von ganz Rom.

Als schließlich herauskam, daß Gregor VI. das Amt des Papstes gekauft hatte, wurde er abgesetzt. Allerdings wußte niemand so genau, was man mit ihm machen sollte. Aufgrund der schon vor langer Zeit vom heiligen Symmachus aufgestellten Maxime konnte er nicht vor Gericht gestellt werden. Benedikt bestritt darüber hinaus, die Papstwürde an Gregor verkauft zu haben. Er behauptete, er habe sich lediglich das Bestechungsgeld erstatten lassen, das sein Vater zahlen mußte, um ihm die Papstwürde zu sichern.

ALLER GUTEN DINGE SIND DREI

Kaiser Heinrich III. setzte daraufhin den Bayern Klemens II. (1046–1047) ein, doch aufgrund von Unruhen in Rom kehrte Klemens nach Bamberg zurück. Seine Abwesenheit vom Heiligen Stuhl in einer päpstlichen Bulle erklärend, sprach er von „einer lieben Gattin", von der getrennt zu sein er nicht ertragen könne. Er starb in Bamberg durch Gift. Manche machten dafür den früheren Benedikt IX. verantwortlich, der nun zum dritten Mal den Stuhl Petri bestieg.

Benedikt hatte sich jedoch nicht gebessert. Im Jahre 1048 wurde er auf Befehl des Kaisers endgültig aus Rom vertrieben und starb zurückgezogen etwa um 1055. Manche Kirchendokumente zeichnen ihn – vielleicht aus Eigennutz – als reuigen Büßer, der in einem Kloster sein Leben aushauchte.

Zum Glück hatte Heinrich III. einen reichen Vorrat an potentiellen Päpsten. Er setzte Damasus II. (1048) ein, der allerdings nach weniger als einem Monat im Amt verstarb – wahrscheinlich ebenfalls durch Gift. Daraufhin ernannte der Kaiser Leo IX. (1049–1054) zu seinem Nachfolger.

IX

SEX UND GEWALT

Im elften Jahrhundert unternahm man einen erneuten Versuch, den immer deutlicher zutage tretenden Verfall der Sitten aufzuhalten. Theologen von hohem Rang begannen ein weiteres Mal und mit gebotenem Ernst, die angemessenen Bußen für Masturbation, unreine Gedanken, das Verschlucken von Sperma, das Trinken von Menstruationsblut und dergleichen mehr zu diskutieren.

Auspeitschungen waren der letzte Schrei. Theologen empfahlen den Kuß der Peitsche als Heilmittel gegen nahezu jede Sünde. Der Klerus frönte ausgiebig der Selbstgeißelung, während die sündigen Laien von den Gemeindepriestern ausgepeitscht wurden. Dies geschah häufig in separaten Kammern der Kirche und könnte zu einigem Mißbrauch geführt haben. Manche behaupteten, daß klerikales Auspeitschen „die Leidenschaften erst entflammte, die eigentlich dadurch unterdrückt werden sollten".

Homosexualität galt damals als ganz besonders verwerflich. Im elften Jahrhundert verfaßte Petrus Damiani eine lange Abhandlung über Homosexualität und die Priesterschaft mit dem Titel *Das Buch von Gomorrha*. Einen eigenen Katalog von Bußen lieferte er gleich mit. Dazu gehörte natürlich auch die ein oder andere zünftige Auspeitschung.

„Ein Kleriker oder Mönch, der Jugendliche oder minderjährige Jungen verführt oder beim Küssen ertappt oder in einer anderen unreinen Situation angetroffen wird, soll öffentlich ausgepeitscht werden", schrieb er. „Und er verliert seine Tonsur. Nach dem Abrasieren seiner Haare muß sein Gesicht beschmiert und er in Eisen gelegt werden. Sechs Monate muß er im Kerker schmachten." Essen durfte er lediglich Brot, denn „wer sich wie ein Maultier benimmt ... sollte sich auch vom Getreide der Maultiere ernähren".

PETRUS DAMIANI UND SEIN KREUZZUG WIDER DIE UNMORAL

Den Berichten byzantinischer Gesandter zufolge wurden jedem Priester, der in der katholischen Kirche zum Bischof geweiht werden sollte, vier Fragen gestellt: „Hast du Analverkehr mit einem Jungen gehabt? Hast du mit einer Nonne kopuliert? Hast du Verkehr mit einem Vierbeiner gehabt? Und hast du Ehebruch begangen?" Auf welche Fragen man mit Ja und auf welche mit Nein zu antworten hatte, ist nicht eindeutig klar. Denn immerhin waren nach dem *Buch von Gomorrha* Käuflichkeit, Lüsternheit, Sodomie und Mord ja unter Prälaten gang und gäbe.

Damiani versuchte Leo IX. (1049–1054) zu überreden, „Sodomiten" aus dem Klerus zu verstoßen, doch Leo lehnte dies ab. Da seine erste Amtshandlung als Papst in einem Machtwort gegen heterosexuelle Unzucht bei Priestern bestanden hatte, fürchtete er vielleicht, es bliebe ihm niemand mehr übrig, wenn er auch noch die Schwulen ausschlösse.

Petrus Damiani bemühte sich darüber hinaus, den Zölibat bei den Klerikern von Mailand durchzusetzen, allerdings ohne nennenswerten Erfolg. Er wetterte gegen deren Frauen: „Ich wende mich an euch, ihr Priesterliebchen, ihr Leckerbissen des Teufels, Gift für den Verstand, Dolche in der Seele, Eisenhut der Trinker, Fluch aller Esser, Stoff aus dem die Sünde ist, Anlaß der Zerstörung. An euch wende ich mich und sage, ihr Gesamtheit [der Huren] des uralten Feindes, ihr Wiedehopfe, Vampire, Fledermäuse, Blutsauger und Wölfe. Kommet und höret mich, ihr Huren, ihr Suhlen für fette Schweine, ihr Schlafgemächer unreiner Geister, ihr Nymphen, ihr Sirenen, ihr Harpyien, ihr Dianas, ihr gottlosen Tigerinnen, ihr wilden Vipern ..."

Damiani war ferner äußerst peinlich berührt, daß der Klerus in Piemont, der in jeder anderen Hinsicht als vorbildlich galt, ausnahmslos verheiratet war. Dennoch setzte er seinen Kreuzzug mit wiedererstarkter Inbrunst fort und ließ, um seinem Anliegen Nachdruck zu verleihen, verschiedentlich Priester kastrieren.

(MISS-) ERFOLGE BEI DER DURCHSETZUNG DES ZÖLIBATS

Leos Nachfolger Papst Victor II. (1055–1057) unternahm einen neuen Anlauf, priesterliche Unkeuschheit mit dem Kirchenbann zu belegen. Eine Reihe von Bischöfen wurde abgesetzt, es sieht allerdings nicht so aus, als hätte das viel dazu beigetragen, die klerikalen Eskapaden auszumerzen.

Nikolaus II. (1058–1061) flehte seine Bischöfe an, eine Art Vorreiterrolle auf dem Gebiet der sexuellen Moral zu übernehmen. Sie antworteten, es täte ihnen schrecklich leid, doch sie fühlten sich der Herausforderung des Zölibats schlicht und einfach nicht gewachsen. Die Priesterehe war damals so weit verbreitet, daß sie vom kanonischen Recht nicht mehr unter Strafe gestellt wurde. Die Bischöfe machten sich gar nicht erst die Mühe, einen Tadel oder Verweis auszusprechen, solange die Priester nicht allzu sehr über die Stränge schlugen und kein zweites oder drittes Mal heiraten wollten. Doch dies behagte dem Papst ganz und gar nicht, der auf seiner Position beharrte, daß heiraten eine größere Sünde sei als sich eine Mätresse zu halten.

Alexander II. (1061–1073) handhabe die Sache erheblich pragmatischer. Er stellte den Kampf gegen die fleischliche Sünde praktisch ein. Als 1064 in Orange ein Priester beim Sex mit der zweiten Frau seines Vaters erwischt wurde, exkommunizierte Alexander den Mann nicht. Er verwehrte ihm nicht einmal die Heilige Kommunion, denn immerhin hatte der wackere Geistliche nicht geheiratet. Ebenso vergab er 1066 einem Priester aus Padua, der mit seiner Mutter Inzest begangen hatte.

Es heißt, Gregor VII. (1073–1085) habe „die Papstwürde durch Zauberei erlangt". Er war zwergwüchsig und bestand vermutlich deshalb unbedingt darauf, daß ihm alle Fürsten die Füße küßten. Nebenher beschäftigte er eine ganze Heerschar geschickter Fälscher, deren Aufgabe in der Herstellung vermeintlich „alter" Dokumente bestand, aus denen Befugnisse hervorgingen, die er sich für das Papsttum wünschte. Er war der erste Papst, der einen Kaiser exkommunizierte, nämlich Heinrich IV., und es wird behauptet, er habe „sechs Bischöfe sowie seinen Magister Alexander vergiftet".

Trotz seiner eigenen Charaktermängel war Gregor fest entschlossen, moralische Verfehlungen und Unkeuschheit in der Kirche auszumerzen. Zu diesem Zweck versuchte er, das von seinen Vorgängern erlassene Verbot der Priesterehe und des Konkubinats endlich verbindlich durchzusetzen. Seine Argumentation war simpel: „Die Kirche kann nicht aus der Knechtschaft der Laien befreit werden, wenn nicht die Kleriker zuvor aus der Knechtschaft ihrer Frauen befreit werden."

GREGOR VII. GREIFT DURCH

Auf dem ersten Bischofskonzil in Rom setzte Gregor 1074 sämtliche verheirateten Priester ab. Dies tat er in Absprache mit Markgräfin Mathilde von Tuszien, von der man sagte, sie sei seine Mätresse gewesen, saß sie doch an seiner Seite.

Gregors Versuch, dem Klerus den Zölibat aufzuzwingen, stieß vor allem in Deutschland und Frankreich auf scharfen Widerstand. Gregor wurde als Atheist und Scheinheiliger geschmäht. Es war allgemein bekannt, daß er „Verkehr mit der Gräfin Mathilde hatte", die „vom Papst sehr geliebt wurde". Ein Kritiker faßte seine Empörung über Gregors Edikt mit den Worten zusammen: „Dieser Papst, ein so unanständiger Ehebrecher und Hurenbock, verbot den Priestern die keusche Ehe." Für einen Großteil des Ärgers war Mathildes Gemahl verantwortlich, Gottfried der Bucklige, der seit Jahren bei ihren deutschen Feinden im Exil lebte. Die Spannungen legten sich auch nicht, als Gottfried 1076 unter mysteriösen Umständen ermordet wurde.

Der Erzbischof von Mainz und die deutschen Bischöfe waren sich einig, daß Gregor jedes Recht auf die Papstwürde verwirkt hatte. Der Patriarch von Konstantinopel schloß sich hämisch an, als er sagte: „In den westlichen Kirchen gibt es zahllose Kinder, aber niemand weiß, wer ihre Väter sind." Doch der Feldzug des Papstes gegen die

„Unzucht" lief weiter. Sündige Priester, bemerkte Gregor, seien keine Priester mehr. „Würde der Papst auch sagen, ein sündiger Mann sei kein Mann mehr?" konterten Kritiker.

Mit Gregors Gesetzgebung wurden „Tausende von unschuldigen Ehefrauen verblüffter, zorniger kleiner Kleriker praktisch zu Prostituierten". Zahllose Ehemänner und Ehefrauen ließen sich scheiden, nicht wenige verlassene Frauen begingen Selbstmord.

GREGORS HARTE LINIE STÖSST AUF ERBITTERTEN WIDERSTAND

Mehr Probleme hatte Gregor in Rom selbst. Dort gab es sechzig verheiratete Laien, die sogenannten *mansinarii*, von denen die Peterskirche bewacht wurde. Sie verkleideten sich als Kardinäle, gaben vor, für den Strom der Rompilger die Messe lesen zu wollen, und sammelten die reichen Gaben und Wertsachen ein, die von den Pilgern mitgeführt wurden. Das ermöglichte ihnen ein luxuriöses Leben in Saus und Braus. Neben ihren Frauen hielten sie sich Geliebte, und mit Straßenmädchen aus der Gegend veranstalteten sie sogar Orgien auf den Stufen der Basilika. Gregor, über dieses Verhalten empört, entließ sie alle, woraufhin sich die Zahl seiner Feinde weiter vergrößerte.

Während Gregor am Heiligabend des Jahres 1075 die Mitternachtsmesse zelebrierte, drang eine Schar bewaffneter Soldaten in die Krypta von Santa Maria Maggiore ein. Sie packten ihn an den Haaren und schleiften ihn verwundet vom Altar. Man sperrte ihn in einen befestigten Turm, der dem Adeligen Cencius de Praefecto gehörte, wo er sodann von Cencius und seiner Schwester verspottet und gefoltert wurde. Die Stadt befand sich in Aufruhr, doch am nächsten Tag fand der Mob heraus, wohin Gregor gebracht worden war, und stürmte den Turm des Cencius. Der Papst wurde freigelassen und kehrte zurück, um die unterbrochene Messe zu Ende zu lesen.

Die Krise schwelte weiter. Der deutsche Klerus wollte wissen, woher man die Engel nehmen sollte, um jene verheirateten Männer zu ersetzen, die aus ihrem Priesteramt vertrieben worden waren. Im Jahre 1076 exkommunizierte eine Gruppe italienischer Bischöfe um den Bischof von Pavia den Papst, weil er Eheleute trennte und folg-

lich der freien Liebe innerhalb des Klerus den Vorzug vor der gott-
gefälligen Ehe gab. Das (irreguläre) Konzil von Brixen verurteilte
Gregor dafür, daß er „Scheidung zwischen rechtmäßig einander An-
getrauten säe".

Schließlich stellte Gregor seinen Feldzug gegen die „Unzucht" ein.
Hätte er seine Drohung wahr gemacht und alle unkeuschen Priester
suspendiert, hätte er die katholische Kirche mehr oder weniger ausgelöscht.

Gregor VII. fand es zudem keine so gute Idee, daß die Leute die
Bibel lasen. Das könne zum Nachdenken anregen, und Denken führe zu Häresie.

KAISER HEINRICH BEKOMMT KALTE FÜSSE

Gregors kritische Äußerungen brachten ihn in Konflikt mit Kaiser
Heinrich IV. 1076 berief Heinrich die mit sechsundzwanzig deutschen Bischöfen besetzte Reichssynode von Worms, um Gregor abzusetzen; eine der Anklagen spielte vielsagend auf seinen „skandalösen Umgang mit Frauen" an, womit besonders Markgräfin Mathilde
von Tuszien gemeint war. Am Ende erwies sich Gregor jedoch als
der Stärkere. Er exkommunizierte Heinrich und ließ dessen Absetzung als Kaiser verkünden. Heinrich, der sich bald fast aller Verbündeten beraubt sah, ritt von Deutschland aus nach Süden, um Vergebung zu erbitten. Gregor, stets mißtrauisch, was Heinrichs Absichten
betraf, suchte in Canossa Zuflucht in der Burg der Markgräfin Mathilde von Tuszien. Als Heinrich dann tatsächlich als reuiger Sünder
vorsprach, ließ Gregor ihn drei kalte Januartage lang barfuß und im
härenen Büßergewand vor den dreifachen Mauern der markgräf-
lichen Burg warten. Gregor, der sich regelmäßig selbst geißelte, er-
götzte sich daran, Heinrich draußen in der Kälte leiden zu sehen.
Erst als Markgräfin Mathilde den Papst überzeugte, daß Heinrich
sterben würde, wenn er auch nur einen Moment länger draußen vor
den Toren ausharren müsse, ließ sich Gregor dazu herab, ihn zu
empfangen. Der junge, gutaussehende Heinrich in seinen Lumpen
war einige Köpfe größer als der winzige Zwerg Gregor mitsamt seiner Tiara. Trotzdem zwang Gregor Heinrich, als Gegenleistung für
die Absolution seine Kaiserkrone abzulegen.

Heinrich blieb allerdings nicht lange der reuige Sünder. Er war schließlich immer noch König des deutschen Reiches. 1084 eroberte er Rom und setzte seinen eigenen Gegenpapst Klemens III. (1080–1100) ein. Gregor, der sich in der Engelsburg verschanzt hatte, wurde von einer Allianz aus Normannen, sizilianischen Sarazenen und Banden wilder kalabresischer Bauern befreit. Heinrich zog sich zurück.

Doch damit hatte Gregor den Teufel mit dem Beelzebub ausgetrieben. Nachdem seine Anhänger ihn wieder in den Lateranpalast gebracht hatten, zogen sie raubend, brandschatzend und vor allem vergewaltigend durch die Stadt. Die Römer gaben Gregor die Schuld. Davon erholte er sich nicht mehr und starb im darauf folgenden Jahr im Exil in Salerno.

UNTER URBAN II. WERDEN DIE EHEFRAUEN DER PRIESTER IN DIE SKLAVEREI VERKAUFT

Es heißt, Gregors Nachfolger Victor III. (1086–1087) „erlangte die Papstwürde mit Hilfe von Mathilde, seiner Mätresse". Es handelt sich um dieselbe Mathilde, die auch schon „Konkubine von Gregor VII." gewesen war. Nach seiner Wahl und noch vor seiner Konsekration sah er sich gezwungen, aus Rom zu fliehen, da sich Gregors empörte Anhänger erhoben. Sein Nachfolger Urban II. (1088–1099) gelangte angeblich „durch die nämliche Politik" – soll heißen, auf dem Umweg über Mathildes Bett – zur Papstwürde.

Dennoch erneuerte er, sobald er auf dem päpstlichen Thron Platz genommen hatte, Gregors Verbot der Priesterehe. Der Sünde konnte er damit keinen Einhalt gebieten. Unter Urban ging der französische König Wilhelm auf einen Kreuzzug. Auf seinem Schild trug er statt des üblichen Kreuzes der Kreuzfahrer das Bild seiner nackten Mätresse. Der Kreuzzug endete in einer Katastrophe, doch Wilhelm tröstete sich, indem er mit seinem Kreuzfahrerkollegen, dem Normannen Tankred, einen Abstecher nach Antiocheia machte, wo er Pläne für ein Kloster entwarf, dessen Nonnen die besten Prostituierten des Herzogtums werden sollten.

Die Frage des klerikalen Zölibats wurde 1095 auf dem Konzil von Piacenza geregelt. Vierhundert Kleriker und 30 000 Laien verabschiedeten eine Resolution, die ein- für allemal die Priesterehe ächtete. Und um zu demonstrieren, wie bitterernst es ihnen damit war, verkauften sie die Ehefrauen der Priester in die Sklaverei. Das war jedoch nicht die einzige Möglichkeit, aus dem neuen Erlaß Profit für die Kirche zu schlagen. Bald darauf führte der Papst das berüchtigte *cullagium* ein, eine Sexsteuer, die es Geistlichen erlaubte, sich eine Konkubine zu halten, sofern sie eine jährliche Gebühr entrichteten.

Urban hatte besonders in England Probleme, seine Zölibatsregel durchzusetzen. Seit der Frühzeit der dortigen Kirche hatten die englischen Geistlichen klargestellt, daß sie „nicht wünschen, alleinstehend zu bleiben".

„Priester wissen sehr wohl, daß sie kein Recht haben zu heiraten", besagte ein Statut aus dem zehnten Jahrhundert, „doch einige lassen sich Schlimmeres zuschulden kommen, indem sie zwei oder mehr Frauen haben, und andere verlassen zwar ihre ersten Frauen, nehmen aber danach andere, wenn jene noch am Leben sind, was kein christlicher Mann tun sollte, und noch viel weniger ein Priester."

DAS ERSTE LATERANKONZIL

Der nächste Papst, Paschalis II. (1099–1118), Mönch seit frühester Jugend, war sogar noch unerbittlicher gegen Heinrich IV. als Gregor VII. Er erneuerte die Exkommunikation durch Gregor VII. und ermutigte Heinrichs Sohn, sich gegen seinen Vater aufzulehnen. Sein Haß auf Heinrich endete nicht mit dessen Tod – „so groß war sein höllischer Zorn noch auf die Leiche Heinrichs, daß er sie ausgraben und aus der Kirche werfen ließ".

Calixtus II. (1119–1124) war noch direkter als sein Vorgänger in seinem Vorgehen gegen verheiratete Kirchenmänner. Er verfügte, wenn Bischöfe ihre Diözese vernachlässigten, um zu heiraten, käme das Ehebruch gleich. Bei der ersten allgemeinen Versammlung des Westens, bekannt als das Erste Laterankonzil, bestätigten eintausend Prälaten das Konzil von Piacenza und erklärten sämtliche Priesterehen für ungültig. Sie mußten geschieden und den Eheleuten Bußen auferlegt werden.

Ein kleines Spottgedicht über Calixtus und seine Bemühungen, Kleriker von ihren Ehefrauen zu befreien, machte die Runde: „Jetzt, guter Calixtus, haßt dich der Klerus, / Denn bislang hatte jeder eine

Frau im Haus. / Seitdem du aber den päpstlichen Thron bestiegen, / Müssen sie sich Ganymede halten oder lernen, allein zu liegen."

DER ENGLISCHE KLERUS ERRING EINEN ÜBERRASCHENDEN SIEG ÜBER DEN ZÖLIBAT

Calixtus' Nachfolger Honorius II. (1124–1130) hatte eine nicht weniger harte Haltung gegenüber Sex und Klerus, allerdings mit deutlich geringerem Erfolg. Im September 1126 sandte er Kardinal Johannes von Crema als päpstlichen Legaten nach England, um gegen die
„Priesterhuren" zu wettern. Der Papst trug ihm auf, darzulegen, es sei
ein schreckliches Sakrileg am Leibe Christi, wenn die Messe von einem Mann gelesen würde, der gerade erst aus dem Bett einer Metze
gestiegen war.

Der Kardinal berief in London eine große Synode ein, auf der gegen erheblichen Widerstand ein Kanon – eine Rechtsvorschrift – ver-
abschiedet wurde, der mit der Suspendierung aller Kleriker drohte,
die ihre Ehefrauen oder Kurtisanen nicht aufgeben wollten. Dann zelebrierte er eine feierliche Messe, und die Versammlung löste sich auf.

Doch die englischen Kleriker kannten ihre italienischen Brüder.
Sie behielten das Quartier des Kardinals aufmerksam im Auge. In
der Nacht sah man, wie sich eine vermummte Gestalt heimlich aus
dem Hinterausgang stahl. Man folgte ihr durch die Straßen zum
Haus einer stadtbekannten Prostituierten. Die Gestalt klopfte an und
trat ein. Nach etwa zehn Minuten drangen zwei englische Geistliche
in das Haus und sahen den Kardinal *nudatus usque ad unguem* – nackt
bis auf die Fingernägel – in Gesellschaft einer ähnlich unbekleideten
„käuflichen Schönen". Nachdem sie einen Trinkspruch auf den, seinem Stand entsprechend, purpurroten Kopf des Kardinals ausge-
bracht hatten, gingen sie und überließen ihn seinen Geschäften.

Die Ereignisse dieser Nacht „sorgten für einigen Skandal in der
Kirche". Jedenfalls war Johannes von Cremas Feldzug gegen die
Ehefrauen und Konkubinen des englischen Klerus damit beendet. Er
wurde mit der Empfehlung nach Rom zurückgeschickt, dem Papst
auszurichten, er solle gefälligst vor seiner eigenen Tür kehren. Es war
allgemein bekannt, daß ein anderes Mitglied des Heiligen Kardinals-

kollegiums, nämlich Kardinal Pierleoni, mit seiner eigenen Schwester schlief und sogar mehrere Kinder mit ihr hatte. Anders als Kardinal Crema reiste Pierloni in seiner Funktion als päpstlicher Legat niemals ohne seine Konkubine. Ein Mönch namens Arnolfo, der ihn denunzierte, wurde ermordet aufgefunden. Kardinal Pierleoni wurde später Gegenpapst Anaklet II. (1130–1138).

Nach dem Tod von Honorius II. spaltete sich das Kardinalskollegium und wählte zwei Päpste – Innozenz II. (1130–1143) und Anaklet II. Die Anhänger Anaklets behaupteten, in Innozenz' Adern fließe jüdisches Blut, während die von Innozenz geltend machten, daß Anaklet blutschänderische Beziehungen zu seiner Schwester und anderen Verwandten pflegte, sich obendrein eine Prostituierte als Geliebte hielt, und, damit nicht genug, auch noch die Unart hatte, Nonnen zu vergewaltigen. Doch Rom stellte sich hinter Anaklet, und Innozenz mußte nach Frankreich fliehen. Ein Hurenbock war immer noch besser als ein Jude. Nach Anaklets Tod wurde Innozenz II. wieder in das Amt des Papstes eingesetzt.

ABAËLARD UND HÉLOISE

Sein Nachfolger Coelestin II. (1143–1144) war, nach allem, was man weiß, ein regelrechter Sadist. Einen gewissen Graf Jordan verurteilte er zu einem schrecklichen Tod: er ließ ihn auf einen glühenden Eisenstuhl fesseln und ihm eine rotglühende Krone an den Kopf nageln. Doch Coelestin hatte auch eine angenehmere Seite. Zeit seines Lebens war er ein großer Bewunderer des Philosophen und Theologen Petrus Abaëlard, dessen sexuelle Entgleisungen in die Literaturgeschichte eingegangen sind. Alexander III. (1159–1181) gehörte auch zu den Bewunderern von Abaëlard, und Coelestin III. (1191–1198) hatte gar als junger Mann bei dem unseligen Abaëlard studiert. Als Subdiakon verteidigte er Abaëlard beim Konzil von Sens, auf dem jener durch Papst Innozenz II. verurteilt wurde.

Etwa zu der Zeit, als Abaëlard den zukünftigen Papst Coelestin III. unterrichtete, hatte er einen weiteren und erheblich wohlgestalteteren Studenten, nämlich die schöne Héloise. Sie war die frühreife Nichte eines Kanonikus und erst süße vierzehn Jahre alt, als sie zum Studium zu Abaëlard geschickt wurde. Er war damals etwa Mitte

Dreißig und Geistlicher. Ihre literarische Begabung beeindruckte ihn sofort. In seinem Buch *Die Geschichte meiner Mißgeschicke* bemerkte er, sie sei obendrein ausgesprochen hübsch gewesen.

VOM PLAN ZUR TAT

„Ich wägte all die Eigenschaften ab, die üblicherweise Geliebte erregen, und gelangte zu dem Schluß, daß sie genau die Richtige für mich war", schrieb er. Auch wußte er, daß er ein durchaus attraktiver Mann war und jede Frau haben konnte. „Ich geruhte, meine Liebe zu gewähren." Héloise, fand er, war eine reife Kirsche, die gepflückt werden mußte.

Um seine geplante Verführung in die Tat umzusetzen, ließ er sich von Héloises Onkel als ihr Privatlehrer anstellen und zog ins Haus der Familie ein. Der Onkel bezahlte ihn so großzügig, daß er seine Lehrtätigkeit an der Schule aufgeben konnte, und vertraute ihm Héloise an. Er sollte sie sogar züchtigen, falls sie ihre Studien vernachlässigte. Abaëlard bemerkte dazu: „Ich wäre nicht verblüffter gewesen, hätte er einem ausgehungerten Wolf ein zartes Lamm gegeben." Aber schließlich kannte man Abaëlard als grundanständigen Mann, der im Ruf der Keuschheit stand.

Wie Abaëlard erwartet hatte, war die Verführung ein Geringes: „Unter dem Vorwand des Arbeitens machten wir uns frei für die Liebe, und die Beschäftigung mit den Studien bot uns die Ungestörtheit, die wir benötigten." Schon bald blieb der Unterricht auf der Strecke. Statt zu lesen, sahen sie einander tief in die Augen. Abaëlard begann seine übrigen Aufgaben zu vernachlässigen, aber niemand schöpfte Verdacht, daß dies aus Liebe zu Héloise geschah. Man wußte ja, daß er im Zölibat lebte.

Als Héloise schließlich schwanger wurde, verkleidete Abaëlard sie als Nonne und brachte sie zu seiner Familie in die Bretagne, wo sie ihren Sohn Astralabe gebar. Sie heirateten heimlich, um seine Stellung als Geistlicher nicht zu gefährden, und kehrten nach Paris zurück, wo sie Héloises Onkel einweihten. Den Onkel konnte eine heimliche Heirat jedoch nicht zufriedenstellen. Um seine Schande zu mindern, wollte er öffentlich bekanntgeben, daß seine Nichte verheiratet war. Das aber hätte das Aus für Abaëlards Kirchenkarriere bedeutet und ihm jede weitere Lehrtätigkeit unmöglich gemacht, also bestritten Héloise und ihr Geliebter, verheiratet zu sein. Der Onkel zürnte, und Abaëlard schickte Héloise zu ihrem Schutz in das Konvent von Argenteuil.

EIN HOHER PREIS

Daß Héloise nun aus dem Weg war, machte Abaëlard verwundbarer. Héloises Onkel und der Rest der Familie verschworen sich gegen ihn. Sie bestachen einen Bediensteten in Abaëlards Quartier, sie eines Nachts ins Haus zu lassen. Sie packten den schlafenden Abaëlard und „schnitten jene Organe ab, mit denen er die Tat begangen hatte, die sie mißbilligten". Allerdings blieben auch sie nicht ganz ungeschoren. Der Bedienstete und ein weiterer Angreifer wurden gefaßt und ihrerseits entmannt.

Am nächsten Morgen erschien ganz Paris, um ihm sein Mitgefühl zu bekunden, doch für Abaëlard war dies und die damit verbundene Demütigung schwerer zu ertragen als der Schmerz.

Héloise legte ihr Gelübde als Nonne ab, und Abaëlard wurde Mönch. Getrennt setzten sie ihre Studien fort. Abaëlard entwickelte nachgerade einen gewissen Stolz auf seine erzwungene Keuschheit. Héloise dagegen verzehrte sich auch weiterhin nach ihm. Er schrieb ihr tröstende Briefe. In ihren Antwortbriefen mußte sie einfach von den einst gemeinsam erlebten sexuellen Freuden schreiben. Selbst während der Messe, gestand sie, könne sie sich unkeuscher Visionen ihrer gemeinsam verbrachten Zeit nicht erwehren. Später hat Abaëlard seine Liebe zu Héloise in der *Historia calamitatum mearum* (Die Geschichte meiner Mißgeschicke) dargestellt.

Die berühmte Liebesgeschichte von Abaëlard und Héloise blieb nicht der einzige Ausbruch klerikaler Unkeuschheit in damaliger Zeit. Papst Innozenz II. hatte auch in Spanien Ärger. Wegen der Maureninvasion hatten die spanischen Kleriker eine ziemlich ruhige Zeit und lebten unverdrossen weiter mit ihren Frauen zusammen. Das wollte Innozenz keinesfalls durchgehen lassen. Ein Exempel mußte statuiert werden.

Nachdem er bereits siebenmal von seinem Erzbischof öffentlich wegen Sittenlosigkeit gerügt worden war, wurde der Abt von Santo

Pelayo de Antealteria endlich vor Gericht gestellt. Zuverlässige Zeugen sagten aus, er habe siebzig Konkubinen. Er wurde schuldig gesprochen und aus dem Amt entlassen, doch die Kirche mußte ihm eine fürstliche Pension zahlen, damit er seine Mätressen und zahlreichen Sprößlinge weiterhin unterhalten konnte.

In Frankreich taten sich ebenfalls Probleme auf. Etwa zu jener Zeit rief Robert Arbissel, der einen Konvent mit 4000 Nonnen leitete, offene Kritik hervor. Er gab zu Protokoll, er sei ein Sünder, und eine seiner Bußen bestünde darin, „häufig unter und mit den Frauen zu schlafen", um sein Fleisch zu kasteien. Und die Strafen, die er den Nonnen auferlegte, beinhalteten für gewöhnlich, daß sie sich nackt auszuziehen hatten.

DER TEUFEL SCHICKTE IHNEN NEFFEN

Trotz der energischen Bemühungen einer ganzen Reihe von Päpsten, den klerikalen Zölibat durchzusetzen, lief eigentlich alles weiter wie gehabt, so auch unter Hadrian IV. (1154–1159), ehemals Nikolaus Breakspeare und Sohn eines Mönchs namens Robert von St. Albans, der der einzige englische Papst bleiben sollte.

Papst Alexander III. sah sich einer überwältigenden Zahl von Geistlichen gegenüber, die sich Konkubinen hielten, nachdem sie nun nicht mehr heiraten durften. Er bat seine Priester inständig, sich doch wenigstens drei Tage und Nächte der Fleischeslust zu enthalten, ehe sie die Hostie berührten. Er spielte sogar mit dem Gedanken, seinen Klerikern die Ehe wieder zu erlauben. Die Kurie unterstützte ihn darin, doch ein Mann ließ ihn zögern – sein Kanzler, der asketische Mönch Alberto de Morra, der spätere Papst Gregor VIII. (1187). Der Mann war ein so ausgemachter Spielverderber, daß er während seiner kurzen Amtszeit prunkvolle Kleidung und Glücksspiele verbot.

Wie andere Päpste hatte auch Alexander III. mit dem englischen Klerus ganz besondere Schwierigkeiten. Fest entschlossen, der Diözese Canterbury einen zölibatär lebenden Bischof zu verordnen, ernannte er 1171 den Mönch Clarembaldus, nur um anschließend zu erfahren, daß dieser allein in einem Dorf siebzehn uneheliche Kinder hatte.

Zur selben Zeit war der Bischof von Lincoln besorgt über die Ausschweifungen englischer Nonnen. Also entwickelte er ein neuartiges Testverfahren, um herauszufinden, ob sie ihr Keuschheitsgelübde auch tatsächlich befolgten. Er zog durch die Konvente und betastete die Brüste der Nonnen, um ihre Reaktion darauf zu prüfen.

Papst Alexander war sich nur zu bewußt, wie geschickt der Klerus seine Vorschriften umging. „Der Papst entzog dem Klerus die Söhne, und der Teufel schickte ihnen Neffen", klagte er.

IN ZEITEN DER HÄRESIE

Coelestin III. (1191–1198) sah die Sache noch lockerer als Alexander. Er erlaubte eine Form der Scheidung, denn er verfügte, daß eine Ehe zwischen Christen aufgelöst werden könne, selbst wenn sie bereits vollzogen worden war, sofern einer der Eheleute sich als Häretiker erwiese. Die Zahl der Häretiker stieg daraufhin sprunghaft an. Für diesen Vorschlag wurde Coelestin von Papst Hadrian VI. (1522–1523) selbst zum Häretiker gestempelt, was Coelestin wahrscheinlich nicht weiter geärgert hätte. Zumindest beklagte er sich nicht über die Angewohnheit von Kaiser Heinrich VI., Nonnen entkleiden, mit Honig beschmieren und federn zu lassen, um sie dann zu Pferd durch die johlenden Reihen seiner Soldaten zu schicken. Coelestins Nachfolger Papst Innozenz III. (1198–1216) stand auf Verfolgung und Folter in großem Stil.

Im elften Jahrhundert kam eine Gruppe auf, die sich selbst Katharer nannte. Die Katharer glaubten, daß Gott und der Teufel miteinander um die Weltherrschaft kämpften. Sie waren von einer tiefen Körperfeindlichkeit erfüllt, geißelten sich exzessiv und waren Vegetarier mit der Begründung, daß Tiere sich geschlechtlich fortpflanzten und somit sündig seien. Fische aßen sie jedoch in dem irrigen Glauben, diese würden sich ungeschlechtlich vermehren. Aus dem gleichen Grund verwarfen die Katharer die Ehe, sie praktizierten allerdings Analverkehr. Der scheint erlaubt gewesen zu sein, weil dabei das vermieden wurde, was bei ihnen als „die Sünde der Fortpflanzung" galt.

Im Jahre 1208 brandmarkte Innozenz III. die Katharer als Satansjünger und rief zum Kreuzzug gegen sie auf. Dabei war ihm jedes

Mittel recht. Katharer wurden beispielsweise gezwungen, Analverkehr zu gestehen, indem man sie nackt auf einen rotglühenden Dorn absenkte. Diese Foltermethode wurde *Chambre chauffée* genannt und blieb bis 1816 die empfohlene Verhörmethode für mutmaßliche Sodomiten.

ALBIGENSERVERVOLGUNG IN FRANKREICH - SÜNDENSTEUER IN ENGLAND

Innozenz verfolgte auch die Albigenser im Languedoc, die entschieden sexualfeindlich eingestellt waren. Sie lehrten, die Ehe sei ein Zustand der Sünde, Sex in der Ehe komme dem Inzest gleich, die verbotene Frucht des Garten Eden sei die sexuelle Lust und eine schwangere Frau habe den Teufel im Leib. Das kam bei Priestern, die ihre Morgenandachten vorzugsweise im Bett mit ihren Mätressen hörten, nicht besonders gut an.

Innozenz III. zerstritt sich zudem mit dem englischen König Johann I. Ohneland. Johann heiratete seine Cousine Isabel von Glou cester, ohne die Dispens auch nur erbeten zu haben, dann verließ er sie und heiratete gleich darauf die junge und schöne Isabel von Angoulême. Als Innozenz sein Mißfallen darüber kundtat, büßte Johann, indem er eine Zisterzienserabtei erbaute (wenn auch mit gestohlenem Geld) und eintausend Mann in die Kreuzzüge schickte. Der Papst meinte daraufhin, bei der zweiten Ehe ein Auge zudrükken zu dürfen, doch als Johann seinen eigenen Mann zum Erzbischof von Canterbury machte, belegte Innozenz ganz England mit dem Interdikt. Johann reagierte mit der Besteuerung des Klerus. Seine Lieblingssteuer war die sogenannte „Sündensteuer": Seine Männer ergriffen die Frauen und Konkubinen – damals bekannt als *focariae* oder Herdgenossinnen – der Priester und zwangen die Kleriker anschließend, sie zu einem unverschämten Preis zurückzukaufen. Ein Priester mußte eine erhebliche Summe pro Jahr bezahlen, wenn er seine Mätresse behalten wollte.

Während seiner langwierigen Streitereien mit dem Papst entwickelte sich König Johann im eigenen Land zunehmend zum Tyrannen, der den Juden Geld abpreßte und mit jeder Frau ins Bett sprang, die ihm gefiel. Dies hatte wachsende innere Unruhen zur Folge, und als Johann feststellte, daß er an zwei Fronten gleichzeitig kämpfte, be-schloß er, sich mit dem Papst wieder auszusöhnen. Doch da war es bereits zu spät. Die Barone rebellierten und zwangen König Johann am 15. Juni 1215 zur Unterzeichnung der *Magna Charta*, die von Papst Innozenz III. als „dem moralischen Gesetz zuwiderlaufend" ver-dammt wurde.

DIE PLÜNDERUNG KONSTANTINOPELS UND DAS PROBLEM DER LOYALITÄT VON KLERIKERN

Das moralische Gesetz interessierte Innozenz im Grunde herzlich wenig. Gold und Edelsteine waren ihm allemal lieber. Er ließ sich eine besondere Tiara aus weißen Pfauenfedern, mit Juwelen besetzt und von einem Saphir gekrönt, anfertigen. Er bestand auch darauf, daß ihm jedermann die Füße küßte, und strebte nach der Weltherr-schaft. Im Mai 1204 leitete er die Plünderung Konstantinopels wäh-rend des vierten Kreuzzuges. Die Kathedrale Hagia Sophia wurde entweiht, Reliquien wurden gestohlen und Nonnen vergewaltigt.

Innozenz III. leitete ebenfalls das Vierte Laterankonzil, auf dem versucht wurde, der Klerikerehe endgültig den Garaus zu machen. Das Problem war nur, daß die Priester totaler sexueller Haltlosigkeit verfielen, sobald sie der Ehefesseln ledig waren. Wie fragte doch Bernhard von Clairvaux so treffend: „Nimmst du der Kirche eine ehrbare Ehe und ein untadeliges Ehebett, füllst du sie dann nicht mit Konkubinat, Inzest, Homosexualität und jeder nur erdenklichen Art der Unreinheit?" Aber darum ging es im Grunde genommen gar nicht. Verheiratete Priester waren in ihrer Loyalität gespalten. Sie standen ihren Familien gegenüber ebenso in der Pflicht wie der Kir-che. Die ungeteilte Loyalität lediger Priester dagegen – so unkeusch, ehebrecherisch und pervers sie auch immer sein mochten – galt ganz allein der Kirche.

Papst Gregor IX. (1227–1241) war wieder ein Papst, der ein bren-nendes Interesse an Häresie entwickelte. 1232 und 1233 erließ er zwei päpstliche Bullen gegen eine Sekte in der abgelegenen norddeut-schen Stadt Steding. Die Stedinger scheinen ihn fasziniert zu haben, denn er beschrieb detailliert ihre Praktiken. Laut Gregor mußten neue Sektenmitglieder allen Anwesenden erst den Allerwertesten und dann den Mund küssen. Daraufhin hatte der Novize eine Leiche zu küssen, und damit waren dann auch die letzten Spuren des katholischen Glaubens getilgt. Nach einem Festbankett küßten alle Anwesenden eine Katze „unter dem Schwanz", woraufhin „jeder Mann sich die nächstbeste Frau nahm und fleischlichen Verkehr mit ihr hatte". Schließlich trat ein Mann auf, dessen Rumpf ganz glatt war, der aber stark behaarte Beine besaß. Gregor bezichtigte die Stedinger, den Satan zu verehren.

DIE INQUISITION UND DAS KONKLAVE WERDEN ERFUNDEN

Es war denn auch Gregor, der im Jahre 1231 die Inquisition ins Leben rief. Einer seiner Chefinquisitoren war ein asketischer Priester namens Konrad von Marburg. Als Konrad eines Tages zuschaute, wie ein Zisterzienser wegen Häresie verbrannt wurde, kam ihm die Idee, daß man nur durch Schmerz zum Heil finden könne.

Eine von Konrads berühmtesten Konvertitinnen war Elisabeth, die Witwe des Markgrafen von Thüringen. Sie war gerade mal zarte achtzehn Jahre alt, als Konrad sie überredete, ihre drei kleinen Kinder zu verlassen und sich ihm anzuschließen. Zu ihrer religiösen Läuterung befahl er ihr, sich auszuziehen, dann geißelte er sie, bis ihr junger Körper über und über mit Blut bedeckt war. „Wenn ich schon einen Mann so fürchte", sagte sie später zu ihrem Beichtvater, „wie muß Gott dann sein?"

Konrad wurde von Gregor persönlich auserkoren, gegen eine Gruppe deutscher Häretiker zu ermitteln, die man Luziferianer nannte. Allein in Straßburg verbrannte er mehr als achtzig Männer, Frauen und Kinder, um ihre unsterblichen Seelen zu retten.

Die Häresie-Paranoia von Gregor IX. stürzte die Kirche in ein mittleres Chaos. Bei seinem Tod war sie so zerstritten, daß es sich als unmöglich erwies, einen Nachfolger zu benennen. Also dachte sich der Stadtpräfekt von Rom, Senator Matteo Rosso Orsini, das System des Konklave aus, um die Beratungen der Kardinäle zu beschleunigen.

Er trommelte die Kardinäle zusammen und ließ sie vorab zur Einschüchterung von seinen Männern zusammenschlagen. Dann ließ er sie fesseln, öffentlich auspeitschen und mißhandeln, um ihnen die gebotene Demut einzugeben. Schließlich wurden sie unsanft in die Haupthalle des Septizodiums gestoßen, eines riesigen Gebäudes an der Via Appia. Die Fenster wurden mit Brettern vernagelt und die Türen abgeschlossen. Dort sollten sie so lange bleiben, bis sie sich auf einen Papst geeinigt hatten.

Im Inneren befanden sich ein paar wacklige Betten und einige wenige Bettdecken, Stühle und Bänke. Ärzte hatten keinen Zutritt. Nur das frugalste Essen wurde geliefert. Es gab etwas kaltes Wasser zum Trinken, aber keines zum Waschen. Die Kardinäle konnten ihre Kleidung nicht wechseln, und die Latrinen durften nicht geleert werden, bis eine Entscheidung gefallen war.

DICKE LUFT IM KONKLAVE

In der sommerlichen Hitze Roms war die Luft bald zum Schneiden. Ein sterbender Kardinal wurde in den Sarg gelegt, obgleich er noch lebte, und ihm wurde ein Trauergottesdienst gelesen. Auf dem Dach des Septizodiums waren bewaffnete Wächter postiert, denen es streng verboten war, ihre Plätze zu verlassen. Sie verrichteten ihre Notdurft in die Dachrinnen. Wenn ein Gewitter ausbrach, ließ der jähe Wolkenbruch Exkremente, Urin und anderen Abfall auf die versammelten Kardinäle hinunterschwappen.

Als sie endlich einen neuen Papst gewählt hatten, war der Kandidat Senator Orsini nicht genehm. Er drohte, Gregor IX. zu exhumieren und seinen verwesenden Leichnam zu ihnen in den Saal zu legen, um ihre Entscheidung zu forcieren.

Nach fünfundfünfzig Tagen in einem Raum wählten die Kardinäle schließlich Goffredo Castiglione, der als Coelestin IV. (1241) regierte. Leider hatte ihn das Konklave so mitgenommen, daß er zwei Wochen später starb, ohne die Weihe erhalten zu haben.

Zu diesem Zeitpunkt waren die Kardinäle bereits geflohen und versuchten, auf dem Postweg einen Nachfolger zu bestimmen. Als das nicht funktionierte, versuchte Kaiser Friedrich II., sie erneut zusammenzubringen, doch sie entkamen nach Rom. Friedrich gelang es, sie finanziell auszuhungern, und nach einer anderthalb Jahre währenden Sedisvakanz entschieden sie sich dann für Innozenz IV. (1243–1254).

Innozenz IV. hatte einerseits eher liberale Neigungen. Als er nach einem Streit mit Friedrich II. gezwungen wurde, Rom zu verlassen, suchte er Zuflucht in England. Doch die Peers weigerten sich, ihn aufzunehmen, und behaupteten, das grüne und süß duftende England könne den Gestank des päpstlichen Hofes nicht ertragen. Statt dessen fand er Aufnahme in Lyon, wo er acht Jahre lebte. Als er nach der Aussöhnung mit Friedrich den Rückweg nach Rom antrat, hielt ein Kardinal eine Festrede, in der er die Segnungen rühmte, die Papst Innozenz' längerer Aufenthalt in Lyon der Stadt gebracht hatten. „Freunde, seit unserer Ankunft haben wir viel für eure Stadt getan", sagte der Kardinal. „Als wir kamen, fanden wir drei oder vier Bordelle vor. Wir lassen nur ein einziges zurück. Doch das erstreckt sich lückenlos vom Ost- bis zum Westtor der Stadt."

DAS BUCH DES TODES

Andererseits erteilte Innozenz IV. der Inquisition die Erlaubnis zum Einsatz der Folter, um Geständnisse zu erhalten. Schon bald wurden alte Frauen auf dem Scheiterhaufen verbrannt, nachdem sie unter der Folter gestanden hatten, mit dem Satan geschlechtlich verkehrt zu haben. Im Jahre 1275 hörte beispielsweise der Inquisitor Hugues de Baniols in Toulouse das Geständnis einer sechzigjährigen Frau namens Angèle de la Barthe. Sie wurde beschuldigt, Geschlechtsverkehr mit dem Teufel gehabt zu haben. Das daraus hervorgegangene Kind, gestand sie unter Qualen, sei ein Dämon, der ausschließlich das Fleisch toter Säuglinge esse, und sie habe Kinder ermordet und frische Leichen ausgegraben, um ihn zu nähren.

So barbarisch, wie die zur Erlangung solcher Geständnisse eingesetzten Foltern waren, drängt sich der Verdacht auf, daß die Inquisitoren – und die Päpste, die die Regeln des Inquisitionsverfahrens aufstellten – damit die eigenen perversen und sadistischen Gelüste befriedigten. Die Einzelheiten dessen, was die Inquisition durfte und nicht durfte, wurden im *Libro Nero* (Schwarzen Buch) oder *Buch des Todes* aufgelistet, das bis zur Mitte des neunzehnten Jahrhunderts in der Casa Santa, dem Haus des Papstes in Rom, ausgestellt war. Darin hieß es ganz unverblümt: „Entweder jemand gesteht und wird durch sein eigenes Geständnis überführt, oder er gesteht nicht und wird ebenso gültig durch Zeugenaussagen überführt. Wenn jemand alles gesteht, dessen er angeklagt wird, ist er ohne Frage in allem schuldig; wer aber nur einen Teil gesteht, sollte trotzdem als schuldig in allem betrachtet werden, denn was er gesteht, zeigt, daß er in den anderen Anklagepunkten schuldig sein kann ... Körperliche Folter hat sich schon immer als höchst heilsames und wirksames Mittel erwiesen, um zu geistlicher Reue zu führen. Deshalb ist die Wahl der passenden Art der Folter dem Richter der Inquisition überlassen, der je nach Alter, Geschlecht und Verfassung des Betroffenen entscheidet. ... Wenn der Unselige trotz aller angewandten Mittel seine Schuld weiter leugnet, hat er als Opfer des Teufels zu gelten; und als solcher verdient er kein Mitleid von den Dienern Gottes, auch nicht das Erbarmen und die Milde der Heiligen Mutter Kirche: Er ist ein Sohn des Verderbens. Er sterbe mit den Verdammten."

DIE WAHRHEIT, NICHTS ALS DIE WAHRHEIT

Die Würfel waren gewiß zugunsten der Inquisition präpariert. Es ist kein einziger Freispruch belegt, was kaum überrascht, da man dem Angeklagten nicht sagte, was ihm zur Last gelegt wurde und er auch nicht danach fragen durfte. Ein Verteidiger war nicht erlaubt, ebenso konnten keine Zeugen der Verteidigung geladen werden. Zeugen der Anklage liefen jederzeit Gefahr, selbst angeklagt zu werden, und ihre Identität wurde vor dem Gefangenen geheimgehalten. Eltern wurde befohlen, ihre eigenen Kinder, Kindern, ihre Eltern zu verraten. Sich zu weigern, war eine Sünde gegen die heilige Inquisition. Knaben unter vierzehn und Mädchen unter zwölf Jahren waren allerdings von der Folter ausgenommen. Natürlich gab es auch kein Berufungsverfahren. Welches höhere Gericht konnte es geben, als eines, das im Namen des Papstes zusammentrat?

Laut dem *Schwarzen Buch* sollten die Inquisitoren ihre Opfer im Verlauf ihrer Ermittlungen weder verstümmeln noch töten – das kam später. Aber häufig wurden Arme und Beine gebrochen, und sogar der Verlust von einigen Fingern oder Zehen genügte nicht, das Verhör zu beenden.

Üblicherweise wurde das Opfer nackt ausgezogen und an einen Bock gebunden. Dann sagte man ihm: „Sprich die Wahrheit, um

Himmels willen, denn die Inquisitoren wollen dich nicht leiden sehen." Seile wurden um Arme und Beine gebunden, andere über die Schultern geführt und an einem Gurt um die Taille befestigt. Die Stricke wurden angezogen, und der Inquisitor forderte das Opfer auf, „die Wahrheit zu sagen". Falls das Opfer fragte, wessen es denn beschuldigt wurde oder was die Inquisitoren von ihm hören wollten, kam wieder die Aufforderung, „die Wahrheit zu sagen".

Die Seile wurden erneut angezogen, und man drängte das unglückliche Opfer wieder, „die Wahrheit zu sagen". Falls immer noch kein Geständnis erfolgte, schob man einen Stock unter die Stricke und drehte, so daß die Seile noch straffer angezogen werden konnten.

GRAUSAMKEITEN UND SPITZFINDIGES

Bei besonders hartnäckigem Leugnen griff man auf den *strappado* zurück. Dabei wurden dem Opfer die Hände auf dem Rücken zusammengebunden und an einen Flaschenzug gehängt. Man zog das Opfer bis kurz unter die Decke hoch und ließ es dann fallen – und knapp über dem Boden wurde der Fall mit einem qualvollen Ruck abgebremst.

Beliebt war auch die Wasserfolter, bei der man dem Opfer einen Knebel in die Kehle stopfte und anschließend Wasser hinterhergoß. Auf diese Weise wurden dem Opfer bis zu acht Liter Wasser in den Hals geschüttet. Viele ertranken schlicht und einfach oder erstickten aufs jämmerlichste.

Entsprechend päpstlichem Dekret durfte die Folter immer nur einmal angewandt werden. Da aber die Opfer zwischen den Verhören allein in schmutzigen Zellen angekettet wurden, wo sie sich in ihren eigenen Exkrementen wälzten, argumentierte man, mehrere Sitzungen in den Händen der Inquisitoren seien nur Teile einer einzigen Folter.

Die Dominikaner waren ganz besonders brutal, weil ihr Orden sich freiwillig selbst Schmerzen zufügte. Die Schreie ihrer Opfer waren Musik in ihren Ohren – bedeutete es doch, daß eine Seele Gott näherkam.

Obwohl er sich der Inquisition bediente und trotz seines sadistischen Vorgehens gegen „Häretiker" verlor Papst Innozenz IV. kein einziges Wort gegen den Stauferkaiser Friedrich II., der einen ganzen

Harem moslemischer Gespielinnen hatte, bewacht von schwarzen Eunuchen.

Alexander IV. (1254–1261), der Nachfolger von Innozenz IV., stand dem Sadismus fern. Er versuchte, die klerikale Selbstgeißelung zu verbieten, aber die Leute hatten Geschmack daran gefunden. Selbst Ludwig, der König von Frankreich, ließ sich von seinen Beichtvätern auspeitschen und grob mißhandeln. Darüber hinaus beabsichtigte Alexander die Abschaffung des priesterlichen Zölibats, da er glaubte, er führe nur zur Lasterhaftigkeit.

EINE BRÜLLEND KOMISCHE ANEKDOTE

Alexander war aber ein Mann, der pikante Anekdoten durchaus zu schätzen wußte. Einmal erzählte er dem Franziskanermönch Salimbene de Adam die außerordentliche Geschichte eines Priesters, der einer von ihm begehrten Frau die Beichte abnahm. Statt der Frau die Absolution zu erteilen, versuchte der Priester, sie zu verführen. Als daraus nichts wurde, wollte er sie hinter dem Altar vergewaltigen. Um ihn abzuwehren, sagte die Frau zu ihm, dies sei wohl kaum die Zeit oder der Ort für „die Arbeit der Venus". Listig schlug sie ihm ein Treffen in amouröserer Umgebung vor. Der Priester war damit zufrieden, und die Frau fest entschlossen, es ihm heimzuzahlen. Kaum daß sie zu Hause angekommen war, buk sie eine Pastete, die sie mit ihren eigenen Exkrementen füllte und mit einer Flasche Wein zusammen an den Priester schickte. Der Priester zeigte sich beeindruckt von der Pastete. Sie sah so gut aus, daß er sie nicht selbst aß, sondern an seinen Bischof schickte.

Als der Bischof die Pastete anschnitt und entdeckte, was sich darin befand, war er alles andere als belustigt. Er ließ den Priester zu sich rufen und wollte wissen, womit er, der Bischof, eine solche Beleidigung verdient hätte. Der Priester beteuerte seine Unschuld und erklärte dem Bischof, daß nicht er die Pastete gebacken, sondern sie vielmehr von einer Frau aus seiner Gemeinde erhalten habe. Also ließ der Bischof auch die Frau kommen. Sie gestand, dem Priester die Pastete geschickt zu haben, erklärte aber, daß jener versucht habe, sie bei der Beichte zu verführen. Der Bischof lobte die Frau und bestrafte den Priester.

Alexander IV. fand die Geschichte brüllend komisch. Soweit er sehen konnte, hatte die Frau nur einen einzigen Fehler begangen. Sie hätte lieber in die Flasche pinkeln sollen, als den guten Wein zu senden.

Der Vertraute des Papstes, Salimbene, zeichnete den Zustand der Kirche unter Alexander IV. auf: „Ich habe Priester gesehen, die Tavernen führen ... ihr Haus voller unehelicher Kinder haben, Nächte in Sünde verbringen und anschließend die Messe zelebrieren ... Einmal, als ein Franziskanerbruder an einem Feiertag die Messe in der Kirche eines gewissen Priesters lesen mußte, trug er keine Stola, sondern den Gürtel der Konkubine des Priesters, an dem sich ein Schlüsselbund befand; und als sich dann der Mönch, den ich gut kenne, umdrehte, um *dominus vobiscum* zu sagen, da hörte die Gemeinde das Klingeln der Schlüssel."

PALÄSTE DER FREUDE UND KATHEDRALEN - MÄDCHEN

Kein Wunder, daß Alexander IV. eine päpstliche Bulle erlassen mußte, in der er monierte, daß – in einer Zeit, in der Bischöfe Harems unterhielten und jede Nonne ihren eigenen Geliebten hatte – der Klerus seine Kongregationen nicht reformierte, sondern noch mehr korrumpierte.

Tatsächlich standen die Konvente in Frankreich im Ruf von „Palästen der Freude". Die Nonnen von Poitiers und Lys waren berühmt für ihre Galanterien den Franziskanerbrüdern der Stadt gegenüber, während die Nonnen von Montmartre sich ganz der Prostitution widmeten und ihre Mutter Oberin vergifteten, als diese sie auf den rechten Weg zurückführen wollte.

In Deutschland hatte sich eine neue Form der Tempelprostitution entwickelt. Prostituierte trieben sich in den Kathedralen herum und gingen ihrem Gewerbe nach. Erst 1521 wurden diese „Kathedralen-Mädchen" aus dem Straßburger Münster verbannt. Der Bischof von Straßburg leitete ein Bordell, und der Dekan des Würzburger Doms besaß den gesetzlichen Anspruch, jedes Jahr aus jedem Dorf der Diözese ein Pferd, eine Mahlzeit und ein Mädchen zu erhalten.

Eine direktere Form der Tempelprostitution wurde im dreizehnten

Jahrhundert in Rom wiedereingeführt. Alle ortsansässigen Huren wurden zusammengetrieben und in der unterirdischen Kapelle der Kirche Santa Maria an die Arbeit geschickt, umgeben von einigen der heiligsten Gegenstände der Christenheit. Urban IV. (1261–1264) schrieb einen Brief, in dem er diese frevelhafte Ausschweifung verdammte, was allerdings weitgehend wirkungslos verpuffte.

DEM PRIESTER DIE ERSTE NACHT

Der Sekretär des Papstes, Bischof Dietrich von Niems, mußte Seine Heiligkeit von den Vorgängen in Norwegen und Island unterrichten. „Wenn die Bischöfe zweimal im Jahr ihre Kuraten besuchen, müssen sie ihre Mätressen mitnehmen. Die Frauen lassen nicht zu, daß sie die Reise ohne sie antreten, da den Bischöfen von den Kuraten und deren Konkubinen prachtvolle Empfänge bereitet werden, und die Mätressen der Bischöfe befürchten, daß diese womöglich die Konkubinen der Priester hübscher finden als sie selbst und sich in sie verlieben."

Mit zunehmender Macht der katholischen Kirche erhoben manche Priester sogar Anspruch auf das feudale *jus primae noctis* der Gutsherren. Sie bestanden darauf, in der Hochzeitsnacht mit der Braut schlafen zu dürfen, bevor der Ehemann sich seiner ehelichen Rechte erfreuen konnte.

In seinen Briefen an den Papst ließ Bischof Dietrich von Niems nicht das kleinste Detail aus, wenn er die Ausschweifungen seiner Nonnen beschrieb. Ihm zufolge waren sie willige Opfer der wollüstigen Bischöfe, Mönche und Laienbrüder. Die „aus dieser Libertinage hervorgegangenen Kinder" steckte man in Konvente, und so wurde für eine neue Generation unmoralischer Nonnen und Mönche gesorgt.

„Wenn eine weltliche Frau all der unreinen Taten schuldig wäre, die diese Nonnen begehen", schrieb er, „dann würde sie entsprechend dem Gesetz zur Höchststrafe verurteilt."

Diese Praktiken setzten sich bis ins vierzehnte Jahrhundert fort, als sich, so Kardinal Pierre d'Ailly, Priester „nicht schämten, Konkubinen zu halten und diese öffentlich anerkannten". Ferner beschrieb D'Ailly die Konvente als Orte wilder Ausschweifungen und „Versammlungen von Prostituierten".

So schockierend dergleichen für heutige Ohren klingen mag, Urban IV. dürfte das alles nicht weiter überrascht haben. Er war mit einer Frau namens Eva „bekannt" gewesen, bevor er Papst wurde. Und sein Nachfolger Klemens IV. (1265–1268) war verheiratet und hatte zwei Töchter – manche sagen, es waren drei –, bevor er die heiligen Weihen empfing.

ZUM WIEDERHOLTEN MAL DIE QUAL DER WAHL

Das erste Konklave von 1241, bei dem man die Kardinäle in das Septizodium eingesperrt hatte, war ihnen keine Lehre gewesen, als es nach dem Tod von Klemens IV. wieder zu einem Patt kam. Diesmal wurden sie im erzbischöflichen Palast in Viterbo zusammengetrieben, und man sagte ihnen, sie würden dort so lange bleiben, bis sie einen neuen Papst gewählt hätten. Laken wurden von den Deckenbalken herabgehängt, um einzelne Kabinen abzutrennen, und die Kardinäle erhielten nur Brot und Wein. Da es ihnen nicht gelang, sich schnell auf einen Papst zu einigen, wurde der Wein durch Wasser ersetzt, und als auch das nicht fruchtete, deckte man das Dach des Palastes ab, so daß die Kardinäle ungeschützt der Hitze des Tages und der Kälte der Nacht ausgesetzt waren.

Die Kardinäle revanchierten sich mit der Exkommunikation der Bürger von Viterbo und belegten die Stadt mit dem Interdikt. Die Antwort der städtischen Behörden war einfach: „Dann müssen wir vielleicht ohne Gottesdienst leben, aber ihr werdet mit Sicherheit an Hunger, Krankheit und Entbehrungen sterben. Wählt einen Papst!"

Nach dreijähriger Bedenkzeit wählten sie schließlich Gregor X. (1271–1276). Er war wenig mehr als ein derber Kreuzritter und befand sich zur Zeit seiner Wahl in Palästina. Es verstrichen weitere sieben Monate, bis er zu seiner Krönung in der Peterskirche erschien.

Gregor X. war Archidiakon von Lüttich gewesen, bevor er den Apostolischen Stuhl besetzte. Im Jahre 1274 mußte er auf dem Konzil von Lyon seinen einstigen Chef, den Bischof von Lüttich, „wegen der Defloration von Jungfrauen und anderer Gewalttaten" des Amtes entheben. Der Bischof hatte siebzig Konkubinen, darunter auch einige Nonnen, und fünfundsechzig uneheliche Kinder. „Seine Lust war unersättlich", hieß es. „Als Konkubine hielt er sich eine Äbtissin der Benediktinerinnen. Bei einem Bankett hatte er öffentlich damit geprahlt, daß ihm in vierundzwanzig Monaten vierzehn Kinder geboren worden seien. Aber dies war nicht das Schlimmste – dazu kam noch gemeine Blutschande, und das mit Nonnen."

Gregor war alles andere als prüde. Zunächst hatte er versucht, dem Bischof ins Gewissen zu reden. In einem Schreiben verlangte er lediglich, daß der Bischof bereuen solle. Als das nichts bewirkte, blieb dem Papst keine andere Wahl, als ihn zu entlassen. Am Ende wurde der seines Ornats beraubte Bischof von Lüttich von einem flämischen Ritter getötet, der außer sich war über das, was der einstige Bischof seiner Tochter angetan hatte.

EIN KARDINALFEHLER

Die Verderbtheit durchsetzte die Kirche von ganz unten bis zur Spitze. Der heilige Bonaventura, ein enger Freund von Innozenz V. (1276), verglich Rom mit der Hure der Apokalypse, trunken vom Wein ihrer Hurerei. In Rom, so Bonaventura, herrsche weiter nichts als Wollust und Simonie, selbst in den höchsten Kirchenkreisen. Es war ganz einfach, erklärte er. Rom verdarb die Prälaten. Die Prälaten verdarben den Klerus, und der schließlich verdarb das Volk.

An Papst Johannes XXI. (1276–1277) kritisierten Zeitgenossen „moralische Labilität", und Martin IV. (1281–1285), so heißt es, „schloß die Konkubine seines Vorgängers in seine Arme". Sein Vorgänger war Nikolaus III. (1277–1280). Martin IV. hatte noch eine weitere merkwürdige Marotte. Laut Cypriano de Valera „entfernte er aus seinem Palast alle Bilder von Bären, aus Furcht, daß eine dieser Bestien herausgelockt werden könnte, wenn sie seiner Liebsten ansichtig würden".

Dem Konklave im Anschluß an den Tod von Papst Nikolaus IV. (1288–1292) unterlief ein kardinaler Fehler. Nach einer über zweijährigen Sedisvakanz wählte es einen grundanständigen Menschen – einen Einsiedler namens Pietro Angelari da Murrone, der in einer Höhle auf dem Monte Majella bei Aquila in den Abruzzen lebte. Er wurde als Coelestin V. (1294) gekrönt, konnte aber das lasterhafte Treiben in Rom nicht ertragen und zog nach Neapel.

Die Kardinäle mußten ihren Fehler bald einsehen, als Coelestin begann, das Vermögen der Kirche zu verschenken – ausgerechnet an die Armen! Er besaß keinerlei Talent für Korruption oder Simonie, und die Kirchenfürsten mußten ernstlich befürchten, bald bankrott zu sein. Kardinal Benedetto Caëtani, der päpstliche Notar, witterte seine große Chance. Um Coelestins Vertrauen zu gewinnen, baute er dem alten Eremiten eine bescheidene Holzhütte in den Zimmerfluchten des Castello Nuovo, der fünftürmigen Burg oberhalb der Bucht von Neapel. Dort konnte Caëtani Coelestin zum Rücktritt bewegen.

KARDINAL CAËTANI TUT GUTES UND WIRD DAFÜR PAPST

Nur fünfzehn Wochen nach seiner Weihe rief Coelestin die Kardinäle zusammen und beschwor sie, ihre Mätressen in Nonnenklöster zu verbannen und wie Jesus in Armut zu leben. Um mit gutem Beispiel voranzugehen, legte Coelestin daraufhin das päpstliche Gewand ab, zog seine Eremitenlumpen wieder an, legte sein Amt nieder und ritt wie Jesus auf einem Esel davon.

Nachdem er diesen Coup geschickt eingefädelt hatte, ließ Caëtani sich von den dankbaren Kardinälen zum Papst wählen und wurde als Bonifatius VIII. (1294-1303) ins Amt eingesetzt. Sicherheitshalber bestand seine erste Amtshandlung als Papst darin, Coelestin in der Burg Fumone einzusperren, wo er einige Monate später an Hunger und Entbehrung starb.

Wenn schon ein Papst aus dem Amt entfernt werden konnte, dann erst recht jeder andere. Die Familie der Caëtani stand bereits seit langem in Konkurrenz mit den Colonna, die ein Bündnis mit Bonifatius' Erzfeind Philipp dem Schönen, König von Frankreich, eingingen. Sie warfen Bonifatius krasse sexuelle Verfehlungen sowie „Häresie, Tyrannei, Buhlerei und Geschlechtsverkehr mit dem Teufel" vor. Angeblich trug er an seinem linken Zeigefinger einen Ring, in dem ein böser Geist lebte. Der Geist sprach zu ihm und kam nachts auch heraus, um geschlechtlich mit ihm zu verkehren. Dante verbannte Bonifatius in den Achten Kreis der Hölle.

Bonifatius' sexuelle Präferenzen waren bereits vor seiner Wahl zum Papst allgemein bekannt. Als Libertin hielt er sich einmal eine verheiratete Frau und deren Tochter als Mätressen. Auch seine sexuellen Eskapaden nach der Wahl blieben kein Geheimnis. Sie wurden in der *Geschichte von Neapel* von Pandulphus Colenucius einem breiten Publikum zugänglich gemacht.

PHILIPP DER SCHÖNE KLAGT DEN EHEMALIGEN KARDINAL AN

1303 berief Philipp der Schöne in Paris eine Versammlung ein, um Bonifatius den Prozeß zu machen. Zur Last gelegt wurden ihm mangelnder Glaube an ein Leben nach dem Tod, Zauberei, Verkehr mit dem Teufel, die freche Behauptung, die Sünden des Fleisches seien überhaupt keine Sünden, und Anstiftung zum Mord an Papst Coelestin – dazu kamen dann noch Häresie, Simonie und Habgier. Ein Versuch, Bonifatius mit Gewalt zu ergreifen und vor Gericht zu stellen, scheiterte. Das Verfahren wurde jedoch auch ohne ihn fortgesetzt.

Ein junger Schuhmacher namens Lello aus der Diözese Spoleto sagte aus, 1292 kurz nach dem Tod von Papst Nikolaus IV. zum Verkaufen von Schuhen in Perugia gewesen zu sein. Bonifatius – damals noch Kardinal Benedetto Caëtani – hielt sich zu dieser Zeit ebenfalls in der Stadt auf, und jemand aus seinem Gefolge ließ den Schuhmacher kommen. Der Kardinal, so Lellos Bericht, wollte ein Paar Schuhe. Also ging Lello, damals noch keine zwanzig, zu dem Haus, in dem Bonifatius wohnte, und maß ihm Schuhe an. Dann, so der Schuhmacher, fing Bonifatius an, ihn zu küssen und zu umschmeicheln.

„Ich will, daß du tust, was ich will", soll der Kardinal angeblich gesagt haben. „Ich will mit dir kopulieren, und ich werde viel Gutes für dich tun."

Aber Lello ließ sich darauf nicht ein.

„Herr, das solltet Ihr nicht tun, denn es ist eine schwere Sünde", äußerte der Schuhmacher gegenüber dem zukünftigen Papst. „Heute ist Sonntag, das Fest der Heiligen Jungfrau Maria."

Aber Bonifatius beruhigte den jungen Mann mit seiner kirchlichen Autorität. „Es ist nicht mehr Sünde, als die Hände aneinander zu reiben", erwiderte er und zog ihn an sich. „Und was die Jungfrau Maria betrifft, so ist sie ebensowenig Jungfrau wie meine Mutter, die viele Kinder hatte."

Als Lello begriff, daß seine Tugend in höchster Gefahr war, fing er an zu schreien. Meister Pietro von Acquasparta, der vor der Tür stand, kam hereingestürmt. Bonifatius ließ los, und Lello entkam. Er stürmte aus dem Haus, ohne für die Schuhe bezahlt worden zu sein.

DELIKATES BEIM PROZESS GEGEN BONIFATIUS

Ähnliche Bemerkungen machte Bonifatius während seiner Zeit als Kardinal auch einem französischen Arzt gegenüber. Vor Gericht wurde ausgesagt, Bonifatius habe dem Arzt gesagt, es gebe nur ein Leben, und Sodomie sei im Grunde eine läßliche Sünde.

Auf besonders familiärem Fuß stand Bonifatius mit der Familie von Giacomo de Pisis, der sein Liebhaber gewesen war. Ein Mönch des Klosters San Gregio in Rom sagte aus, er habe gesehen, wie Bonifatius Giacomos Sohn Giacanello zwischen den Schenkeln hielt, und es sei allgemein bekannt, daß er den Sohn mißbraucht habe, genau wie davor den Vater. Ein anderes Familienmitglied der Pisis gab zu Protokoll, er habe den Papst mit Giacomos Frau, der Signora Cola, im Bett gesehen. Die zwei pflegten miteinander zu würfeln. Mit Giacomos Tochter Gartamicia schlief Bonifatius ebenfalls.

Giacomo de Pisis schien es nichts auszumachen, daß seine ganze Familie auf diese Weise mißbraucht wurde, allerdings war er eifersüchtig auf die weiteren Geliebten des Papstes. Einmal kam es zum Streit zwischen Giacomo und einem anderen von Bonifatius' Freunden, einem gewissen Guglielmo de Santa Floria.

„Du bist Papst Bonifatius' Hure", kreischte Giacomo.

„Nein, du bist seine Hure", erwiderte Guglielmo.

„Du warst vor mir seine Hure, denn zu der Zeit, als er noch Kardinal war, traf ich dich in seiner Kammer an, wie du es ihm besorgt hast", sagte Giacomo.

„Wenn ich seine frühere Hure war, dann bist du seine einzige Hure", parierte Guglielmo, „denn alles, was du besitzt, hat er dir gegeben, weil du seine Hure bist."

Ein Ritter aus Lucca bezeugte, daß Bonifatius etwa um 1300 einem Ritter aus Bologna gesagt habe, es gebe nur dieses eine Leben und es sei keine Sünde für einen Mann, zu tun, was ihm gefiel, besonders wenn dies bedeute, mit einer Frau zu verkehren. Weiterhin berichtete der Ritter, Bonifatius habe behauptet, mit einer Frau oder einem Knaben zusammen zu sein, sei genausowenig eine Sünde wie die Hände aneinander zu reiben. Dieses Gespräch, sagte der Ritter, habe sich in einem Schlafzimmer des Lateranpalastes und im Beisein der Gesandten von Lucca, Florenz und Bologna zugetragen. Der Ritter erzählte dem Gericht, er habe Bonifatius' Erklärung so verstanden, daß „jeder versuchen sollte, sein Leben so gut es geht zu genießen".

Bonifatius wurde ebenfalls vorgeworfen, in der Fastenzeit Fleisch gegessen zu haben. Nicht kritisiert wurde er jedoch für seine Liebe zu Wein, Seide, Perlen und Gold. Er soll auch verkündet haben, die Eucharistie sei nichts weiter als „Mehl und Wasser".

Bonifatius wohnte dem Prozeß zu keinem Zeitpunkt bei und konnte auch nicht zur Rechenschaft gezogen werden. Am Ende wurde er wahnsinnig und beging Selbstmord. Doch das genügte Philipp nicht. Er ließ Bonifatius' Leichnam von Papst Klemens V. (1305–1314) exhumieren und als Ketzer verbrennen.

X

INTERMEZZO IN AVIGNON

Klemens V. (1305–1314) war eine Marionette des französischen Königs Philipp IV. Er tat so ziemlich alles, was Philipp von ihm verlangte. Er war der erste Papst, der Italien verließ, und für das folgende knappe Jahrhundert wurde der Heilige Stuhl ins französische Avignon versetzt.

Berühmt wurde Klemens vor allem durch die Zerschlagung des Templerordens, der während der Kreuzzüge 1119 zum Schutz der Jerusalempilger gegründet worden war. Es war Philipps Idee, die Templer zu beseitigen. Er neidete ihnen ihren Reichtum und beabsichtigte, sich ihre Ländereien in Frankreich anzueignen. Er drohte mit der Wiederaufnahme des peinlichen Verfahrens gegen Bonifatius VIII., sollte Klemens sich nicht fügen.

Die Templer wurden 1307 festgenommen, und Klemens klagte sie häretischen Gedankenguts, blasphemischer Rituale und unsittlicher Bräuche an. Ihre unter der Folter erpreßten Geständnisse spiegeln eher die verdrehten Vorurteile der Inquisitoren als Tatsachen wider.

Es hieß, daß ein Novize den aufnehmenden Ordensbruder auf Mund, Anus und die *virga virilis* (die „Mannesrute") küssen mußte, um dem Orden beitreten zu können, und man erzählte sich, die Templer hätten die Erlaubnis, miteinander Sodomie zu treiben. Diese Aussage stammte unter anderem von einem Mann, der angab, den Orden verlassen zu haben, als er sich in eine Frau verliebte.

Einige Templer beteuerten, da liege ein Mißverständnis vor. Mitgliedern sei lediglich erlaubt worden, zu zweit oder dritt in einem Bett zu nächtigen, falls es einmal an ausreichenden Schlafgelegenheiten mangeln sollte. Andere berichteten, man habe ihnen gesagt, sollten sie sich im Verlauf der Aufnahmezeremonie von „natürlicher Hitze erregt" fühlen, dann könnten sie „jeden der Brüder zu ihrer Erleichterung ansprechen und sollten wiederum ihre Brüder erleichtern, wenn sie unter den gleichen Umständen derart angesprochen würden".

DIE AUSROTTUNG DER TEMPLER

Ein Ritter bestritt die Beschuldigungen, zwischen den Templern sei es zu homosexuellen Handlungen gekommen, „weil sie jede hübsche und elegante Frau haben konnten, nach denen es sie gelüstete, und sie auch häufig nahmen, wenn sie nur reich und mächtig genug waren, um es sich leisten zu können".

„Aus diesem Grunde", gestand er, „wurden andere Ordensbrüder aus ihren Häusern entfernt."

Andere Zeugen behaupteten, die Templer deflorierten Jungfrauen, und wenn aus einer solchen Vereinigung ein Kind entstand, dann „brieten sie es und bereiteten aus seinem Fett eine Salbe und salbten damit ihren Götzen". Ihr Götze war die Statue des Baphomet, der einen Ziegenkopf, die Brüste einer Frau und einen erigierten Penis besaß.

So unwahrscheinlich und widersprüchlich diese Zeugenaussagen auch klingen mögen, Klemens ließ die Templer auf dem Scheiterhaufen brennen, und Philipp kassierte das Vermögen des Ordens ein.

Klemens V. hatte durchaus seine Kritiker. Man beschrieb ihn als einen Mann, der „in aller Öffentlichkeit Unzucht trieb und seine Mätresse aushielt, die Gräfin Perigord, eine äußerst schöne Dame und Tochter des Grafen Foix". Wer den päpstlichen Segen suchte, mußte seine Bittschriften auf den „seidigen, weißen Busen" der Gräfin Perigord ablegen.

Es hieß, Klemens sei „ein Hurenbock und Schutzherr von Huren, der den Heiligen Stuhl nach Avignon verlegte, damit er ungestörter seiner Lasterhaftigkeit frönen könne". Es ist richtig, daß die „Damen des päpstlichen Hofes" in Avignon eine zunehmend wichtige Rolle in päpstlichen Angelegenheiten spielten.

NEUE ABGABENWILLKÜR

Die Unterhaltung des päpstlichen Palastes in Avignon durch Papst Klemens sowie die jährlichen Kosten, die für Lebensmittel und Wein des päpstlichen Hofs anfielen, erreichten für die damalige Zeit astronomische Höhen. Das Geld zur Deckung dieser Ausgaben erhielt er durch Besteuerung des Klerus. Wenn einem Priester eine Pfründe gegeben wurde, mußte er die daraus erzielten Einkünfte des ersten Jahres komplett an Klemens abführen.

Er beseitigte auch den alten Brauch, der es dem Volk erlaubte, die Habseligkeiten eines verstorbenen Bischofs zu plündern. Der Heilige Stuhl sei als Stellvertreter des Volkes zu verstehen, argumentierte er, also fiele das Eigentum eines Bischofs selbstverständlich an den Papst zurück.

Zudem faßte er die Definition der Blutschande sehr viel weiter. Paare durften nicht heiraten, wenn sie bis zum vierten Grad miteinander verwandt waren – das hatte zur Konsequenz, daß der Tatbestand der Inzucht bereits erreicht war, wenn man etwa eine Cousine dritten Grades ehelichte. Dadurch mußten zunehmend mehr Paare beim Papst eine Dispens erbitten, wenn sie zu heiraten beabsichtigten – und natürlich gut dafür bezahlen. Die Feststellung eines solchen Verwandtschaftsgrades in einer bestehenden Ehe eröffnete einem Paar die Möglichkeit, sich scheiden zu lassen, selbstverständlich immer vorausgesetzt, es stellte beim Papst einen entsprechenden Antrag und zahlte willig.

Das weckte natürlich Widerspruch. In Novara entwickelten Dulcinus und Margaret ein Glaubensbekenntnis, das, dem päpstlichen Geschichtsschreiber Platina zufolge, „Männern und Frauen erlaubte, zusammenzuleben und alle unreinen Handlungen auszuüben". Klemens erklärte dies umgehend zur Häresie und schickte eine Armee in die Alpen, wo sich die Gruppe versteckt hielt. Dulcinus und Margaret wurden gefaßt und geviertelt, ihre Knochen verbrannt und in alle vier Winde zerstreut.

Als bekennender Nepotist ernannte Klemens nicht weniger als fünf Verwandte zu Kardinälen. Er starb in Florenz durch die Hand eines Mönchs, der bei der Messe heimlich Gift in seinen Kelch tat.

Auf Klemens folgte Johannes XXII. (1316–1334). Kurz nach seiner Krönung im Jahre 1328 erklärte Kaiser Ludwig IV., der Bayer, den Papst für abgesetzt, doch Johannes setzte unverdrossen sein Pontifikat in Avignon fort.

Johannes war einer der Avignon-Päpste, die Klerikerkollegen exkommunizierten, weil sie keine Steuern zahlten. Daneben verfügte er über eine gute Einnahmequelle durch den Verkauf von Ablässen. Besonders schwunghaft lief der Handel in den Abteilungen Inzest und Sodomie. Offensichtlich hatte er auch keine Probleme mit der Absolution eigener Sünden, da er einen seiner Söhne zum Kardinal machte.

Des weiteren verfiel Johannes auf die brillante Idee, das *cullagium* neu zu definieren, die jährliche Sexsteuer, die Geistliche zu entrichten hatten, wenn sie sich eine Konkubine halten wollten. Auch zölibatär lebende Kleriker mußten nun zahlen, weil es ja durchaus möglich war, daß sie das Glück hatten, sich eine Frau zu angeln, ehe das fiskalische Jahr um war.

Etwa zur selben Zeit verlangte der spanische Laienstand von seinen Priestern, daß sie sich eine Ehefrau suchten, bevor sie eine neue Gemeinde übernahmen.

PROZESS GEGEN EINE PÄPSTLICHE STROHPUPPE

Als Kaiser Ludwig IV. im Jahre 1328 Papst Johannes XXII. absetzte, wartete bereits Nikolaus V. (1328–1330) in den Kulissen. Als junger Mann war er mit Giovanna Mattei verheiratet und hatte nach fünfjähriger Ehe seine Frau und seine drei Kinder verlassen, um sich den Minoriten anzuschließen. Seine Anhänger stellten ihn als frommen Asketen dar, während seine Kritiker ihn als Heuchler von zweifelhaftem Ruf charakterisierten. Er war „berühmt für seine Liebe zum Alkohol". Seine Sünde, die Ehe eingegangen zu sein, brachte Kaiser Ludwig in Ordnung, indem er Giovanna Mattei eine Abfindung zahlte. Nikolaus V. residierte in Pisa, während Johannes XXII. seinen Sitz in Avignon hatte.

Als Gegenpapst hatte Nikolaus keine große Anhängerschaft und nutzte seine Zeit, durch die Ausplünderung von Kirchen ein Vermögen zusammenzuraffen. Es war seinem Ansehen zudem alles andere als förderlich, daß er 1329 im Rahmen einer recht bizarren Zeremonie in der Kathedrale zu Pisa einer in päpstliche Gewänder gekleideten Strohpuppe den Prozeß machte. Die Puppe, die Johannes XXII. darstellen sollte, wurde schuldig gesprochen, ihrer geistlichen Würden beraubt und anschließend zur Bestrafung den weltlichen Behörden übergeben.

Als Ludwig ihn im Stich ließ, verließ Nikolaus Pisa und suchte die Aussöhnung mit Johannes XXII. Zwar hatte Johannes versprochen, ihn wie ein gütiger Vater aufzunehmen, falls er bereute, doch hinter seinem Rücken verfluchte er ihn: „Mögen seine Kinder Waisen sein, und seine Frau Witwe!"

Als Nikolaus schließlich in Avignon eintraf, brachte Johannes ihn überraschenderweise nicht um – nicht direkt, besser gesagt. Nikolaus wurde im päpstlichen Palast unter Hausarrest gestellt, wo er vier Jahre später starb.

Nun konnte Johannes XXII. ungehindert tun und lassen, was er wollte. Er liebte das süße Leben und überhäufte seine Verwandten oder Freunde mit Geld und hohen Ämtern. Bei einem Fest aus Anlaß der Hochzeit seiner Großnichte Jeanne de Train mit Guichard de Poitiers vertilgten die Gäste 4012 Laibe Brot, 8 Ochsen, 55 Schafe, 8 Schweine, 4 Eber, eine große Menge verschiedener Fische, 200 Kapaune, 690 Hühner, 580 Rebhühner, 270 Kaninchen, 40 Kiebitze, 37 Enten, 50 Tauben, 4 Kraniche, 2 Fasane, 2 Pfauen, 292 kleine Vögel, rund 150 Kilo Käse, 3000 Eier, 2000 Äpfel, Birnen und andere Früchte. Sie tranken elf Fässer Wein.

DER FALL DES KURATEN CLERGUE

Jacques Fournier, der später als Benedikt XII. (1334–1342) Johannes' Nachfolger wurde, startete seine Laufbahn als Inquisitor gegen die Häresie der Katharer. Tatsächlich mußte er aber vor allem im Liebesleben der Kleriker herumschnüffeln. Im Jahre 1320 begann er mit der Ermittlung gegen den Priester Pierre Clergue, den Kuraten des kleinen Dorfes Montaillou.

INTERMEZZO IN AVIGNON

Die Witwe eines gewissen Pierre Lizier berichtete der Inquisition, daß Clergue sieben Jahre zuvor während der Ernte ins Haus ihrer Mutter gekommen sei. Sie sei damals etwa vierzehn oder fünfzehn gewesen. Er habe mit ihr schlafen wollen, und sie habe eingewilligt. Er entjungferte sie im Heu in der Scheune. Danach besuchte er regelmäßig das Haus ihrer Mutter, um mit ihr zu schlafen. Dies geschah tagsüber, damit niemand mißtrauisch wurde. Schließlich kam ihre Mutter ihnen auf die Schliche, ließ sie aber gewähren. Im darauf folgenden Januar heiratete sie Pierre Lizier, und Kurat Clergue führte die Trauung durch. Den amourösen Eskapaden des Priesters tat das aber keinen Abbruch.

„Während der nächsten vier Jahre schlief der Kurat weiterhin mit mir, und zwar mit Wissen und Billigung meines Mannes", erzählte sie dem zukünftigen Papst. Ihr Gemahl warnte sie sogar davor, sich mit anderen Männern als dem Priester einzulassen, und die Affäre dauerte bis zu Monsieur Liziers Tod an.

Auf die Frage des Inquisitors Fournier, ob sie der Ansicht sei, Geschlechtsverkehr mit einem Priester mißfalle Gott, erwiderte sie, so etwas könne doch wohl keine Sünde sein, da sie es beide über alle Maßen genossen.

CLEGUE BEGEHT EINE TODSÜNDE

Aber Kurat Clergue hatte sich nicht mit einer Geliebten begnügt. Er hatte mindestens ein Dutzend, und jeder einzelnen versicherte er, sie mehr zu lieben als jede andere Frau der Welt. Eine von ihnen war eine junge Witwe namens Beatrice de Planissoles. Sie berichtete dem ehrgeizigen Inquisitor, daß der Kurat einen Schüler zu ihr geschickt habe, der sie fragte, ob sie mit dem Priester schlafen würde. Als sie zustimmte, führte der Junge sie zur Dorfkirche St. Petrus, wo der Kurat ein Bett aufgestellt hatte.

„Wie können wir so etwas in der Kirche des heiligen Petrus tun?" wollte sie vom Kuraten wissen.

„Aus Erbarmen mit Petrus", antwortete er.

Dann stiegen sie ins Bett und liebten sich. Bei Tagesanbruch begleitete er sie nach Hause.

Der Bruch des priesterlichen Gelübdes und die Entweihung einer

Kirche waren schlimm genug, allerdings verblaßten diese Sünden in den Augen des zukünftigen Papstes zur Bedeutungslosigkeit angesichts der Todsünde schlechthin: sie hatten eine Art primitives Verhütungsmittel benutzt.

Als Beatrice jammerte, eine Schwangerschaft wäre ihr Verderben, kramte Clergue einige Kräuter hervor. Normalerweise benutzte man sie, um Milch vor dem Gerinnen zu bewahren, aber er behauptete, sie würden ebenfalls eine Schwangerschaft verhindern. Er befestigte einen mit diesen Kräutern gefüllten Beutel an einer Kordel, die zwischen ihren Brüsten hing. Als er sie zum zweiten Mal liebte, führte er den Beutel in ihre Vagina ein. Jedesmal, wenn sie miteinander geschlafen hatten, nahm er den Beutel wieder an sich, damit sie nicht ohne Angst vor einer Schwangerschaft mit anderen Männern schlafen konnte. Besonders eifersüchtig machte ihn, daß sein Cousin Raymond einer von Beatrices weiteren Liebhabern war.

Clergue redete Beatrice ein, sie müsse ihre Sünden keinem anderen Priester beichten. Er überzeugte die junge Frau, Gott wisse längst, was sie treibe, und habe ihr zweifellos vergeben.

Beatrice wurde für ihre Rolle in dieser Affäre vom Inquisitor für fünfzehn Monate ins Gefängnis gesteckt. Der Priester, Pierre Clergue, wurde zum Spitzel der Inquisition, um einer Bestrafung zu entgehen, starb aber am Ende dennoch wegen anderer Vergehen im Kerker.

DAS HANDBUCH DER INQUISITION

Solche Enthüllungen müssen die Festigkeit des zukünftigen Papstes, den Verlockungen des Fleisches zu widerstehen, auf eine harte Probe gestellt haben.

Ein anderer Priester gestand der Inquisition des späteren Benedikt XII., ihm sei nach dem Verkehr mit einer gemeinen Hure das Gesicht angeschwollen, weshalb er glaubte, sich bei dieser unchristlichen Vereinigung den Aussatz zugezogen zu haben. Damals wurden Aussätzige in Toulouse verbrannt. Aus Angst schwor er sich, nie wieder Sex mit einer Frau zu haben, und begann statt dessen, sich an den ihm anvertrauten Knaben zu vergehen. Einer beschwerte sich darüber, daß der Priester jede Nacht an sein Bett gekommen sei. Wenn der Priester glaubte, der Junge schliefe, habe er sich zwischen die Beine des Knaben gedrängt, „als nehme er eine Frau". Der Priester wurde verhaftet, und wahrscheinlich erwartete ihn die *Chambre chauffée*. Der zukünftige Papst schrieb alle Fälle auf und trug sie mit sämtlichen liebevollen Details zu seinem *Handbuch der Inquisition* zusammen.

„WÖLFE SIND DIE HERREN DER KIRCHE"

Während seiner Amtszeit zog Benedikt XII. viel Kritik auf sich. Man warf ihm vor, er sei „ein neuer Nero, der Tod für den Laienstand, eine Viper für den Klerus, ein Lügner und Trinker". Der Renaissancedichter Petrarca beschrieb ihn als unfähigen und versoffenen Steuermann der Kirche. Das mag allerdings persönliche Gründe gehabt haben, denn Petrarca hatte eine ausgesprochen hübsche Schwester, die Benedikt „wie ein alter Lüstling" begehrte. Benedikt bot Petrarca die Kardinalswürde im Tausch für seine Schwester. Der Dichter blieb standhaft, doch Benedikt „kaufte sie zu seinem Zeitvertreib gegen Zahlung einer hohen Summe ihrem anderen Bruder, Gerardo, ab, woran sich zeigt, daß die Päpste zwar ehrbare Ehefrauen verabscheuten, ehrlose Huren jedoch liebten".

Andere Zeitgenossen beschrieben Benedikt als schwachen und zügellosen Mann, und laut Petrarca ist er von seinem lasterhaften Hofstaat verlacht und verachtet worden. Der Dichter beschrieb die Zustände in Avignon als „die Schande der Menschheit, ein Sammelbecken des Lasters, eine Kloake, in der sich aller Schmutz der Welt sammelt. Dort wird Gott verachtet, Geld allein wird angebetet, und die Gesetze von Gott und Menschen werden mit Füßen getreten. Alles dort atmet Lüge: Die Luft, die Erde, die Häuser und vor allem die Schlafzimmer".

Petrarca nannte die Periode in Avignon „die Babylonische Gefangenschaft des Papsttums" und malte ein Bild extremer Korruption und hemmungsloser Ausschweifungen. Avignon war für ihn „die Festung der Qual, die Heimat des Zorns, ein Sammelbecken des Lasters, die Kloake der Welt, die Schule des Irrtums, der Tempel der Häresie, einst Rom, jetzt das falsche und von Schuld zerfressene Babylon, die Schmiede von Lügen, der schreckliche Kerker, die Heimstatt des Dung".

Und der Dichter Alvaro Pelago klagte: „Wölfe sind die Herren der Kirche geworden."

Und es kam noch schlimmer. Der nächste Avignoneser Papst, Klemens VI. (1342–1352), verkündete: „Keiner meiner Vorgänger wußte, wie ein Papst zu sein hat." Seine Formel war simpel: Genieße den Reichtum und die Stellung, die das Pontifikat verleiht, und sei nachsichtig mit den Mächtigen. „Wenn der König von England seinen Esel zum Bischof ernannt haben will", witzelte er, „braucht er nur zu fragen."

Kurz darauf tauchte bei einem Konsistorium ein Esel mit einem Schild um den Hals auf: „Bitte, mach mich auch zum Bischof." Klemens fand das urkomisch, und er mußte lauthals lachen, als er ein Geschenk mit der Zeile „Vom Teufel für seinen Bruder Klemens" erhielt.

WEIN, WEIB GESANG UND PRIESTER

Klemens VI. warf mit Geld nur so um sich und gab selbst dem unersättlichsten Bittsteller mehr, als dieser zu erhoffen gewagt hätte. Mit der Nonchalance eines *grand seigneur* gesegnet, war er allen und jedem gegenüber großzügig und überhäufte Familie und Freunde mit Geld, Geschenken und hohen Ämtern. Manche Kardinäle verbuchten Hunderte der reichsten Pfründen. Sie umgaben sich mit den schönsten „Hofdamen" oder, wenn sie anders gestrickt waren, mit den hübschesten Pagen. Bacchus und Venus, hieß es, wurden in Avignon mehr geehrt als Jesus Christus.

Auch Klemens' prächtiges Gefolge soll eher an das eines weltlichen Fürsten erinnert haben. Er war ganz allgemein ein großer Bewunderer der Schönheit, besonders aber schöner Frauen. Sein luxuriöser Hof galt als „Heimat von Wein, Weib, Gesang und Priestern, die herumtollten, als bestünde ihre Herrlichkeit nicht in Christus, sondern in Gelagen und Unkeuschheit", berichtete Petrarca. Er lästerte, daß die Pferde des Papstes mit goldenen Hufeisen beschlagen seien, tatsächlich aber war nur das Zaumzeug der Pferde aus Gold.

Selbst die *Katholische Enzyklopädie* räumt ein, daß Klemens „ein Freund der Tafelfreuden und verschwenderischer Bankette [war], zu denen Damen freien Zugang hatten". Aber sie hatten nicht nur Zugang zu den Speisesälen. Klemens war bereits im Alter von zehn Jahren Ordensmann geworden und den „Frauen sehr zugetan".

„Während seiner Zeit als Erzbischof hielt er sich nicht von Frauen fern, sondern lebte in der Manier junger Adliger", schrieb ein florentinischer Historiker. „Auch als Papst erlegte er sich keinerlei Beherrschung auf. Adlige Damen hatten ebenso Zutritt zu seinen Privatgemächern wie Prälaten, und neben anderen war die Gräfin von Turenne so intim mit ihm, daß er seine Gunst zum großen Teil über sie gewährte."

Petrarca beschrieb Klemens VI. als „einen kirchlichen Dionysos voller obszöner und infamer Listen", und er stellte fest, daß Avignon zu Klemens' Zeit „in einer Flut der obszönsten Freuden, von einem unglaublichen Sturm an Orgien mitgerissen wurde, dem entsetzlichsten und beispiellosesten Schiffbruch der Keuschheit".

DAS GROSSE FRESSEN

Die Prostituierten waren so zahlreich, daß Klemens ihnen eine Steuer auferlegte. Der Historiker Joseph McCabe stöberte gar eine Urkunde auf, aus der hervorgeht, daß päpstliche Beamte „ein schönes, neues, ansehnliches Bordell" von der Witwe eines Arztes kauften. Die Urkunde verzeichnet fromm, der Ankauf sei „im Namen Unseres Herrn Jesus Christus" erfolgt.

Das Pontifikat Klemens' VI. markierte den Beginn einer Zeit der hemmungslosen päpstlichen Verschwendungssucht. Er kaufte vierzig verschiedene Sorten Goldbrokat aus Syrien, Seide aus der Toskana und feines Leinen aus Reims, Paris oder Flandern. Pelze galten als Luxus und waren Rittern, Edelknaben, Knappen, Kammerherren und Hofdamen vorbehalten. Trotzdem verbrauchte Klemens VI. 1220 Hermelinfelle – 68 für eine Kapuze, 430 für ein Cape, 310 für einen Umhang, 150 für zwei weitere Kapuzen, 64 für noch eine Kapuze, 30 für einen Hut, 80 für eine große Kapuze und 88 für Birette oder päpstliche Capes.

Der Augenzeugenbericht von einem Empfang, den Kardinal Annibale für Klemens VI. im Jahre 1343 am Stadtrand von Avignon ausrichtete, vermittelt eine gewisse Vorstellung von den Dimensionen des Aufwands, der damals betrieben wurde.

„Der Papst wurde in einen Raum geführt, der von der Decke bis zum Boden mit prächtigen Wandteppichen verkleidet war. Der Boden selbst war mit einem samtenen Teppich ausgelegt. Das Prunkbett wies feinsten purpurnen Samt auf, gesäumt von weißem Hermelin, behangen und bedeckt mit Goldbrokat und Seide. Vier Ritter und zwölf Knappen des päpstlichen Hofs bedienten bei Tisch; die Ritter erhielten vom Gastgeber je einen prächtigen Silbergürtel und eine Börse im Wert von 25 Goldflorin; die Knappen einen Gurt und eine Börse im Wert von 12 Florin. Fünfzig Knappen aus dem Gefolge von Kardinal Annibale warteten den päpstlichen Rittern und Knappen auf. Das Mahl umfaßte neun Gänge, von denen wiederum jeder aus drei Gerichten bestand, das macht insgesamt siebenundzwanzig verschiedene Gerichte. Wir sahen, wie unter anderem ein riesiger Hirsch, ein Eber, Zicklein, Hase und Kaninchen serviert wurden. Am Ende des vierten Ganges machte der Kardinal dem Papst ein weißes Roß im Wert von 400 Florin zum Geschenk, außerdem zwei Ringe im Wert von 150 Florin, der eine mit einem riesigen Saphir und der andere mit einem gleichermaßen gewaltigen Topas, und schließlich noch einen *nappo* im Wert von 100 Florin. Jedweder der sechzehn Kardinäle erhielt einen mit Edelsteinen besetzten Ring, und desgleichen auch die zwanzig Prälaten und die adligen Laien. Die zwölf jungen Angestellten des päpstlichen Hofs bekamen jeder einen Gürtel und eine Börse im Wert von 25 Goldflorin, und die vierundzwanzig Sergeanten einen Gürtel im Wert von drei Florin. Nach dem fünften Gang trug man einen Springbrunnen umgeben von einem Baum und einer Säule herein, aus dem fünf verschiedene Sorten Wein flossen. Auf dem Rand des Brunnens waren Pfauen, Fasane, Rebhühner, Kraniche und andere Vögel angerichtet. In der Pause zwischen dem siebten und achten Gang fand im Festsaal selbst ein Turnier statt. Ein Konzert bildete den Abschluß für den Hauptteil des Festmahles. Zum Dessert wurden zwei Bäume hereingetragen. Der eine schien aus Silber gemacht und trug Äpfel, Birnen, Feigen, Pfirsiche und goldene Trauben; der andere war ein Lorbeerbaum geschmückt mit kandierten Früchten in vielen verschiedenen Farben.

Die Weine kamen aus der Provence, La Rochelle, Beaune, St. Pourçain und vom Rhein. Nach dem Dessert führte der Chefkoch mit seinen dreißig Gehilfen einen Tanz auf. Nachdem sich der Papst in seine Gemächer zurückgezogen hatte, wurden uns Weine und Gewürze vorgesetzt."

Der Tag klang aus mit Gesang, Tanz, Turnieren und einer pikanten Farce, die der Papst und die Kardinäle anscheinend äußerst unterhaltsam fanden. Laut Petrarca folgte darauf die unvermeidliche Orgie.

Klemens kaufte die komplette Stadt Avignon für 80 000 Golddukaten und errichtete dort einen neuen Palast, das Palais Neuf. Man sagte, es sei der „feinste und stärkste Bau der Welt" gewesen, geschmückt mit den edelsten Wandteppichen und Seiden. Die Fresken in Klemens' Schlafgemach, die Nymphen und Satyrn beim Spiel darstellen, sind noch heute zu sehen.

ZUR AUDIENZ BEIM PAPST

Ein großer Teil des Palastes wurde der Inquisition überlassen. Klemens war äußerst zimperlich, was die Dinge betraf, die dort geschahen, und besuchte nur selten die *Salle de Torture*. Sein eigener Lieblingsplatz war ein kleines Turmzimmer mit einem Doppeldiwan. Dort verbrachte er glückliche Stunden, in denen sein edles Haupt auf dem Schoß der unvergleichlichen Cecile, Gräfin von Turenne, ruhte.

Allerdings war sie nicht die einzige, die er dort empfing. Zwischen hermelingesäumten Laken amüsierte sich Klemens nackt mit seinen zahlreichen Mätressen, während die ebenfalls nackten Opfer der Inquisition wegen so geringfügiger Verbrechen wie dem Verzehr von Fleisch während der Fastenzeit in den Verliesen unter ihm zu Tode gefoltert wurden.

Allabendlich nach der Vesper hielt Klemens VI. eine ausschließlich Frauen vorbehaltene Audienz ab. Einer seiner Kritiker stand vor den Türen des Palastes und zählte die Frauen, wenn sie hinein- und wenn sie wieder herausgingen. Es dauerte nicht lange, bis ihm auffiel, daß weniger heraus- als hineinkamen, woraus er die naheliegenden Schlüsse zog.

So war es auch nur ein kurzes, bis Gerüchte kursierten, daß der Papst Frauen über Nacht in seine Gemächer einlud. Der Klatsch kam auch dem Beichtvater des Papstes zu Ohren, der Klemens daraufhin eindringlich ermahnte, er müsse diese Unsitte unbedingt aufgeben und keusch leben. Klemens entgegnete, er sei es von Jugend an gewöhnt, mit Frauen zu schlafen, und fahre jetzt nur auf Anraten seiner Ärzte damit fort.

Diese Antwort konnte die Kardinäle nicht zufriedenstellen, und am päpstlichen Hof begann sich Opposition zu regen. Eines Tages erschien Klemens zu einer Audienz mit einem kleinen schwarzen Buch in der Hand. Er hatte darin die Namen seiner Vorgänger auf dem Stuhl Petri notiert und erläuterte, daß jene, die ein sinnenfrohes und unkeusches Leben geführt hatten, bessere Hirten der Kirche gewesen waren als die Asketen. Er war gewiß alles andere als diskret in seinen amourösen Aktivitäten oder „Generalabsolutions-Sitzungen", wie er es nannte. Doch immerhin war er so großmütig, alle seine Kinder anzuerkennen.

DER SCHWARZE TOD

Über sein Verhalten, als 1348 der Schwarze Tod ein Gastspiel in Avignon gab, existieren unterschiedliche Darstellungen. Zwischen dem 25. Januar und 27. April starben 62 000 Menschen; an einem einzigen Tag waren es 1312. Mehr als 7000 Häuser wurden zugenagelt. Als ein Karmeliterkloster aufgebrochen wurde, fand man alle 166 Mönche tot.

Das erste Symptom war Blutspucken, dann starb das Opfer für gewöhnlich innerhalb von drei Tagen. „Man steckt sich durch die Berührung der Kranken an, aber man muß sie nicht einmal berühren", schrieb Boccaccio. „Die Gefahr ist die gleiche, ob man sich in Hörweite zu ihnen begibt oder auch nur einen Blick auf sie wirft."

Ein anderer Zeitgenosse berichtete: „Die Menschen starben ohne Diener und wurden ohne Priester begraben. Weder besuchte der Vater seinen Sohn, noch der Sohn den Vater. Nächstenliebe und Barmherzigkeit waren tot und alle Hoffnung dahin."

Manche sagen, Klemens habe großen Mut bewiesen und die Juden verteidigt, als ihnen die Schuld an der Seuche zugeschoben wurde. Andere dagegen behaupten, er habe sich in seinem Palais Neuf verbarrikadiert und mit großen Feuern umgeben. Falls letzteres zutrifft, rettete es ihm das Leben, denn Dreiviertel der Einwohner Avignons verloren ihr Leben an den Schwarzen Tod.

INTERMEZZO IN AVIGNON

Im Jahre 1350 erließ Klemens eine Generalabsolution sämtlicher Sünden für alle Rompilger – der tiefere Beweggrund dafür mag der Gedanke an seine eigenen zahllosen Sünden gewesen sein. Einig ist man sich heute darin, daß die von Zeitgenossen gegen ihn erhobenen Vorwürfe bezüglich seiner sexuellen Unmoral sich nicht wegdisputieren lassen. Vor allem Petrarca schrieb dem Papst äußerst lüsterne Bemerkungen zu, die keinen Zweifel an seinen verbotenen Liebesaffären lassen und sich zu einem moralischen Armutszeugnis für Klemens VI. summieren. „Ich spreche von Dingen, die selbst beobachtet und nicht nur gehört wurden", so der Dichter.

EIN FINGERZEIG GOTTES

In Klemens' wüstem Lebensstil und den „Huren des neuen Babylon" sah man ebenfalls eine mögliche Ursache der Seuche. Indem er „die Unzucht seiner Priester zuließ und den Besitz der Kirche an die Reichen verschenkte", habe Klemens ein göttliches Strafgericht heraufbeschworen. Am Tage seines Todes wurde die Peterskirche von einem Blitz getroffen, der die Glocken schmelzen ließ. Dies wurde als Fingerzeig Gottes gewertet.

Die Nachricht von Klemens' Tod wurde überall mit Freudenfesten begrüßt. Jedermann war überzeugt, daß er schnurstracks zur Hölle fahren würde. An neun aufeinanderfolgenden Tagen lasen fünfzig Priester für ihn das Seelenamt, doch man war einhellig der Meinung, daß nicht einmal das ihn retten konnte.

Die einzige Möglichkeit, auf den Pfad der Tugend zurückzufinden, sahen viele in der Rückkehr des Heiligen Stuhls nach Rom. 1367 unternahm Urban V. (1362–1370) diesen Versuch. Bei seinem Aufbruch schrie die Menge: „Böser Papst … gottloser Vater, wohin führst du deine Kinder?" Er fand Rom in Ruinen vor. Im Lateranpalast hatten sich Fledermäuse und Eulen eingenistet. Drei Jahre später kehrte er nach Avignon zurück.

1376 kam die Nonne Katharina von Siena zu Gregor XI. (1370–1378), um ihn zu bitten, Avignon zu verlassen und nach Rom zurückzukehren. Sie hielt Avignon für eine Kloake der Korruption. „Der Gestank der Kurie, Euer Heiligkeit, hat schon seit langem meine Stadt erreicht", sagte sie. „Am päpstlichen Hof, der eigentlich ein

Paradies der Tugendhaftigkeit sein sollte, stieg mir der Geruch der Hölle in die Nase."

Den Papst beeindruckte ihre religiöse Verzückung bei der Kommunion, aber die Kardinäle befürchteten, daß sie unter ihrem Einfluß womöglich gezwungen sein würden, ihre Salons zu schließen, in denen hinreißende junge Männer verkehrten, Söhne von Herzögen und Fürsten, die nach kirchlichen Ämtern und Würden strebten. Im Verlauf der Messe begannen die Prälaten sie zu kneifen und zu knuffen, um zu prüfen, ob die Trance der Nonne echt war. Eine Frau stach eine Nadel in Katharinas Fuß, die daraufhin tagelang humpelte. Aber nichts konnte Gregors positiven Eindruck erschüttern.

ALLE WEGE FÜHREN NACH ROM

Schließlich erhörte er Katharinas Bitte. Er brach 1377 seine Zelte ab, machte sich auf den Rückweg nach Italien und ließ sechs Kardinäle zurück, die nicht bereit waren, auf ihre luxuriösen Residenzen, den guten Burgunderwein und die bezaubernden provençalischen Frauen zu verzichten.

Als Gregor seinen Palast in Avignon verließ, zerriß seine Mutter ihr Gewand, um ihm die Brüste zu zeigen, die ihn gestillt hatten, und flehte ihn an, nicht nach Rom zurückzukehren. Sie war überzeugt, daß er dort getötet werden würde. Sie lag gar nicht so falsch damit. Dank des Kriegers Robert von Genf, des späteren Papst Klemens VII. (1378–1394), war Italien damals Schauplatz eines Blutbades. Gregor zog sich nach Anagni zurück, wo er an Erschöpfung starb. Der Papst war seit weniger als einem Jahr wieder in Italien gewesen.

Daraus ergab sich ein neues Problem. Da sich der Heilige Stuhl nun mehr oder weniger wieder in Rom befand, verlangten die Römer natürlich auch einen römischen Papst. Das Kardinalskollegium war jedoch überwiegend mit Franzosen besetzt. Das Beste, was das Konklave zu bieten hatte, war der Neapolitaner Bartolomeo Prignano, der Erzbischof von Bari. Zumindest war er Italiener. Um den römischen Mob hinzuhalten, bis Prignano in der Stadt eintreffen konnte, zogen die Kardinäle dem senilen, achtzigjährigen Römer Kardinal Tibaldeschi die päpstlichen Roben an und präsentierten ihn der Menge. Bartolomeo Prignano, der als Urban VI. (1378–1389) den

Apostolischen Stuhl bestieg, war ein übellauniger Trinker. Bei seinem Krönungsbankett trank er, so der Kardinal der Bretagne, achtmal mehr als jedes andere Mitglied des heiligen Kollegiums, beschimpfte Kardinal Orsini in übler Weise und mußte von mehreren Männern daran gehindert werden, den Kardinal von Limoges zu verprügeln. Also versuchten die Kardinäle, ihn schnellstens wieder loszuwerden.

Das rebellische Kollegium erhielt Rückendeckung durch den exkommunizierten König Karl von Neapel, der Urban VI. in seiner Festung Nocera bei Pompeji belagerte. Nach der Rettung durch die Genueser nahm Urban fünf der aufständischen Kardinäle gefangen und ließ sie zu Tode foltern, während er volltrunken herumtorkelte und betete.

DER BEGINN DES ABENDLÄNDISCHEN SCHISMAS

Urban, in den stinkenden Gassen des Armenviertels von Neapel geboren, hegte besonderen Widerwillen gegen die saft- und kraftlosen französischen Kardinäle. Um seinem Zorn zu entgehen, flüchteten diese sich nach Anagni und verkündeten dort, Urban VI. sei gar nicht Papst. Sie behaupteten, ihn nur aus Angst vor dem römischen Pöbel gewählt zu haben, und ernannten nun einen anderen Papst, nämlich Robert von Genf, der im Ruf stand, daß er einen Mann mit einer Pike köpfen konnte. 1375 hatte er an der Spitze von 6000 Mann Kavallerie und 4000 Mann Infanterie Bologna und Florenz unterworfen. Seine Brutalität war berüchtigt. Allein in Cesena massakrierte er 4500 Menschen. Robert wurde Klemens VII., und plötzlich gab es zwei Päpste in der Christenheit. Damit nahm das Große Abendländische Schisma seinen Anfang.

Gegenpapst Klemens VII. kehrte nach Avignon zurück, wo er sich nahtlos in die Tradition seiner dortigen Vorgänger einfügte. Klemens war sechsunddreißig, als er Papst wurde, und „fleischlichen Freuden sehr zugetan". Allerdings war er ein Familienmensch. Es heißt, er habe seine Günstlinge und Mätressen aus dem Kreis der eigenen Verwandtschaft rekrutiert.

Klemens VII. wußte, daß er sich die Unterstützung weltlicher Fürsten sichern mußte, wenn er das Pontifikat behalten wollte. Ungeniert erklärte er drei der unehelichen Kinder des Schottenkönigs James V. für ehelich, damit sie in den Kirchendienst treten konnten und versorgt waren. Klemens kroch auch vor Karl VI. von Frankreich, der sich anbot, ihn nach Rom zu eskortieren, doch die Expedition wurde verschoben, als König Ladislaus von Sizilien den Anspruch von Urban VI. unterstützte. Da Karl VI. im Verlauf eines Feldzugs gegen den Herzog der Bretagne verwundet wurde, verlor er vorübergehend den Verstand und mußte eingesperrt werden. Nachdem er seine geistige Gesundheit schließlich teilweise wiedererlangt hatte, kehrte er zu den Freuden seines lasterhaften Hofs zurück, aber schon bald wurde offensichtlich, daß periodisch bei ihm mentale Probleme auftraten. Er und seine Königin, Isabeau von Bayern, konnten unmöglich zusammenbleiben. Sollte er gefährlich werden und sie in einem Anfall geistiger Umnachtung ermorden, konnte das zu einem Krieg mit dem deutschen Reich führen. Man fand ein junges Mädchen namens Odette de Champdivers, die dem König Gesellschaft leistete. Als Gegenleistung erhielt sie zwei Landgüter bei Créteil und Bagnolet. Sie erfüllte getreu ihre Pflichten und wurde als „die kleine Königin" bekannt. Sie schenkte dem König eine Tochter, Marguerite. Unterdessen tröstete sich Isabeau diskret mit Herzog Louis von Orleans.

DIE KIRCHE MACHT ALLES ZU GELD, SELBST DIE VORHAUT CHRISTI

Im Oktober 1389 starb Urban VI. Er hatte mittlerweile sechsundzwanzig neue Kardinäle ernannt, die einen aus ihren Reihen zu Bonifatius IX. (1389–1404) wählten. Der neue Papst war ein Mörder, der durch Simonie die leeren päpstlichen Kassen füllte. Außerdem betrieb er Ablaßhandel und erhob Gebühren für die Kanonisierung Heiliger oder die Ausstellung von Echtheitsurkunden für neuentdeckte Reliquien, wie zum Beispiel die Vorhaut Christi. Es heißt, er habe einen Dukaten für jedes Dokument berechnet, das er als Papst unterzeichnete – ausgenommen für die Exkommunikation seines Rivalen, des Gegenpapsts Klemens VII. in Avignon. Der Großteil des Geldes wanderte zu seinen Brüdern, seinen „Neffen" und seiner Mutter.

Klemens' Nachfolger in Avignon war Benedikt XIII. (1394–1423). 1396 erteilte er eine Dispens an den neunundzwanzigjährigen Richard II. von England, damit dieser Isabella, die siebenjährige Tochter des Königs von Frankreich, heiraten konnte. Bei der Hochzeitsfeier wurde die winzige Braut in einer seidenen Sänfte hereingetragen. Es existiert ein rührender Bericht über ihren letzten Abschied im Jahre 1399. Der König bedeckte seine inzwischen zehnjährige Braut mit mehr als vierzig Küssen. Richard wurde im gleichen Jahr getötet, wahrscheinlich ermordet. Mit fünfzehn wandte sich Isabella an den Papst in Rom, Innozenz VII. (1404–1406), um eine Dispens zu erhalten, damit sie Charles d'Orleans heiraten konnte. Der Bräutigam, ein Graf, war erst dreizehn. Zur gleichen Zeit wandte sich Herzog Louis von Orleans an Benedikt in Avignon, weil er eine Dispens für seine Tochter erreichen wollte, den französischen Thronfolger zu heiraten. Sie war ganze vier Monate alt. Die Erteilung päpstlicher Dispense sicherte sowohl Innozenz wie Benedikt politischen Einfluß.

EINSAME SPITZE: DREI PÄPSTE REGIEREN GLEICHZEITIG

In Rom wurde Innozenz durch Gregor XII. (1406–1415) abgelöst, der berühmt-berüchtigt war für seine zahllosen „Neffen". Er wurde unter der Bedingung gewählt, das Schisma zu beenden, indem er sofort nach der Wahl zurücktrat. Doch erst einmal im Amt, brach er sein Versprechen. Bis auf drei sagten sich seine gesamten Kardinäle von ihm los und trafen sich 1409 mit einigen von Benedikts Kardinälen zu einem Konzil in Pisa.

Das Konzil erließ ein Dekret, in dem sowohl Benedikt XIII. in Avignon als auch Gregor XII. in Rom für abgesetzt erklärt wurden. Sie wählten einen dritten Papst, Alexander V. (1409–1410). Er war ein berühmter Vielfraß, der den halben Tag mit essen verbrachte. In seinem Palast gab es vierhundert livrierte Dienstboten, ausnahmslos Frauen. Er war bei der Verteilung von Pfründen recht großzügig und ritt in vollem päpstlichen Ornat bescheiden auf dem Rücken eines weißen Esels durch die Straßen von Pisa.

Als sei es nicht schon verwirrend genug gewesen, zwei Päpste zu haben, gab es jetzt deren drei, und spitze Zungen schlugen ein neues Glaubensbekenntnis vor: „Ich glaube an die drei heiligen katholischen Kirchen." Die drei Päpste exkommunizierten sich natürlich prompt gegenseitig. Jeder hatte seinen eigenen päpstlichen Hof, ernannte seine eigenen Kardinäle und Kleriker, veröffentlichte eigene Bullen und verkaufte eigene Ablässe. Jeder behauptete, die anderen beiden Päpste seien falsch und heuerten Spione, Meuchelmörder und Söldner an, um mittels Betrug, Bestechung, Verrat oder Mord die anderen zu stürzen.

XI

KALAMITÄTEN IN KONSTANZ

Gegenpapst Johannes XXIII. (1410–1415) begann seine Karriere als gemeiner Pirat und Söldner. Der gebürtige Neapolitaner Baldassare Cossa stammte aus einer verarmten Adelsfamilie von Ischia. Er gab dem Geschick seiner Familie eine neue Wendung, als er während des Krieges zwischen Ludwig II. von Anjou und Ladislaus von Sizilien, der inzwischen König von Neapel geworden war, zur See ging und so begütert zurückkehrte, daß er sich von Ladislaus die Begnadigung erkaufen konnte.

Dann nahm er, wie alle ordentlichen Gauner, das Studium der Jurisprudenz auf. Er studierte in Bologna, wo er sich als Vielfraß und Wüstling bald einen Namen machte. Nach seinem Abschluß ernannte ihn der römische Papst Bonifatius IX. (1389–1404) zum päpstlichen Schatzmeister. Als habgieriger, ehrgeiziger Mann half er dem Papst bei zahlreichen dubiosen, aber sehr profitablen Plänen, unter anderem dem Verkauf päpstlicher Ämter an den Meistbietenden. Cossa war später maßgeblich daran beteiligt, die Wahl des Pisaner Papstes Alexander V. einzufädeln. Im Gegenzug ernannte Alexander Cossa zum Kardinal und schickte ihn als päpstlichen Legaten zurück nach Bologna.

Kardinal Cossa, der als „schamloser Libertin" beschrieben wird, unterhielt in Bologna einen Haushalt, dem angeblich „zweihundert Hausangestellte, verheiratete Frauen und Witwen sowie zahlreiche Nonnen" angehörten. Er brüstete sich, Hunderte von Frauen verführt zu haben. Nicht wenige verheiratete Frauen, die im Palast des Kardinals zu Gast waren, wurden später von ihren Ehemännern oder Familien umgebracht, die sich für entehrt hielten.

EIN BEEINDRUCKENDER WERDEGANG

Kardinal Cossa besteuerte Prostituierte und Spielhöllen, genau wie Bäcker, Kornmüller und Weinverkäufer. Er plünderte die Adligen und preßte mit geradezu demokratischer Unparteilichkeit die Armen aus.

„Tag für Tag", hieß es, „wurde eine solche Vielzahl von Personen beiderlei Geschlechts – sowohl Fremde als auch Bologneser – wegen der unterschiedlichsten Anklagen hingerichtet, daß die Einwohnerzahl von Bologna auf die einer Kleinstadt dezimiert zu werden drohte."

Leonardo Aretino, Cossas Sekretär während dessen neunjähriger Herrschaft in Bologna, berichtete, daß die Überlebenden es zu Glück und Wohlstand brachten. Cossas eiserner Wille befriedete die Stadt, und wer überlebte, war gerne bereit, sich kooperativ zu zeigen.

Kardinal Cossa war ein Mann mit großem administrativen Geschick und Geschäftssinn, aber sein Ansehen als Geistlicher, so Aretino, dürfte bei „null oder noch darunter" gelegen haben, denn er ging lieber auf Beutezug anstatt zu beten. Außerdem heißt es, er habe nie die Beichte abgelegt oder die Sakramente empfangen, und ebensowenig habe er an die Unsterblichkeit der Seele, die Auferstehung von den Toten oder, was das betrifft, an Gott überhaupt geglaubt.

Alexander V. beging den Fehler, seinen Schützling in Bologna zu besuchen, und starb kurze Zeit später. Cossa wurde beschuldigt, ihn vergiftet zu haben, was nicht überraschte, aber auch nicht weiter ins Gewicht fiel. Das Konklave zur Wahl eines Nachfolgers wurde im Mai 1410 einberufen. Es wurde von Cossas Truppen umstellt. Der hatte sich vorsichtshalber mit reichlich Geldmitteln für eventuell nötig werdende Bestechungen eingedeckt.

Nachdem Kardinal Cossa das Konklave betreten hatte, bat er darum, die Stola des heiligen Petrus hereinbringen zu lassen. „Ich werde sie dem Manne umlegen, der sie am meisten verdient", sagte er. Als die Stola gebracht wurde, nahm er sie und legte sie sich selbst an.

„Ich bin der Papst", verkündete er den anderen Kardinälen. Niemand wagte es, ihm zu widersprechen. Das Bestechungsgeld konnte er stecken lassen. Ohne viel Federlesens krönten sie den einstigen Piraten Baldassare Cossa zu Johannes XXIII.

Erst am Tag vor seiner Konsekration wurde Cossa zum Priester geweiht. Damals konnte man durchaus Kardinal werden – ein Kirchenfürst –, ohne ordiniert zu sein. Johannes XXIII. wurde mit viel Pomp und Prunk in sein neues Amt eingeführt. Als er in einem Triumphzug durch die Straßen getragen wurde, reichte ihm ein Jude das Alte Testament. Nachdem Johannes einen Blick auf das Buch geworfen hatte, sagte er: „Deine Religion ist gut, aber unsere ist besser", und warf es hinter sich auf die Straße. Zweihundert seiner Schergen zogen anschließend mit Lederhämmern ins Ghetto, um die Juden zusammenzuprügeln. Die Feierlichkeiten zogen sich mit Festgelagen, Tanz und Musik über acht Tage hin.

DREI PÄPSTE SIND ZWEI ZUVIEL

Als Papst war Johannes XXIII. extrem verschwenderisch. Wie sein Sekretär kommentierte, bahnte er sich mit einer goldenen Axt den Weg durchs Pontifikat. Wen er nicht bestechen konnte, den ließ er von Prostituierten verführen, die unter seiner Kontrolle standen.

„Beim Würfeln rief er den Teufel an und hob unter Gelächter auch schon mal einen Becher Wein auf Seine Durchlaucht den Satan", hieß es. Es wurde getuschelt, daß er Atheist sei. Unter anderem verstümmelte er gern seine Kardinäle: „Manchen nahm er die Zunge, anderen die Finger, Hände und Nasen." Auch in sexueller Hinsicht entsprach er nicht der Norm. Man sagte ihm nach, „gottlosen Verkehr mit zwei seiner eigenen Schwestern" gehabt zu haben.

Damals gab es nach wie vor drei Päpste, doch Johannes XXIII. gelang es, sich in Rom zu etablieren und Gregor zu verdrängen, allerdings nur, um sich bald darauf wieder zurückziehen zu müssen, als ihn Ladislaus von Neapel angriff.

Johannes XXIII. war mit Waffengewalt zum Pontifikat aufgestiegen, so daß die Unterstützung innerhalb des Klerus bald schwand. Die Kardinäle, die das Konzil von Pisa bildeten, das Alexander V. gewählt hatte, repräsentierten den Großteil der katholischen Gläubigen. Sie hatten gehofft, unter Alexander die Kirche wieder einen zu können, aber mit Johannes XXIII. bestand dazu nicht die geringste Chance. Gregor XII. und Benedikt XIII. waren verglichen mit ihm untadelig.

EIN ZWIESPÄLTIGER CHARAKTER WILL DIE KIRCHE EINEN

Der Mann, der das Große Abendländische Schisma schließlich beendete, war ein äußerst zwiespältiger Charakter. Er hieß Sigismund von Luxemburg, der König von Deutschland und Ungarn und Kaiser des Heiligen Römischen Reiches, ein gebildeter Mann, der mehrere Sprachen beherrschte und dessen scharfen Verstand man rühmte. Andererseits war er ein starker Trinker und Hansdampf in allen Betten. „Noch nie war ein Mann weniger bereit, seine Ehegelübde zu halten", vermerkte ein früher Bericht über ihn.

Als im Jahre 1396 die Türken an der Donau standen, führte er auf Geheiß des römischen Papstes Bonifatius IX. die christlichen Heere gegen die Türken ins Feld und überlebte die Niederlage, die ihm der Sultan von Nikopolis dort beibrachte. Später wurde er abgesetzt und in Ungarn eingekerkert. Nachdem er seinen Thron zurückerlangt hatte, wäre er um ein Haar am Fieber gestorben. Seine Behandlung bestand unter anderem darin, daß man ihn vierundzwanzig Stunden an den Füßen aufhängte, damit das Fieber aus seinem Mund sickern konnte.

Seine zweite Frau Barbara von Steiermark, eine berühmte Schönheit, war ihm ebenso untreu, wie er ihr. Er verstieß sie allerdings niemals und akzeptierte, daß „wer anderen Hörner aufsetzt, auch bereit sein muß, selbst gehörnt zu werden". Sie war eine Ungläubige, die das Christentum verspottete und das Leben nach dem Tod einen dummen Traum nannte. Ganz besonders amüsant fand sie Geschichten über fastende und büßende Jungfrauen, die bereit waren, für ihren Glauben den Märtyrertod zu sterben. Allein Vergnügen zählt, lautete ihr Kredo. Als Sigismund starb, bat man sie, eine angemessene Zeit in Keuschheit verstreichen zu lassen, „wie ein Turteltäubchen, das um seinen Partner trauert". Sie antwortete, sie halte Tauben für ausgesprochen dumme Vögel, Spatzen seien ihr viel lieber.

Sigismund erkannte, daß die einzige Möglichkeit, das Große Schisma zu beenden, darin bestand, die drei rivalisierenden Päpste und alle anderen beteiligten Parteien zusammenzubringen, und berief daher 1414 das Konzil von Konstanz ein. Die Entscheidung für die Stadt Konstanz als Tagungsort fiel um der gastlichen Aufnahme willen, die Sigismund bei seinen vorausgegangenen Besuchen dort zuteil geworden war. Er hatte den Stadtvätern einmal öffentlich seinen Dank ausgesprochen, weil man während eines seiner Aufenthalte seinen Männern kostenlosen Zutritt zu den Bordellen gewährt hatte.

EIN JAHRHUNDERTEREIGNIS: DAS KONZIL VON KONSTANZ

Johannes XXIII. blieb keine andere Wahl, als an dem Konzil von Konstanz teilzunehmen. Nach seiner Vertreibung aus Rom hatte er bei Sigismund Zuflucht gesucht. Aber er wußte, was man brauchte, um den bevorstehenden Kampf zu gewinnen – Geld. Vor dem Konzil kehrte er nach Bologna zurück, wo er noch nicht existierende Bistümer und Erzbistümer doppelt und dreifach verkaufte. Mit fast einer Million Dukaten im Gepäck reiste er nach Konstanz.

Sigismund traf sich mit ihm in Mailand und begleitete den, wie er wußte, gefährlichsten der drei Päpste über die Tiroler Alpen. Unterwegs stürzte Johannes XXIII. – der sich so gut wie jeder andere bewußt war, welches Risiko er einging – von seinem Wagen. Auf die Frage, ob er verletzt sei, erwiderte Johannes: „Nein, ich bin unverletzt, aber dieser Sturz ist eine düstere Warnung, daß ich besser daran getan hätte, in Bologna zu bleiben." Als er schließlich auf Konstanz hinabblickte, bemerkte Johannes: „Das ist also die Grube, in der man Füchse fängt."

Das Konzil von Konstanz war eine Riesenveranstaltung. Es zog 2300 Prinzen und Ritter an, 18 000 Prälaten, Priester und Theologen; und 80 000 Laien – darunter 45 Gold- und Silberschmiede, 330 Einzelhändler, 242 Bankiers, 75 Konditoren, 250 Bäcker, 70 Schuhmacher, 48 Kürschner, 44 Apotheker, 92 Hufschmiede, 48 Geldwechsler, 228 Schneider, 83 Schankwirte, die italienischen Wein ausschenkten, 65 Herolde oder öffentliche Ausrufer, 346 Narren, Jongleure und Akrobaten, 306 Barbiere und nicht zuletzt 700 Prostituierte.

In Anbetracht der großen Zahl von Kirchenmännern, die es zu bedienen galt, waren das grotesk wenige Prostituierte. Doch hier sind nur diejenigen aufgeführt, die einen festen Arbeitsplatz besaßen. Eine andere Liste nennt 1500 weitere, die ohne festen Standort auf den Straßen arbeiteten. Wahrscheinlich waren es sogar noch sehr viel mehr. Berichte belegen, daß die Geschäfte so gut liefen, daß einige der Prostituierten genug Geld sparen konnten, um sich anschließend zur Ruhe zu setzen.

In einem zeitgenössischen Bericht über die am Konzil teilnehmenden Geistlichen heißt es: „Je freier sie sind, desto zügelloser sind sie und geben sich allen nur denkbaren Lastern hin. Eine einzelne Frau genügt nicht, um einen Ordensmann zufriedenzustellen; neben derjenigen, die als Ehefrau in ihrem Haus lebt, halten sie sich noch eine große Anzahl junger Mädchen als Konkubinen."

KONSTANZ IST WIE EIN BRODELNDER KESSEL

Ein geschäftstüchtiger Konstanzer Bürger wußte aus dieser Situation Kapital zu schlagen. Er verkaufte die Dienste seiner Gattin an Sigismunds Kanzleiangestellte. Sie brachte ihm fünfhundert Dukaten, von denen er sich ein Haus kaufte.

Der Chronist Benedikt de Pileo erklärte, Venus persönlich habe in Konstanz die Herrschaft übernommen, „so groß ist die Schar anmutiger Damen und Maiden, deren zarte Haut noch das Weiß des Schnees übertrifft".

Der Dichter Oswald von Wolkenstein war ebenfalls zugegen und beklagte, daß die Beutelschneider ihn um sein ganzes Geld erleichtert hätten. Das ortsansässige Gesindel wurde aus der Stadt gejagt, trotzdem gab es zwei Tote bei Schlägereien auf der Straße, und alles in allem fischte man 263 Leichen aus dem See. Die Kirchenmänner nutzten die Gelegenheit, um alte Rechnungen zu begleichen.

Angesichts so vieler Sünden und so vieler Fremder in der Stadt mußte an den Beichtstühlen angeschlagen werden, welche Sprachen der Beichtvater verstand. Nur die Äthiopier hatten Pech; ihnen blieb die Absolution verwehrt, weil niemand ihre Sprache beherrschte.

Die große Eröffnungsveranstaltung des Konzils wurde, nachdem man sie wegen eines Ausbruchs von *noli me tangere*, einem ansteckenden Gesichtsausschlag, der besonders die Nase befiel, verschoben hatte, schließlich auf den 3. November angesetzt. Doch als alle ihr Ornat angelegt hatten und bereit waren, schützte Papst Johannes eine Erkrankung vor, weswegen das Konzil erneut verschoben werden mußte. Zwei Tage später, am 5. November 1414, ging es endlich los.

SCHAFE UND SCHÄFER

Trotz diverser vermeintlich schlechter Omen rechnete Johannes XXIII. sich immer noch eine reelle Chance aus. Immerhin hatten seine beiden Konkurrenten Benedikt XIII. und Gregor XII. es nicht einmal gewagt, in Konstanz zu erscheinen. Viele Kleriker, die dem Konzil beiwohnten, waren nicht weniger korrupt als er, wenn auch nicht ganz so erfolgreich. Die Priester galten allgemein als schlimmer denn das Volk, und Geoffrey Chaucer brachte deren Verhältnis zueinander auf den Punkt, als er scharfzüngig einem „kotbeschmierten Schäfer" „ein reines Schaf" gegenüberstellte.

In England schalteten sich sogar die weltlichen Behörden ein, um die Kirche zu säubern. 1414 bat König Heinrich V. die Universität von Oxford, Statuten für die Kirchenreform auszuarbeiten. Artikel 39 begann: „Weil das lüsterne und sündige Leben der Priester heute die gesamte Kirche in Verruf bringt und ihre offen zur Schau gestellte Unzucht völlig ungestraft bleibt ..." Die braven Gentlemen von Kent hatten ihre eigene, radikale Lösung für das Problem priesterlicher Promiskuität. Sie schlugen die Kastration als unabdingbaren Bestandteil des Ordinationsritus vor.

In Frankreich beklagte Nicolas de Clemanges, Rektor der Universität von Paris und Erzdiakon von Bayonne, daß Priester, die „geschwächt durch unmännliche Exzesse, alsdann drei Herren zufriedenstellen mußten: Wollust, welche nach den Freuden von Wein, Fleisch, Schlaf, herrlichen Spielen, Huren und Zuhältern verlangt; Stolz, der hohe Häuser, Türme und Schlösser, teure Kleidung und Rennpferde ersehnt; Habgier, die sorgsam einen großen Schatz zusammenrafft, um alle diese Dinge bezahlen zu können". Das Resultat sei, sagte er, daß „jeder Strich eines Federkiels seinen Preis hatte", und ein Klerus, der „lieber den Verlust von zehntausend Seelen als von zehn *Sous* erleiden würde".

De Clemanges lenkte außerdem die Aufmerksamkeit auf ein unausrottbares Problem der Kirche: „Was sind die heutigen Mädchenkonvente, wenn nicht abscheuliche Häuser der Venus?"

JOHANNES XXIII. TAKTIERT GESCHICKT

In Gesellschaft solcher Geistlicher fühlte sich Johannes XXIII. wohl. Er zeigte sich auch zuversichtlich, daß die Kardinäle, die zum Konzil von Pisa zusammengekommen waren, seinen Anspruch auf das Pontifikat unterstützen würden, da er der unangefochtene Nachfolger des von ihnen gewählten Alexanders V. war. Und es kam noch besser, denn Johannes' Erzfeind König Ladislaus hatte inzwischen das Zeitliche gesegnet.

Tatsächlich glaubte Johannes sich in einer genügend starken Position, um das Konzil verhindern zu können, indem er der Zusammenkunft kurzerhand fernblieb. Doch inzwischen hatte die Entwicklung sich verselbständigt. Delegierte waren viele tausend Meilen weit angereist und nicht bereit, Konstanz unverrichteter Dinge wieder zu verlassen.

Bald erfuhr er, daß das Konzil in geheimer Sitzung plante, seine Missetaten öffentlich zu machen und ihn anzuklagen. Johannes handelte schnell. Er erschien vor einer Vollversammlung des Konzils und trat zurück. Aber sein Rücktritt gelte nur dann, erklärte er, wenn die beiden anderen Päpste ebenfalls auf ihre Ämter verzichten würden. Anschließend stünde es dem Konzil frei, einen neuen Papst zu wählen.

Natürlich wußte er, daß der Avignoneser Gegenpapst Benedikt XIII. auf gar keinen Fall zurücktreten würde. Er war zwanzig Jahre lang keinen Millimeter gewichen und hatte sogar fünf Jahre in Avignon in Kerkerhaft verbracht, ehe ihm im Jahre 1403 die Flucht gelang. Und er hatte die Abdankung eines rechtmäßigen Papstes zudem zur Sünde erklärt. So gesehen war Johannes' Rücktritt null und nichtig.

Aber es war ein guter Schachzug, solange er noch politische Rückendeckung besaß. Allerdings hatte sich Johannes mit Sigismund überworfen. Während er nach außen hin höflich blieb, hatte er Sigismund hinter dessen Rücken als Säufer, Barbaren und Narren beschimpft. Sigismund war wesentlich direkter. „Ihr Italiener scheint zu glauben, ihr wäret an Wissen und Macht führend in der Welt", sagte er. „Ich aber nenne euch Abschaum der Erde."

JOHANNES XXIII. VERLIERT AN BODEN

Dies provozierte Johannes zu offenerer Feindseligkeit: „Bildet Ihr Euch wirklich ein, mit mir auf einer Bank zu sitzen, nur weil Ihr Deutscher seid?" fragte er Sigismund. „Wäret Ihr nicht König der Römer, würdet Ihr zu meinen Füßen hocken. Diese Ehre gewähre ich Euch als Italiener, nicht als Barbar."

Mit dieser Bemerkung ging Johannes XXIII. zu weit. Das Konzil wollte an seinen Päpsten Sanftmut und Demut sehen, nicht die Arroganz eines Tyrannen. Eilig versuchte er, Boden gutzumachen, indem er Sigismund eine goldene Rose verlieh, das Symbol päpstlicher Gunst. Aber da war es bereits zu spät. Der Charakter des Papstes geriet erneut zur Kardinalfrage.

Im Hinblick auf die zahlreichen Verbrechen Johannes' XXIII. sprach Robert Hallum, Bischof von Salisbury, für die überwältigende Mehrheit des Konzils, als er schlicht und ergreifend konstatierte, Johannes „müßte eigentlich auf dem Scheiterhaufen verbrannt werden".

Als sich das Blatt gefährlich gegen ihn zu wenden begann, floh Johannes XXIII. als Stallbursche verkleidet heimlich aus Konstanz, mit einem Schal vor dem Gesicht und geschulterter Armbrust. Der Papst suchte Zuflucht bei seinem Verbündeten Herzog Friedrich von Tirol in Schaffhausen. Aus Sorge, Johannes könne am Ende noch in Avignon landen und ihre Probleme vervielfachen, griff Sigismund Friedrich an und schlug ihn vernichtend.

Unterdessen beschloß das Konzil zum ersten Mal in der Geschichte, daß man einen Papst absetzen konnte, „wie man ja auch einem Wahnsinnigen das Schwert aus der Hand ringen würde". Man bestand darauf, daß Johannes nach Konstanz zurückkehrte, und, da er sonst nirgendwo hinkonnte, erwiderte er, nichts täte er lieber.

Am 14. Mai 1415, auf der zehnten Sitzung des Konzils von Konstanz, wurde eine gekürzte Liste von Johannes' Verbrechen verlesen. Ein Kommentator schrieb: „Wohl noch nie wurden gegen einen

Mann siebzig schrecklichere Beschuldigungen vorgebracht als jetzt gegen den *Vicarius Petri*, den Nachfolger Sankt Peters. Vor dem abschließenden Dekret wurden die sechzehn unbeschreiblichsten und verworfensten davon fallengelassen, nicht aus Respekt vor dem Papst, sondern des öffentlichen Anstands willen." Damit blieben immer noch vierundfünfzig. Edward Gibbon schrieb in *Decline and Fall of the Roman Empire*: „Die skandalösesten Anklagepunkte wurden außen vorgelassen; der Stellvertreter Christi wurde nur wegen Piraterie, Mord, Vergewaltigung, Sodomie und Blutschande angeklagt."

AUS FÜR PAPST JOHANNES XXIII.!

Papst Johannes XXIII. wurde zur Last gelegt, er „... sei unaufrichtig und jedem Laster verfallen und habe Papst Bonifatius IX. vom rechten Weg abgebracht, habe sich in das Kardinalskollegium eingekauft, Bologna grausam regiert und Papst Alexander V. vergiftet, glaube weder an die Auferstehung, noch an ein Leben nach dem Tod, gebe sich animalischen Freuden hin, sei ein Spiegelbild der Infamie und ein leibhaftiger Teufel, habe die ganze Kirche durch Simonie verpestet ..." Inzest und Sodomie wurden ebenfalls erwähnt, außerdem habe er „frevelhaften Geschlechtsverkehr mit dreihundert Nonnen erkauft und aufrechterhalten, drei Schwestern vergewaltigt und eine ganze Familie in den Kerker werfen lassen, um sodann Mutter, Sohn und Vater mißbrauchen zu können". Das Konzil enthob ihn „als Mörder, Sodomit, Simonist und Häretiker" seines päpstlichen Amts. Die Christenheit wurde aufgefordert, ihm den Gehorsam aufzukündigen. Am 29. Mai wurde er offiziell abgesetzt. Kurz darauf trat er zurück und händigte das päpstliche Siegel und den Ring des Fischers aus.

Papst Johannes XXIII. gestand auch tatsächlich Mord, Ehebruch, Inzest und Atheismus, allerdings schloß das eine weitere Kirchenlaufbahn nicht unbedingt aus. Nach dreijähriger Gefangenschaft in Bayern erkaufte er sich mit einer erklecklichen Summe seine Freiheit und kehrte nach Italien zurück, wo er zum Kardinalbischof von Tusculum (das heutige Frascati) ernannt wurde. Kurz darauf stieg er zum Dekan des Kardinalskollegiums auf und lebte dank seines Freundes, dem Bankier Cosimo de'Medici, in aller Pracht. Am 22. Dezember 1419 starb Johannes und wurde in der achteckigen Taufkapelle des

Florentiner Doms in einem von Donatello entworfenen Grabmal beigesetzt, das die schlichte Inschrift trägt: „Hier liegt der Leichnam von Baldassare Cossa, Johannes XXIII., der einmal Papst war."

Im zwanzigsten Jahrhundert gab es einen weiteren Papst Johannes XXIII. (1958–1963). Hier liegt kein Irrtum vor. Es ist durchaus Usus in der katholischen Kirche, die Missetaten eines Papstes zu vertuschen, indem man einem anderen Papst denselben Namen verleiht. So gab es zwei Benedikts XII., zwei Benedikts XIV., zwei Klemens' VII. und zwei Klemens' VIII.

...UND DANN WAR'S NUR NOCH EINER

Zurück ins fünfzehnte Jahrhundert. Nach dem Sturz von Johannes XXIII. wurde Gregor XII. das ewige Hin und Her leid. Er rief als Papst ein weiteres Mal das Konzil von Konstanz zusammen und trat dann zurück. Im Gegenzug wurde er zum Kardinalbischof von Porto und ständigen Legaten des Heiligen Stuhls in Ancona ernannt.

Und dann war's nur noch einer. Papst Benedikt XIII. wurde zum alleinigen Papst der abendländischen Christenheit. Sigismund stattete ihm einen Besuch ab und bat ihn, *pro forma* von seinem Pontifikat zurückzutreten, damit das Konzil seine Autorität geltend machen, ihn wiederwählen und damit das Schisma beenden könne. Doch Benedikt lehnte ab. Er behauptete, rechtmäßiger Papst zu sein, denn, so argumentierte er, als einziger unter allen lebenden Kardinälen, der vor dem Schisma ernannt worden war, sei er der einzige legitime Kardinal, und kein Konzil der Welt habe größere Befugnisse als er, einen Papst zu wählen.

Das Konzil war da anderer Auffassung. Es setzte ihn ab, und er hatte jeden politischen Kredit verspielt. Martin V. (1417–1431) – ironischerweise ein Anhänger von Johannes XXIII. – wurde zum nächsten Papst gewählt.

XII

PAPALE
PORNOGRAPHIE

Während der Renaissance entwickelten sich die Päpste zu großen Förderern von Kunst und Literatur.

Martin V. beschäftigte als Chefsekretär den frivolen Schriftsteller Poggio Bracciolini, der mit einer Sammlung gewagter Geschichten berühmt wurde, die er an seinem Schreibtisch in der päpstlichen Kanzlei verfaßt hatte. Sie kamen zunächst als Manuskripte in Umlauf, später wurden sie in weniger als einem Vierteljahrhundert in sechsundzwanzig Auflagen gedruckt. Als Papst Paul IV. (1555–1559) das Verzeichnis der verbotenen Bücher anlegte, wurden Bracciolinis Werke zur Entfernung der anstößigen Stellen an die Zensoren weitergeleitet.

Martin V., nicht prüde und ein Freund schlüpfriger Geschichten, liebte Bracciolinis Werk. In einem Brief an einen Freund berichtete Bracciolini, der Papst sei „außerordentlich amüsiert" gewesen, als ihm ein Abt erzählte, er habe fünf Söhne, die für ihn kämpfen würden. Damals hieß es: „Mit Mühe findet man unter tausend Priestern einen, der keusch ist; alle leben ehebrecherisch oder im Konkubinat oder noch etwas Schlimmerem."

Unter „etwas Schlimmerem" hat man in diesem Zusammenhang Inzest oder Homosexualität zu verstehen. Bracciolini selbst gab zu, vierzehn Kinder zu haben, aber wie die meisten modischen Schriftsteller der damaligen Zeit verfaßte er unverhohlene Lobgesänge auf die Homosexualität, von der andere, sittenstrengere Schriftsteller sagten, sie „wüte in den größeren italienischen Städten wie eine moralische Pestilenz".

Auch über das Treiben in den Badehäusern von Baden äußerte sich Bracciolini lobend: „Dort finden sich Nonnen, Äbte, Mönche und Priester ein, und nicht selten benehmen sie sich unanständiger als alle anderen." Welchen Eindruck Papst Martin V. hatte, ist nicht überliefert.

Seiner literarischen Vorlieben ungeachtet, versuchte Martin, der klerikalen Unmoral einen Riegel vorzuschieben. In einem Brief beklagte er, Konkubinat, Simonie, Vernachlässigung geistlicher Aufgaben, Glücksspiel, Trunkenheit, Rauferei, närrische Possen und ähnliche Zeitvertreibe seien die vorherrschenden Laster der Stellvertreter Christi. Der Bischof von Angers pflichtete ihm bei. 1428 räumte er ein, unter seinen Geistlichen sei sexuelle Ausschweifung mittlerweile so gang und gäbe, daß sie nicht mehr als Sünde betrachtet werde.

MODEFRAGEN

Unterdessen verdammten die Priester des fünfzehnten Jahrhunderts von der Kanzel die neueste Dekolletémode. Offenbar kamen die Frauen mit entblößtem Busen in die Kirchen zum Gottesdienst. „Wenn ihr in die Kirche kommt, könnte man aufgrund eurer übertriebenen, unanständigen und offenherzigen Kleidung meinen, ihr befändet euch auf einem Ball. Wenn ihr zu einem Tanz geht, zu einem Fest oder ins Badehaus, könnt ihr euch kleiden, wie immer ihr wollt", schimpfte ein Priester jener Zeit, „kommt ihr aber in die Kirche, dann bitte ich euch inständig: Unterscheidet zwischen dem Haus Gottes und dem des Teufels."

Andere verdammten die Sitten der Zeit in Bausch und Bogen. „Wie selten ist doch Scham unter den Männern dieses Jahrhunderts. Ohne zu erröten, lästern sie in aller Öffentlichkeit Gott, beteiligen sich an Glücksspielen, stehlen, treiben Wucher, leisten Meineid, führen ungebührliche Worte im Mund oder singen sie sogar. Und die Frauen lassen Arme, Hals und Brüste unbedeckt und zeigen sich so vor den Männern, um sie zu den schrecklichen Verbrechen des Ehebruchs, der Unzucht, der Vergewaltigung, des Frevels und der Sodomie anzustiften."

Ein gewisser Bruder Maillard sprach sich gegen diese Mode aus und fragte: „Und ihr Frauen, die ihr eure schönen Brüste zeigt, euren Nacken, euren Hals, würdet ihr so auch sterben wollen? Sagt mir, ihr törichten Frauen, habt ihr denn keine Liebhaber, die euch Blumensträuße schenken, und drückt ihr nicht aus Liebe zu ihnen diese Blumensträuße an euren Busen?" Als Strafe, sagte Bruder Maillard, würden sie von „einer Kröte, die Ströme von Feuer speit" heimgesucht werden.

Bei den Männern war es Mode, einen Hosenbeutel zu tragen, der sich um ihre Männlichkeit schmiegte wie der Fingerhandschuh um die einzelnen Finger. „Worin besteht eigentlich der Zweck dieser Ungeheuerlichkeit, die wir bis heute an unseren Hosen tragen?" fragte der Essayist Michel de Montaigne. „Und zu allem Übel übersteigt sie durch Falschheit und Schwindel oft die von Natur aus erforderliche Größe."

PAPST FELIX V. UND SEIN LITERARISCH AMBITIONIERTER SEKRETÄR

Eugen IV. (1431–1447), der Nachfolger von Martin V., wurde von Gegenpapst Felix V. (1439–1449) abgesetzt. Felix hatte vor seiner Wahl nicht einmal die Priesterweihe. Er war Herzog von Savoyen, verzichtete allerdings auf seine Herzogwürde, sobald er das Pontifikat annahm. Als Herzog Amadeus VIII. war er verheiratet und hatte zwei Söhne, doch der Tod seiner Frau und seines älteren Sohnes trafen ihn so sehr, daß er sich von allen weltlichen Dingen zurückzog, um in der Nähe von Thonon am Genfer See die Leitung eines Ordens von Ritter-Eremiten zu übernehmen. Die Verwaltung des Herzogtums übertrug er seinem einzigen Sohn Ludovico.

Sein Pontifikat hatte über Savoyen hinaus kaum größere Auswirkungen, aber er beschäftigte Enea Silvio de Piccolomini als Sekretär, einen weiteren zeitgenössischen Dichter, der sich auf pornographische Sujets spezialisiert hatte. Felix V. dankte 1449 zugunsten des neuen römischen Papstes Nikolaus V. (1447–1455) ab und wurde dafür mit dem Amt des Kardinalbischofs von Santa Sabina sowie einer beträchtlichen Pension abgefunden. Außerdem erhielt er die Bestallung zum päpstlichen Legaten für Savoyen.

Einmal im Amt, beauftragte Nikolaus V. den Dichter Francesco Fi-
lelfo, ein Buch mit Erzählungen zu schreiben, die als „die widerlich-
sten Machwerke" bezeichnet wurden, „die rohe Schadenfreude und
schmutzige Phantasie je hervorbrachten". Aber Nikolaus schätzte Fi-
lelfos Arbeit, entlohnte ihn fürstlich und beschäftigte ihn weiterhin
regelmäßig.

Etwa zur gleichen Zeit schrieb der Schriftsteller Lorenzo Valla einen Essay mit dem Titel *Über das Vergnügen*, in dem er das Keusch-
heitsideal verspottete. Ärger mit dem Papst bekam er aber erst, als er
die Kirche direkt attackierte.

EIN AUTOR EROTISCHER LITERATUR
WIRD PAPST PIUS II.

Tatsächlich verfaßten in den Jahren zwischen 1400 und 1550 viele italienische Schriftsteller – einige von ihnen waren Kardinäle und etli-
che standen in päpstlichen Diensten – Gedichte, Erzählungen und
Komödien, die sich dem Historiker Joseph McCabe zufolge „in ihrer
erotischen Raffinesse mit jeder weltlichen Literatur messen konnten". Aber es waren keineswegs nur Kardinäle und Schriftsteller aus
dem näheren oder dem weiteren Umfeld der Päpste, die solche derben Klassiker schrieben. Ein bekannter Autor erotischer Literatur
saß gar selbst auf dem Stuhl Petri.

Pius II. (1458–1464) war, ehe er Papst wurde, niemand anderes als
der zuvor erwähnte frivole Dichter Enea Silvio de Piccolomini. Enea
war nichts Menschliches fremd. Sein Vater, Silvio de Piccolomini,
verdingte sich als Soldat, und seine Mutter Vittoria soll so fruchtbar
gewesen sein, daß sie mehrmals Zwillinge zur Welt brachte. Alles in
allem gebar sie achtzehn Kinder, auch wenn nie mehr als zehn zur
gleichen Zeit ihr Leben fristeten. Enea kam 1405 auf die Welt und
wuchs unter ärmlichen Verhältnissen in Corsignano – heute Pienza –
im Tal der Orcia auf. Er war noch ein Kind, als die Pest in der Stadt
wütete und die meisten seiner Geschwister dahinraffte. Nur Enea
und seine Schwestern Laodamia und Caterina konnten dem Schwarzen Tod entrinnen.

Enea war ein vom Pech verfolgtes Kind. Im Alter von drei Jahren
stürzte er von einer hohen Mauer auf einen Felsen. Mit acht wurde

er von einem Stier auf die Hörner genommen und entging dem Tod, wie er selbst sagte, „mehr durch himmlischen Beistand als durch menschliche Hilfe". Aber nicht nur als Überlebenskünstler zeigte er sich talentiert.

PAPST PIUS II SAMMELT ALS JUNGER MANN EINE REIHE ERFAHRUNGEN

Mit achtzehn bereiste er Siena und Florenz, um dort die Dicht- und Redekunst zu studieren, doch ein Krieg zwischen den beiden Städten zwang ihn, seine literarischen Studien aufzugeben. Da es ihm widerstrebte, in sein heimatliches Dorf Corsignano zurückzukehren, nahm er bei Bischof Bartolommeo Visconti von Novara eine Stelle als Privatsekretär an. Durch diese Tätigkeit gewann er schon bald Einblick in die Funktionsweise der Kirche. Als er von einem fünftägigen Besuch bei seinem Onkel, dem berühmten General Niccolo Piccinino, zuruckkehrte, mußte er feststellen, daß Bartolommeo in seiner Abwesenheit „schwerer Verbrechen" angeklagt worden war und mit der Todesstrafe rechnen mußte.

Enea fand schon bald eine neue Stelle bei Kardinal Niccolo von Santa Croce und ging daran, seine schriftstellerischen Fähigkeiten zu vervollkommnen. Er wurde Gesandter des Kardinals und bereiste Schottland. „Die Frauen dort sind schön, charmant und leicht gewonnen", schrieb er. „Sie denken sich bei einem Kuß weniger als manche in Italien bei einer flüchtigen Berührung." In der Tat waren sie so leicht zu gewinnen, daß er mit einem schottischen Mädchen einen Knaben zeugte, der zu Eneas allergrößtem Kummer bereits als Säugling starb.

Auf der Weiterreise nach England strandete er mit zwei Dienern, einem Führer und hundert Frauen. Zwei der jungen Frauen führten ihn in eine mit Stroh ausgestreute Kammer, „wohl in der Absicht, nach Landessitte mit ihm zu schlafen, sollten sie darum gebeten werden", schrieb Papst Pius in seinen *Geheimen Memoiren,* die er in der dritten Person abfaßte. Doch weil er fürchtete, er könnte beim hitzigen Liebesspiel vergessen, nach Räubern Ausschau zu halten, „wies [er] die Mädchen entschieden zurück". Später waren Hundegebell und Gänsegeschnatter zu vernehmen. Die Frauen liefen auseinander, als ob sie überfallen würden, aber Räuber ließen sich weit und breit nicht blicken. Pius sah darin den Lohn für seine Enthaltsamkeit. Zumindest war das die Geschichte, die er in seinen Memoiren erzählte.

EINE UNERWIDERTE LIEBE

Zurück in Italien, wurde er leidenschaftlicher. In Neapel geriet er in den Bann der „göttlichen" Lucrezia di Alagno – „einer wunderschönen jungen Frau, Tochter armer, aber adliger neapolitanischer Eltern (falls es in der Armut so etwas wie Adel geben kann)", schrieb er. Leider war auch König Alfons von Neapel bis über beide Ohren in sie verliebt. „In ihrer Gegenwart wußte er sich nicht mehr zu lassen und konnte außer Lucrezia nichts anderes hören oder sehen. Es war ihm unmöglich, die Augen von ihr zu wenden, und er pries alles, was sie sagte, und war von ihrer Klugheit fasziniert. Er hatte ihr viele Geschenke gemacht, hatte angeordnet, ihr die Ehren einer Königin zuteil werden zu lassen, und wurde am Ende so vollständig von ihr beherrscht, daß ohne ihre Zustimmung niemand mehr eine Audienz bekam."

„Fabelhaft, die Macht der Liebe", kommentierte Pius trocken.

Lucrezia versprach Enea, mit dem König niemals Sex zu haben. „Ohne meine Zustimmung wird mir der König niemals die Unschuld rauben", versicherte sie. „Sollte er es jedoch mit Gewalt versuchen, werde ich keinesfalls Lucrezia nacheifern, der Ehefrau des Collatinus, welche die Schandtat über sich ergehen ließ und sich im Anschluß daran das Leben nahm. Ich werde der Untat durch meinen Tod zuvorkommen."

Aber es sei schwer, edlen Worten auch ebensolche Taten folgen zu lassen, reflektierte Pius in seinen Memoiren, „noch bestätigte ihr späteres Leben ihre Beteuerungen". Nach Alfons' Tod wechselte sie ins Lager von Piccinino, wo sie die Mätresse eines gewissen Sekretärs wurde und ein Kind von ihm bekam. Später tauchte Lucrezia in Rom auf. Während zahlreiche Kardinäle darum wetteiferten, ihr die Aufwartung zu machen, blieb der untröstliche Enea fern.

Auf der letzten Seite seiner *Geheimen Memoiren* erwähnt Pius wehmütig, Lucrezia sei mit ihrem letzten Geliebten nach Dalmatien verschwunden. Er sollte sie nie wiedersehen. Enea setzte unterdessen seine Diplomatenkarriere fort und wurde schließlich Sekretär des

Gegenpapstes Felix V. Anfang Februar 1442 schickte man Enea nach Straßburg. Obwohl er bereits auf die vierzig zuging, loderte in ihm immer noch die Leidenschaft der Jugend, und er „entbrannte für eine Frau dort". Sie hieß Elisabeth. Die Bretonin war verheiratet und hatte eine fünfjährige Tochter. Sie gab sich charmant, geistreich und temperamentvoll. Er fühlte sich einsam und verliebte sich Hals über Kopf in sie. Ihr Gemahl war vorübergehend in Geschäften unterwegs, und Enea bestürmte sie, sein Bett zu teilen. Drei Tage widerstand sie ihm tapfer, aber am 13. Februar, am Abend, bevor sie abreisen sollte, um ihren Mann zu treffen, ließ sie ihre Tür unverriegelt. Enea war überglücklich, als er später erfuhr, Elisabeth sei schwanger geworden. Ihr Sohn wurde am 13. November 1442 geboren.

„ICH BIN WEDER HEILIGER ALS KÖNIG DAVID NOCH WEISER ALS SALOMO"

Enea schrieb hocherfreut an seinen Vater, dessen Reaktion jedoch alles andere als begeistert gewesen sein muß, denn Enea ließ einen weiteren Brief folgen: „Ihr schreibt, Ihr wißt nicht, ob Ihr erfreut oder betrübt sein sollt, Vater, daß der Herr mir ein Kind geschenkt hat ... Aber ich sehe nur Grund zur Freude und nicht zur Trauer. Denn was ist herrlicher für den Menschen, als sein eigenes Ebenbild zu zeugen, gleichsam die eigene Art fortzupflanzen und nach seinem Tode jemanden zurückzulassen? Was ist auf Erden gesegneter, als die Kinder seiner Kinder zu sehen? Was mich betrifft, so bin ich entzückt, daß mein Samen Frucht gebracht hat und ein Teil von mir überleben wird, wenn ich sterbe; und ich danke Gott, der das Kind dieser Frau zu einem Knaben gemacht hat, so daß ein weiterer kleiner Enea um meinen Vater und meine Mutter spielen und seinen Großeltern den Trost spenden wird, den sein Vater hätte geben sollen. Denn wenn meine Geburt eine Freude für Euch war, der mich gezeugt hat, wie sollte mein Sohn keine Freude für mich sein? Doch vielleicht wollt Ihr sagen, es sei meine Missetat, die Ihr betrauert, weil ich ein Kind in Sünde gezeugt habe. Ich weiß nicht, welche Vorstellung Ihr von mir habt. Gewiß habt Ihr, der Ihr aus Fleisch seid, keinen Sohn aus Stein oder Eisen gezeugt. Ihr wißt, welch ein Hahn Ihr wart, und ich bin weder ein Eunuch noch von kühlem Blut. Auch bin ich kein Heuchler, der besser scheinen will, als er ist. Ich bekenne offen meinen Fehler, denn ich bin weder heiliger als König David noch weiser als Salomo."

Enea sollte Elisabeth in Basel wiedersehen, aber das Kind starb im Alter von vierzehn Monaten, wodurch die Kirche zweifellos einen zukünftigen Kardinal verlor. Enea bekam das Kind nie zu Gesicht.

SORGEN UM DAS SEELENHEIL

Enea reiste weiter zum Frankfurter Reichstag, wo der deutsche König Friedrich III. seine erstaunlichen rhetorischen und literarischen Gaben erkannte und ihn zum Hofdichter machte. Daraufhin verließ Enea die Dienste von Papst Felix und schwelgte in der „humanistischeren" Atmosphäre von Friedrichs Hof. Besonders nahe stand er Friedrichs Kanzler Kaspar Schlick. Eneas vielgelesener pornographischer Roman *Euryalus und Lucretia* basiert auf Schlicks amourösen Abenteuern.

Enea Silvio de Piccolomini gehörte mit einigen anderen Dichtern zu jenen freizügigen Schriftstellern des fünfzehnten Jahrhunderts, die sich im Verlauf ihrer zahlreichen Streitereien gegenseitig als Homosexuelle schmähten, obwohl sie in ihren Werken häufig eine Lanze für die Homosexualität brachen. Während seiner Zeit an Friedrichs Hof praktizierte der zukünftige Pius II. ganz eindeutig, was er predigte. Seine Briefe belegen, daß er absolute sexuelle Freiheit nicht nur propagierte, sondern auch lebte, und mindestens zwei weitere uneheliche Kinder zeugte. Der Historiker Gregorovius behauptete gar, er habe alles in allem ein Dutzend Kinder in die Welt gesetzt.

Kaiser Friedrich schickte ihn als Botschafter nach Rom, wo er versuchen sollte, eine Aussöhnung mit Papst Eugen IV. zu erwirken. Dort angekommen, ließ er sich zum Priester weihen, weil er sich davon Vorteile für seinen weiteren Werdegang versprach. Nach seiner Ordination zum Diakon erzählte er einem Freund von seinen Bedenken, sein bislang ausschweifendes Leben für eins in Keuschheit aufzugeben. „Ich verleugne meine Vergangenheit nicht", sagte er. „Ich bin sehr weit vom rechten Weg abgekommen, aber wenigstens bin ich mir dessen bewußt und hoffe nur, daß diese Erkenntnis nicht zu spät gekommen ist."

Allerdings wog damals die Bürde priesterlichen Zölibats auch nicht allzu schwer. 1432 kam es in Basel zu einem ökumenischen Konzil, auf dem verlangt wurde, daß „sich alle Priester, ob in den höchsten oder niedrigsten Ämtern, ihrer Konkubinen entledigen sollen, und wer binnen zweier Monate nach diesem Dekret dessen Forderungen nicht entspricht, wird seines Amtes enthoben, selbst wenn er der Bischof von Rom ist".

EIN KONZIL DER „GOTTESLÄSTERER" UND „GALGENVÖGEL"

Wiewohl nichts darüber bekannt ist, ob der damalige Bischof von Rom, Eugen IV., Konkubinen hatte, nahm er diese Proklamation sehr ungnädig auf und berief ein eigenes Konzil nach Florenz ein. Es denunzierte das Basler Konzil als „Bettlerpack, vulgäre Kerle vom niedrigsten Bodensatz des Klerus, Abtrünnige, blasphemische Rebellen, Gotteslästerer, Galgenvögel, Männer, die ohne Ausnahme nur verdienen, zum Teufel zurückgejagt zu werden, von dem sie gekommen sind". Offensichtlich hatte das Basler Konzil ein Reizthema angesprochen.

Enea hatte unterdessen die Schrifstellerei nicht völlig aufgegeben. Er zog sich in die Badehäuser von Viterbo zurück, wo er seine *Geschichte Böhmens* anfing. Zwei Jahre nach seiner Priesterweihe wurde er zum Bischof ernannt; von da an lief sein weiterer Aufstieg zum Pontifikat fast wie von selbst.

Mit dem Besteigen des Heiligen Stuhls mußte er jedoch die erotischen Arbeiten seiner Jugend verwerfen und setzte alles daran, seine literarische Vergangenheit zu vertuschen, was in den *Geheimen Memoiren* bestenfalls am Rande erwähnt wird.

„Weise Enea zurück und nimm Pius an", schrieb er bei seiner Krönung. Er war zwar nun geläutert, vergaß aber nie ganz, daß auch er einst ein junger Wüstling gewesen war. Während eines Aufstandes gegen sein Pontifikat wütete ein aus etwa dreihundert jungen Männern bestehender Mob vergewaltigend in Rom. Einer von ihnen entführte und schändete ein Mädchen, das sich unterwegs zu ihrer Hochzeit befand. Nachdem die Ordnung wiederhergestellt war, verlangte Kardinal Tebaldo, daß Männer, die sich „solcher grauenhaften

Verbrechen" schuldig gemacht hätten, vor ihrer Hinrichtung noch gefoltert werden sollten. Pius intervenierte. Der Tod sei schon Strafe genug, sagte er, und er weinte vor Mitleid, als sie gehängt wurden.

Pius II. erlaubte seinem Neffen die Hochzeit mit der unehelichen Tochter von Ferrante, dem Sohn von König Alfons, allerdings war dies ein rein politisch motivierter Schachzug. Die Krone von Neapel hatte damals eine Vormachtstellung in Italien, und die Ehe sicherte dem Knaben den Status eines Prinzen.

PAPST PIUS II. IST NICHT ÜBERZEUGT VON DEN SEGNUNGEN DES ZÖLIBATS

Auch scheint er von Königin Charlotte von Zypern recht angetan gewesen zu sein, die sich ihm auf Gnade und Ungnade auslieferte, nachdem ihr Thron von ihrem unehelichen Halbbruder usurpiert worden war. In seinen *Memoiren* erzählte Pius von ihren „funkelnden Augen" und ihrem außergewöhnlichen Teint „zwischen blond und brünett". Sie war „nicht ohne Charme", dann schilderte er geradezu liebevoll, wie sie ihm die Füße küßte. In politischer Hinsicht erfüllte Pius Charlotte jeden ihrer Wünsche.

Pius war gewiß nicht glücklich in seinem Zölibat. Er sagte, zwar sei den Priestern die Ehe aus guten Gründen verboten worden, die Gründe, sie ihnen wieder zu erlauben, seien jedoch noch überzeugender. Es wäre für Priester viel besser zu heiraten, schrieb er, da viele von ihnen im Ehestand wahrscheinlich ihr Seelenheil finden würden, was er im Zölibat für kaum möglich hielt. Wir sprechen hier wohlgemerkt von einer Zeit, in der viele Männer einen Kuraten nicht akzeptierten, sofern er keine Konkubine mitbrachte – sie hatten Angst, daß er sich andernfalls mit ihren Frauen vergnügen könnte.

Wie um das Problem zu unterstreichen, mußte Pius die Nonnenklöster Santa Brigitta und Santa Clara auflösen, „aus Sorge, die Nonnen möchten unter frommem Habit lüsterne Herzen beherbergen". Doch eine erheblich schwerere Aufgabe stellte die Säuberung Roms für ihn dar – die einzige Stadt der Welt, die seiner Meinung nach von Bastarden regiert wurde. Die Bastarde waren natürlich die unehelichen Kinder des höheren Klerus.

XIII

SCHWESTERN IN CHRISTO

Pius II. nannte Kardinal Pietro Barbo von San Marco – seinen Nachfolger – scherzhaft „die fromme Maria". Barbo, der spätere Papst Paul II. (1464–1471), sah es gerne, wenn nackte Männer auf die Folter gespannt und gemartert wurden.

Er war schwul und trug eine päpstliche Tiara, die, Zeitzeugen zufolge, „an Wert den eines Palastes übertraf". Er plünderte die päpstliche Kasse, um seine Protz- und Prunksucht zu befriedigen. Selbst gutaussehend und eitel, umgab er sich vorzugsweise mit Schönheit und Pracht. Tagsüber schlief er, und die Nächte vertrieb er sich damit, seine Juwelen und Edelsteine zu betrachten. Er war einer zünftigen Feier nie abgeneigt und betätigte sich in Rom als großer Mäzen von sportlichen und unterhaltenden Darbietungen sowie Volksfesten – auf Kosten der Juden der Stadt, denen er das dazu benötigte Geld abpreßte.

Bei seinen Kardinälen hatte er den Spitznamen „Unsere Liebe Frau Mitleid", weil er beim geringsten Anlaß in Tränen ausbrach. Paul II. starb angeblich an einem Herzinfarkt, während er mit einem seiner Lieblingslustknaben Analverkehr hatte.

Die Wahl von Pauls Nachfolger Sixtus IV. (1471–1484) wurde durch großzügige Geschenke an den einflußreichen Herzog von Mailand sichergestellt. Er war als „großzügiger Wohltäter der Huren" bekannt. Um seinen Krieg gegen die Türken zu finanzieren, baute er in Rom ein vornehmes *lupanar* oder Bordell für beide Geschlechter. Und jede Hure Roms zahlte ihm einen Julius, „was sich pro Jahr auf etwa vierhundert Dukaten belief". Andere Quellen setzen seine Einkünfte höher an und behaupten, seine Kurtisanen hätten ihm „jede Woche einen Julio aus Gold [gezahlt], was jährliche Einnahmen in Höhe von 26 000 Dukaten ausmachte".

SIXTUS IV. SORGT FÜR SEINE „NEFFEN"

Sixtus IV. „widmete all sein Sinnen und Trachten der Mehrung seines persönlichen Reichtums". Er hob die Steuern an, einschließlich derjenigen für Priester, die sich Mätressen hielten, und fand eine neue Einkommensquelle, indem er reichen Männern das Privileg verkaufte, „gewisse Matronen in Abwesenheit ihrer Ehemänner trösten zu dürfen".

Sixtus war bisexuell und hatte höchstwahrscheinlich auch inzestuöse Beziehungen. Er ernannte sechs seiner nahen Verwandten, „Neffen" beziehungsweise uneheliche Söhne, zu Kardinälen. Zwei seiner wohlgestalteten jungen Neffen, Pietro Riario – angeblich Sixtus' Sohn von seiner eigenen Schwester – und Giuliano della Rovere wurden ebenfalls „Werkzeuge seiner infamen Vergnügungen". Allen Berichten zufolge war Riario ausgesprochen charmant und geistreich, und Sixtus griff tief in die päpstlichen Kassen, um ihn zum Millionär zu machen. Aber im Jahre 1474 „erlag [Riario] seinen Ausschweifungen". Giuliano wurde später Papst Julius II. (1503–1513).

Sixtus mochte anderen die Freuden nicht versagen, die er sich selbst gönnte. Ein Chronist aus dieser Zeit schrieb: „Die folgende, höchst abscheuliche Tat allein sollte genügen, das Andenken an Sixtus IV. auf ewig in Verruf zu bringen. Als die Familie des Kardinals von St. Lucia ihm das Anliegen unterbreitete, während der drei heißen Monate des Jahres – Juni, Juli und August – die Erlaubnis zur Sodomie zu erhalten, schrieb der Papst unter ihre Bittschrift: ‚Es möge geschehen wie ersucht'."

Nach dem Tod von Pietro Riario nahm sein Bruder Girolamo dessen Stelle ein und zog den Papst in eine Verschwörung gegen Lorenzo und Giuliano de'Medici hinein. Er schickte einen anderen Bruder, Raphael Riario, nach Florenz, um dort den Mordanschlag vorzubereiten. Während einer feierlichen Messe im Dom zu Florenz und genau in dem Augenblick, als der Kardinal die Hostie hob, stachen die Verschwörer Giuliano de'Medici mit ihren Dolchen nieder. Lorenzo verteidigte sich wacker und konnte sich schwer verwundet in die Sakristei retten. Unterdessen griff die Gemeinde die Verschwörer an, entwaffnete sie und hängte sie nackt an den Kreuzen der Kirchenfenster auf. Das löste einen sinnlosen Krieg zwischen dem Heiligen Stuhl und Florenz aus, der Italien in ein Meer von Blut tauchen sollte.

Sodomie, Zuhälterei und mißglückte Attentate lasteten den Papst nicht völlig aus. In einer stillen Minute fand Sixtus auch Zeit, der erotischen und blasphemischen Vision eines Mönchs namens Alano de Rupe seinen päpstlichen Segen zu geben. In einer damals in Deutschland veröffentlichten Version der Erscheinung heißt es: „Als die allerheiligste Jungfrau Maria die Zelle von Alano de Rupe betrat, der eingesperrt war, nahm sie ein Haar von seinem Haupt und formte einen Ring, mit dem sie den Pater heiratete, und ließ sich von ihm küssen und ihre Brüste streicheln und wurde, kurz gesagt, in Windeseile so intim mit ihm wie Frauen mit ihren Ehemännern."

IM NAMEN CHRISTI

In erster Linie ist Sixtus der Nachwelt bekannt, weil er die Sixtinische Kapelle bauen ließ, in der heutige Päpste gekrönt werden, sein Name steht allerdings auch für ein wenig ehrenvolles Vermächtnis. 1478 sanktionierte er mit einer päpstlichen Bulle die Inquisition in Kastilien und ernannte den berüchtigten Thomas von Torquemada, einen Dominikanermönch, zum Generalinquisitor. Torquemada ging frisch ans Werk. 1482 verurteilte die Spanische Inquisition allein in Andalusien 2000 „Häretiker" zum Scheiterhaufen – Feinde der Kirche wurden verbrannt, weil sich auf diese Art wunderbar das biblische Verbot, Blut zu vergießen, umgehen ließ.

Ein typischer Ketzerprozeß wird in Henry Charles Leas Klassiker *Die Inquisition* beschrieben. Er berichtet von einer jungen schwangeren Frau namens Elvira del Campo, die verhaftet worden war, weil man den Verdacht hatte, sie sei eine „Krypto-Jüdin". Im Kerker brachte sie ihr Kind zur Welt, bevor sie im darauf folgenden Jahr vor das Tribunal von Toledo gestellt wurde.

SCHWESTERN IN CHRISTO

Zwei in ihrem Haus zur Untermiete wohnende Handwerker traten als Zeugen gegen sie auf. Sie behaupteten, Elvira habe kein Schweinefleisch gegessen und samstags frische Unterwäsche angezogen. Für die Meldung eines derart verdächtigen Verhaltens an die Inquisition wurden sie mit drei Jahren Ablaß belohnt.

Elvira beteuerte ihre Unschuld: Sie sei Christin, ihr Mann sei Christ, auch ihr Vater sei Christ. Anscheinend hatte ihre Mutter allerdings jüdische Vorfahren. Seit ihrem elften Geburtstag mochte sie kein Schweinefleisch mehr. Wenn sie nur davon kostete, wurde ihr sofort übel. Ihre Mutter hatte sie dazu erzogen, samstags die Unterwäsche zu wechseln, worin sie jedoch keinerlei tiefere religiöse Bedeutung erkennen konnte.

BRUTALE FOLTERMETHODEN

Das Tribunal drohte ihr mit der Folter, wenn sie nicht die Wahrheit sagte. Sie hatte ihrer Aussage nichts hinzuzufügen. Sie wurde nackt ausgezogen, und man fesselte ihre Arme. Die Stricke wurden zusammengedreht, bis sie schrie, sie brächen ihr die Knochen. Bei der sechzehnten Drehung rissen die Stricke.

Dann wurde sie auf einen Tisch gebunden, über den scharfkantige Sprossen verliefen. Die Seile, mit denen sie gefesselt war, wurden wieder angezogen. Vor Qualen und Verzweiflung schrie sie das Geständnis heraus, sie habe gegen das Gesetz verstoßen.

„Welches Gesetz?" wurde sie gefragt.

Als sie nicht genauer benennen konnte, welche von Gottes Regeln sie gebrochen hatte, wurde ihr mit einem Stock ein Leinentuch in den Hals gepreßt, und die Wasserfolter begann. Nachdem diese vorüber war, konnte sie nicht mehr sprechen, also setzte man die Folter für vier Tage aus, die Elvira in Einzelhaft verbrachte.

Als die nächste Sitzung begann, konnte sie nur noch darum betteln, man möge ihre Nacktheit bedecken, ehe sie völlig zusammenbrach.

Schließlich gestand sie, Jüdin zu sein, und flehte um Gnade. Und die Richter waren gnädig. Sie beschlagnahmten ihren gesamten Besitz und verurteilten sie zu drei weiteren Jahren Kerkerhaft. Sechs Monate später ließ man sie frei, nachdem sie wahnsinnig geworden war. Über das weitere Schicksal ihres Kindes ist nichts bekannt.

So und schlimmer verfuhr die Spanische Inquisition für mehr als dreihundert Jahre mit ihren unglücklichen Opfern. Noch 1808, beim Einmarsch Napoleons, betrieb sie ihr grausiges Geschäft. Unter dem Dominikanerkloster in Madrid fanden die Franzosen Folterkammern voller Gefangener, alle nackt und die meisten von ihnen wahnsinnig. Das drehte selbst den schlachterprobten französischen Soldaten den Magen um. Sie räumten die Verliese und sprengten das Kloster in die Luft.

ZWEI SCHWULE PÄPSTE

Doch nicht einmal das besiegelte das Ende der Inquisition. 1813 wurde sie in Spanien endlich gewaltsam abgeschafft, doch in anderen Ländern setzte sie ihre Arbeit noch weitere zwanzig Jahre lang fort.

Die Einführung der Spanischen Inquisition, war ein abscheuliches Verbrechen. Bischof Creighton urteilte über Sixtus knapp: „Er hat dem moralischen Ansehen Europas geschadet."

Ein anderer Kommentator druckte es weniger höflich aus. Papst Sixtus, sagte er, „verkörperte die höchstmögliche Konzentration an menschlicher Schlechtigkeit".

Nicht einmal in Rom erfreute sich Sixtus großer Beliebtheit. Nach seinem Tode wurden die päpstlichen Räume so gründlich geplündert, daß sich Sixtus' Kaplan einen Talar ausborgen mußte, um die Leiche des Papstes zu bedecken.

Sein Nachfolger Innozenz VIII. (1484–1492) zählte ebenfalls nicht zu den Unschuldslämmern. Wie es hieß, war „sein Privatleben durch die skandalösesten Vorgänge verdunkelt. Da er unter den Gefolgsleuten von König Alfons von Sizilien erzogen worden war, hatte er die schreckliche Unart der Sodomie angenommen. Seine ungewöhnliche Schönheit verschaffte ihm in Rom Zugang zur Familie des Kardinals Philipp von Bologna, um dessen Vergnügen zu dienen. Nach dem Tod seines Beschützers wurde er der Liebling von Paul II. und Sixtus IV., der ihn zum Kardinal ernannte."

Beide Päpste waren schwul, auch wenn sich damals die Grenzen zwischen hetero- und homosexuell nicht so deutlich ziehen ließen. Es war nicht weiter ungewöhnlich für im Grunde heterosexuelle Männer, auch homosexuelle Beziehungen einzugehen, wenn es ihrer

Karriere diente. Genausowenig konnte es verwundern, wenn Männer mit homosexuellen Neigungen zahlreiche Kinder zeugten.

DAS GOLDENE ZEITALTER DER BASTARDE

Innozenz hatte „acht uneheliche Söhne und ebensoviele uneheliche Töchter". In einem auf Latein verfaßten Gedicht über ihn heißt es: „Er zeugte acht Söhne, und ebensoviele Töchter; / Und mit gutem Grund durfte Rom ihn Vater nennen. / Aber, o Innozenz VIII., wo immer Du begraben liegst, / Schmutz, Völlerei, Habgier und Faulheit werden bei Dir liegen."

Anders als die meisten Päpste bekannte sich Innozenz VIII. offen zu seinen unehelichen Kindern. Er taufte sie, führte ihre Trauungen durch und fand für sie angemessene Beschäftigungen. Seine Amtszeit war bekannt als das „Goldene Zeitalter der Bastarde". Seine Söhne und Töchter, sagten Kritiker, „erhob er ohne zu erröten zu Reichtum und Ehre, und zwar als der erste Papst, der es gewagt hatte, dies öffentlich zu tun, ohne zuvor zu heucheln, sie seien nur Neffen, Nichten oder Ähnliches".

Als er von Sixtus IV. zum Kardinal ernannt wurde, bot er Fürstenhäusern seine Kinder zur Ehe an. Einer seiner Söhne heiratete Maddalena, die Tochter von Lorenzo de'Medici. Nach dem gescheiterten Attentat im Dom von Florenz war Lorenzo fest entschlossen, alles zu tun, um eine derartige Wiederholung zu vermeiden. Er unterstützte Innozenz, den Schwiegervater seiner Tochter, bei der Kandidatur für das Pontifikat, und im Amt tat Innozenz dann alles, was Lorenzo ihm einflüsterte. Ein Jahr, nachdem Innozenz im Alter von zweiundfünfzig Jahren Papst geworden war, sorgte er dafür, daß seine Tochter Peretta mit allem päpstlichen Pomp im Vatikan heiratete. Beim Hochzeitsmahl in den päpstlichen Gemächern waren seine Töchter und deren Mutter zugegen. Später wurde seine zweite Enkelin mit ähnlichem Prunk einem neapolitanischen Fürsten angetraut. Katholische Kirchenhistoriker behaupten, Innozenz habe seine Mätresse aufgegeben, als er Papst wurde, aber es ging allgemein das Gerücht, daß er sich mehrere Konkubinen hielt. „Seine Heiligkeit erhebt sich aus dem Hurenbett", hieß es, „um die Pforten des Fegefeuers und des Himmels zu öffnen und zu schließen."

Der Papst tolerierte auch die Exzesse seines Sohnes Franceschetto, der ein „zügelloser Lebemann" war. Einmal beschwerte sich Franceschetto bei seinem Vater, Kardinal Riario habe ihn um eine große Summe betrogen, als sie abends um Geld gespielt hatten. Anstatt seinen Sohn zurechtzuweisen, veranlaßte Innozenz Kardinal Riario, den Gewinn zurückzuzahlen.

Aber Glücksspiel war noch die harmloseste von Franceschettos Sünden. Nachts streifte er durch die Straßen, brach in Häuser ein und vergewaltigte jede Frau, die ihm gefiel, ohne je auch nur ein Wort des Tadels von seinem Vater zu hören.

PAPST INNOZENZ VIII. LIEBT PRACHT UND PRUNK

Innozenz hatte noch ein anderes Mündel am Hals: Dschem, den jüngeren Bruder des Osmanensultans Bajasid II. Der Sultan zahlte dem Papst jährlich 40 000 Dukaten – und legte als Zugabe die Heilige Lanze drauf, mit der angeblich bei der Kreuzigung Christi Seite durchbohrt worden war –, damit Dschem „jeder erdenkliche Luxus und alle Instrumente des Lasters" gewährt würden. Dschem war aus Konstantinopel vertrieben worden, und solange er in Rom Beschäftigung hatte, bestand nur geringe Gefahr, daß er in die Türkei zurückkehrte, um sich gegen Bajasid zu stellen.

Innozenz' Hof stand, wie schon unter seinem Vorgänger Sixtus, an Pracht und Unmoral den Höfen jedes italienischen Fürsten in nichts nach, und seine Kardinäle, zumeist von Sixtus eingesetzt, waren weltlichen Freuden sehr zugetane *Grandseigneurs*. Der übrige Klerus verhielt sich kaum besser. 1489 besuchte Erzbischof Morton von Canterbury die Abtei St. Albans, um feststellen zu müssen, daß die Mönche die Nonnen an die Luft gesetzt und an ihrer Stelle Prostituierte aufgenommen hatten, die sie „öffentlich aufsuchten und [mit denen sie] einem schamlosen, wilden Leben frönten". Das Kloster, so sagte er, war „ein Meer von Samen und Blut". Innozenz wurde nahegelegt, erneut den Versuch zu unternehmen, Priestern das Mätressenunwesen auszutreiben. Innozenz erwiderte, dies sei „reine Zeitverschwendung. Es ist so gang und gäbe unter den Priestern, selbst in der Kurie, daß man wohl kaum einen ohne Konkubine finden wird."

Auf dem päpstlichen Thron ergab sich Innozenz VIII. ganz „dem

Müßiggang und Vergnügen, mit denen gewöhnlich Eitelkeit, Pomp, Verschwendungssucht, Völlerei, Schwelgerei und ähnliche Untugenden und Sünden Hand in Hand gehen".

Er liebte das Geld und verdammte acht Männer und sechs Frauen als Häretiker, weil sie sagten, daß der Papst als Stellvertreter Christi „ihm in seiner Armut nacheifern" sollte. Außerdem erließ er ein Edikt, daß alle Juden, die nicht zum Christentum übertraten, zwang, Spanien zu verlassen. Etwa hunderttausend gingen, aber ebensoviele blieben. Weil man bezweifelte, daß sie es mit ihrer Konversion ehrlich meinten, machte sich die Spanische Inquisition in blutrünstigster Weise daran, ihren Glauben auf die Probe zu stellen.

DER HEXENHAMMER

Bei allen Ausschweifungen bekundete Innozenz VIII. jedoch große Besorgnis über das Umsichgreifen der Hexerei, die das Christentum zu verschlingen schien. Er schrieb eine päpstliche Bulle, in der es hieß: „Gewißlich ist es neulich nicht ohne große Beschwehrung zu unsern Ohren gekommen, wie daß ... sehr viele Personen beiderlei Geschlechts, ihrer eigenen Seligkeit vergessend, und von dem catholischen Glauben abfallend, mit denen Teufeln, die sich als Männer oder Weiber mit ihnen vermischen, Mißbrauch machen, und mit ihren Bezauberungen, Liedern und Beschwehrungen, und anderen abscheulichen Aberglauben und zauberischen Übertretungen, Lastern und Verbrechen, die Geburten der Weiber, die Jungen der Thiere, ... verderben, ... und eben dieselbe Menschen, daß sie nicht zeugen, und die Frauen, daß sie nicht empfangen, und die Männer, daß sie denen Weibern, und die Weiber, daß sie denen Männern, die eheliche Werke nicht leisten können, verhindern." Diese Bulle erschien als Vorwort eines Buches mit dem Titel *Malleus maleficarum [Der Hexenhammer]*, einem Handbuch zur Entlarvung und Bestrafung von Hexen. Verfaßt wurde es von den Dominikanermönchen Heinrich Institoris und Jakob Sprenger, denen Innozenz VIII. persönlich die höchsten Vollmachten als Inquisitoren verlieh. Institoris und Sprenger interessierten sich ganz besonders für Kopulation mit dem Satan, die, nach Sprenger, durchaus nichts Ungewöhnliches war.

„Eine Frau ist die personifizierte Fleischeslust", schrieb er. „Wenn eine Frau keinen Mann bekommen kann, wird sie sich mit dem Teufel selbst zusammentun." Sprenger selbst mochte Frauen nicht besonders. „Ich hätte lieber, daß ein Löwe oder Drache in meinem Haus los wäre als eine Frau."

ÜBER DIE ART, WIE HEXEN DIE MÄNNLICHEN GLIEDER WEGZUHEXEN PFLEGEN

Erheblich mehr besorgt war er um das männliche Geschlechtsorgan, natürlich aus rein theologischen Gründen – „Die Macht des Teufels liegt in den Geschlechtsteilen der Männer", schrieb er. Diese kostbaren Teile mußten geschützt werden, und zwar in erster Linie von den Dominikanern. *Der Hexenhammer* gibt eine Geschichte wieder, die ein Dominikanerpater erzählte. „An einem Tage," sagte er, „als ich die Beichte abnahm, kam ein Jüngling, und während der Beichte klagte er laut, daß er das Männliche verloren habe. Ich wunderte mich und wollte seinen Worten nicht ohne weiteres glauben, denn ‚Leichten Herzens ist, wer leicht glaubt', sagt der Weise. Aber ich überzeugte mich durch meine Augen, indem ich nichts sah, als der Jüngling die Kleider abtat und die Stelle zeigte. Daher fragte ich, ganz bei mir und mit vollem Verstande, ob er keine im Verdacht hätte, die ihn so behext hätte, worauf der Jüngling erwiderte, er habe eine im Verdachte, die sei aber abwesend und wohne in Worms. ‚Dann rate ich dir, so schnell als möglich zu ihr zu gehen; und suche sie durch Versprechungen und freundliche Worte nach Kräften zu erweichen.' Das tat er auch. Denn nach wenig Tagen kehrte er zurück und dankte mir; erzählte auch, er sei gesundet und habe alles wieder; und ich glaubte seinen Worten; vergewisserte mich jedoch von neuem durch meine Augen."

Glaubt man auch den folgenden Worten, so scheint das Phänomen, daß Männer ihre Penisse verloren, während des Pontifikats von Innozenz VIII. keine Seltenheit gewesen zu sein. „Was endlich von denjenigen Hexen zu halten sei, welche bisweilen solche Glieder in namhafter Menge, zwanzig bis dreißig Glieder auf einmal, in ein Vogelnest oder einen Schrank einschließen, wo sie sich wie lebende Glieder bewegen, Körner und Futter nehmen, wie es von Vielen gesehen ist und allgemein erzählt wird, so ist zu sagen, daß alles dies durch teuflische Handlung und Täuschung geschieht; denn also werden in der angegebenen Weise die Sinne der Sehenden getäuscht. Es hat nämlich einer berichtet, daß, als er das Glied verloren und er sich zur Wiedererlangung seiner Gesundheit an eine Hexe gewandt hatte, sie dem Kranken befahl, auf einen Baum zu steigen und ihm erlaubte, aus dem (dort befindlichen) Neste, in welchem sehr viele Glieder lagen, sich eines zu nehmen. Als er ein großes nehmen wollte, sagte die Hexe: ‚Nein, nimm das nicht'; und fügte hinzu, es gehöre einem Weltgeistlichen."

PREISLISTEN UND TRICKS

Mit Innozenz' Segen machten sich die beiden Hexenjäger Institoris und Sprenger an die Arbeit. Sie „durchquerten das Land und hinterließen eine Spur von Blut und Feuer", aber sadistische Hausmannskost wie etwa, die Opfer nackt auszuziehen, auszupeitschen, auf die Streckbank zu fesseln und Daumenschrauben anzulegen, betrachtete man nicht als „eigentliche Folter". Für die mußte man das *Preisverzeichnis der Folter* konsultieren, das unter Innozenz' Pontifikat vom Kölner Erzbischof erstellt worden war. Es legte akribisch die Gebühren fest, die von der Familie des Opfers an die päpstlichen Folterer zu entrichten waren. Darunter fanden sich gesonderte Preise für das Zerquetschen von Daumen, Zehen und Beinen in Schraubstöcken. Einem Opfer die Zunge herauszuschneiden und den Mund mit rotglühendem Blei auszugießen kostete zum Beispiel elfmal mehr als ein schlichtes Auspeitschen. Es ist nicht überliefert, was mit denen passierte, die nicht zahlten, aber die Preisliste stellte für eine Hexe eindeutig einen Anreiz dar zu gestehen, bevor sie ihre Angehörigen finanziell ruinierte. Und wenn sie sofort gestand, wurde sie erdrosselt, bevor man sie verbrannte.

Unter der Folter erzählten die bedauernswerten Frauen den beiden perversen Dominikanern selbstverständlich, was immer sie von ihnen hören wollten. Es überrascht nicht, daß in ihren Geständnissen sexuelle Details eine herausragende Rolle spielten. Geschichten über Orgien und Schwarze Messen gefielen Institoris und Sprenger ganz besonders. Ein probater Trick, verriet der *Hexenhammer* allen Möchtegern-Hexenjägern, bestand darin, den Opfern eine milde Strafe in Aussicht zu stellen, ihnen, wenn sie dann gestanden, eine milde Strafe zu geben und sie erst anschließend zu verbrennen. Es wurde auch empfohlen, einer Hexe die Begnadigung dafür zu versprechen, daß sie die Namen anderer Hexen preisgab, und sie später von einem anderen Inquisitor aburteilen zu lassen.

ZURÜCK AN DIE MUTTERBRUST

Daß solche Dinge in der gesamten christlichen Welt geschahen, störte Papst Innozenz VIII. nicht im geringsten. Auf seinem Sterbebett dahinsiechend, sehnte er sich nur nach einem einzigen Nahrungsmittel – Muttermilch. Man besorgte ihm eine Amme. Vielleicht wollte er, wie Casanova, im Grunde nur noch einmal Trost an einer weiblichen Brust finden, bevor er seinem Schöpfer gegenübertrat. In einem letzten verzweifelten Versuch, Innozenz am Leben zu halten, bezahlte sein Kaplan Johann Burchard drei junge Männer dafür, ihr Blut für eine Transfusion zu spenden. Alle drei starben während der recht unbeholfen durchgeführten Blutübertragung, und Burchard riß ihnen mit Gewalt das Geld aus den Händen, ehe ihre Leichen beseitigt wurden.

Innozenz VIII. ebnete den Borgias den Weg. Er weihte Cesare Borgia im Alter von achtzehn Jahren zum Bischof und ließ seine Kardinäle als Soldaten oder Kavaliere verkleidet mit federgeschmückten Hüten und bunten Jacken durch Rom stolzieren. Auch den vierzehnjährigen Sohn seines Förderers Lorenzo de'Medici ernannte er zum Kardinal. Später wurde er der schwule Papst Leo X. (1513–1521).

XIV

ORGIEN BEI DEN BORGIAS

Der spanische Papst Alexander VI. (1492–1503) wurde am 1. Januar 1431 als Rodrigo de Borja y Borja in Játiva bei Valencia geboren. Borgia machten die Italiener aus seinem Namen. Rodrigo war vermutlich der uneheliche Sohn seines Onkels mütterlicherseits, des Erzbischofs Alonso de Borja von Valencia und späteren Papstes Calixtus III. (1455–1458), und dessen Schwester Joanna, die Jofré Lenzuolo geheiratet hatte. Da der Papst wünschte, daß sein Sohn auch seinen Namen tragen sollte, zwang er den Schwager, den Namen Borja oder Borgia anzunehmen.

Rodrigo war von Geburt an verzogen. Man sagt, er habe seinen ersten Mord im zarten Alter von zwölf Jahren begangen. Ein Chronist berichtete: „Während Rodrigo an Jahren wuchs, wuchs er auch an Stolz und Hochmut, Grausamkeit und Tyrannei, erwies sich als streng, unerbittlich, nachtragend und unberechenbar in seinen Handlungen. Es heißt, er habe bereits mit zwölf Jahren in Valencia einen anderen Jungen getötet – in seinem Alter, aber von niedriger Geburt –, indem er ihm seine Schwertscheide immer wieder in den Bauch rannte, um ihn dafür zu bestrafen, daß er unanständige Reden geführt hatte. Dies war die erste Probe seines Stolzes und der erste Zwischenfall, der die Menschen zu erkennen zwang, aus welchem Holz er geschnitzt war, wie seine Gesinnung und sein Temperament geartet waren."

Als Jugendlicher war Rodrigo ein notorischer Weiberheld. Er hatte in Spanien zahlreiche Mätressen und mindestens sechs uneheliche Söhne. Kein schlechter Start, wenn man Renaissancepapst werden wollte.

EINE BEISPIELLOSE KARRIERE FÜR RODRIGO

In jungen Jahren war er augenscheinlich ein gutaussehender, großer und starker junger Mann mit stechendem Blick. Als er Papst wurde, war er häßlich und fett, aber Frauen zeigten sich von seinem Charme und Intellekt immer noch beeindruckt, und auch sein Blick für schöne Frauen soll untrüglich gewesen sein, selbst im hohen Alter.

In Spanien wurde er von den besten Gelehrten erzogen. „Er besitzt einen zielstrebigen Verstand", schrieb ein Zeitgenosse, „ist schlagfertig und feurig in seinen Worten, intelligent, aber vor allem anderen verfügt er über einen bewundernswerten Scharfsinn, wenn Handeln gefragt ist."

Der frisch gewählte Papst Calixtus brachte den jungen Rodrigo nach Italien, wo er wie sein Konkurrent in punkto Greueltaten, Johannes XXIII., in Bologna die Jurisprudenz studieren sollte. Sein Tutor in Bologna, Gaspare de Verona, beschrieb den jungen Rodrigo so: „Er ist von angenehmem Äußeren; besitzt ein fröhliches Auftreten und ein freundliches Gebahren. Er ist mit honigsüßer und ausgesuchter Redegabe gesegnet. Schöne Frauen sind auf recht bemerkenswerte Weise in Liebe zu ihm hingezogen und von ihm erregt – stärker noch, als Eisen von einem Magneten angezogen wird."

Calixtus galt als frommer und asketischer Mann, dennoch ernannte er zwei seiner „Neffen" zu Kardinälen. Einer davon war Rodrigo. Außerdem setzte er Rodrigo 1456 zum Erzbischof von Valencia ein – seine frühere Diözese. Rodrigo zählte damals gerade fünfundzwanzig Jahre. Valencia war zu jener Zeit die reichste Diözese Spaniens, und Rodrigos Ernennung legte den Grundstein für den unermeßlichen Reichtum der Borgias.

Rodrigo genoß die Annehmlichkeiten von Reichtum und Macht, die ihm Valencia gewährte, in derart vollen Zügen, daß er – selbst in jenen freizügigen Zeiten – die ganze Kirche in Verruf und seinen Onkel in Verlegenheit brachte. Im Verlauf seiner Karriere als Kirchenmann zeugte er zahllose Bastarde – so viele, daß es unmöglich war, genau Buch zu führen.

Etwa zur gleichen Zeit lernte er eine spanische Witwe von außerordentlicher Schönheit kennen. Nachdem er sie verführt hatte, schändete er auch noch ihre beiden Töchter und „führte sie in die abscheulichsten Perversionen ein". Kurz darauf starb die Mutter. Rodrigo zwang die ältere Tochter, in ein Kloster zu gehen, und behielt die jüngere, niedlichere bei sich. Sie schenkte ihm drei Kinder, die er als seine leiblichen anerkannte – Pedro Luis, geboren 1462, und zwei Mädchen, Isabella und Girolama, 1467 und 1471. Isabellas Ur-Ur-Enkel wurde Papst Innozenz X. (1644–1655).

RODRIGO WIRD MIT 26 VIZEKANZLER DES HEILIGEN STUHLS

Durch seinen Onkel Calixtus eignete sich Rodrigo ein ganzes Bündel Bistümer und Abteien an und wurde 1457 Vizekanzler des Heiligen Stuhls. Ein überaus einträgliches Amt, das er unter den nächsten vier Päpsten innehatte. Es machte ihn zu einem bemerkenswert reichen Mann. Allein sein Gehalt belief sich auf jährlich 12 000 Kronen – zusätzlich zu den 30 000 Dukaten, die er bereits durch den Verkauf päpstlicher Besitztümer und der lukrativen Kirchenämter erhielt.

In Rom schlug Rodrigo aus seinem guten Aussehen Kapital. Er war für seinen unersättlichen Appetit berüchtigt und wilderte schamlos unter den Einwohnerinnen Roms.

Bei Calixtus' Tod rechnete Rodrigo eigentlich fest damit, ihm im Amt nachzufolgen. Aber die Kirche war noch nicht bereit für ihn. Statt seiner wurde der Autor erotischer Literatur Pius II. gewählt, der sein Pontifikat mit den Worten antrat: „Ich entsage allen irdischen Eitelkeiten und nehme das Joch der Kirche auf meine Schultern." Ein weiteres schweres Joch, das er zu tragen hatte, war sein Vizekanzler Rodrigo Borgia. Als sich der päpstliche Hof mit den weltlichen Fürsten in Mantua traf, schrieb ein Augenzeuge des Ereignisses: „Der Vizekanzler ist fünfundzwanzig [tatsächlich war er achtundzwanzig] und sieht aus, als sei er jeder Schandtat fähig; wenn er zum Hof des Papstes zieht, wird er von 200 oder 250 Pferden und großem Gepräge begleitet."

Rodrigo blieb bei der Marchesa von Mantua, die seine Leidenschaft für die Jagd und den Sport teilte. Außerdem amüsierte er sich mit der sensationellen Frau eines schwachsinnigen Adligen. Pius II., inzwischen geläutert, war empört über das Verhalten seiner Prälaten. Er zog sich nach Siena zurück, wo er ihre Unmoral verurteilte. „Ihr habt die Würde und Heiligkeit dieses hohen Amtes nicht verdient. Urteilt man nach eurer Lebensweise, scheint ihr euch nicht entschieden zu haben, das Geschick des Kirchenstaats zu lenken, sondern euch vielmehr dem Vergnügen hinzugeben. Ihr entsagt weder dem Jagen noch den Spielen, auch nicht dem fleischlichen Verkehr mit Frauen; ihr ladet zu Abendgesellschaften von nachgerade ungebührlicher Pracht; ihr tragt erlesene Kleider; ihr besitzt Tafelgold und Tafelsilber in Überfluß, und ihr haltet mehr Pferde und Diener als je ein Mensch benötigt."

EINE PÄPSTELICHE RÜGE FÜR RODRIGO

Doch Rodrigo nahm keinerlei Notiz davon. Als Pius Siena wieder verließ, amüsierte er sich mit dem alternden Kardinal Estouteville am 7. Juni 1460 während einer Tauffeier in einem Park Sienas auf äußerst lasterhafte Weise. Im Anschluß an die Taufe, zu der die beiden Kardinäle als Ehrengäste geladen waren, zog sich die Gesellschaft in einen von Mauern umgebenen Park zurück, zu dem nur die Kardinäle, ihre Dienerschaft und die Damen Zugang hatten. Männer – also Ehegatten, Väter, Brüder und andere männliche Verwandte – wurden ausdrücklich ausgeschlossen. Schon bald kamen in ganz Italien die wildesten Gerüchte auf.

Am 11. Juni schickte Pius eine in scharfem Ton gehaltene Rüge an Rodrigo: „Geliebter Sohn: Uns ist zu Ohren gekommen, daß Euer Eminenz unter Vernachlässigung des hohen Amtes, das Euch verliehen wurde, von der 17. bis zur 22. Stunde im Park des Giovanni de Bichi zugegen war, wo sich auch mehrere Frauen aus Siena befanden, die sich zutiefst profanen Eitelkeiten verschrieben haben. Euer Begleiter war einer Eurer Amtsbrüder, dessen Jahre allein, wenn schon nicht die Würde seines Amtes, ihn an seine Pflicht hätten mahnen sollen. Wir haben gehört, daß man sich in aller Schamlosigkeit dem Tanz hingab; nicht eine der Verlockungen der Liebe soll ausgelassen worden sein, und Ihr habt Euch betragen, als gehörtet Ihr zu einer Gruppe jugendlicher Laien. Damit Ihr Eure Lust ungehemmter ausleben konntet, wurden die Ehemänner, Väter, Brüder und andere Verwandte der jungen Mädchen ausdrücklich nicht eingeladen; Ihr und verschiedene Diener habt die Rolle der Drahtzieher dieser Orgie übernommen und die anderen ermuntert, daran teilzunehmen. Es heißt, man spreche in Siena über gar nichts anderes mehr als über Eure Eitelkeit, mit der Ihr Euch zum allgemeinen Gespött gemacht habt. Hier in den Badehäusern ist Euer Name gewiß in aller Munde. Unsere Mißbilligung läßt sich nicht in Worten ausdrücken."

SKANDAL UM ROSA

Dies war kein einmaliger Fehltritt. Pius II. hatte ebenfalls Veranlassung zu der Frage, ob es mit Rodrigos Position als Kardinal vereinbar sei, „jungen Frauen den Hof zu machen und jenen, die Ihr liebt, Früchte und Wein zu schenken sowie den ganzen Tag nichts im Kopf zu haben als Gedanken an sinnliche Vergnügungen?" Pius, der in jungen Jahren selbst wahrlich kein Puritaner gewesen war, konnte Rodrigo nur inständig bitten, nicht mehr im Kardinalspurpur an Orgien teilzunehmen.

Der Gesandte von Mantua in Siena, Bartomero Bonatti, kommentierte: „Kämen alle innerhalb eines nächsten Jahres geborenen Kinder wie ihre Väter gekleidet zur Welt, würden nicht wenige als Priester und Kardinäle erscheinen."

Bonatti berichtete seiner Mätresse, der Marchesa von Mantua, auch, daß sich Rodrigo „in Gesellschaft einer der schönsten Frauen seit Menschengedenken" sehen ließ. Sie hieß Nachine, eine reiche Kurtisane, deren Liaison mit Kardinal Borgia allgemein bekannt war. Selbst an den Maßstäben der damaligen Zeit gemessen war Rodrigo Borgias Verhalten schlichtweg skandalös. Doch der Tadel von Pius II. bremste ihn ein wenig, zumal er einen neuerlichen Anlauf auf das Pontifikat unternahm.

1461 lernte Rodrigo während des Konzils von Mantua die römische Schönheit Vannozza Catanei kennen. Sie war achtzehn. Er nannte sie Rosa. Er hatte bereits mit ihrer Mutter, möglicherweise auch mit ihrer Schwester geschlafen, doch Vannozza sollte seine langjährige

Geliebte werden. Sie war eine außergewöhnlich schöne Frau mit einem ovalen Gesicht, Mandelaugen und einem kleinen, aber wohlgeformten Mund. Dazu besaß sie ein leidenschaftliches Temperament und ein sprunghaftes Wesen, das ihn zu faszinieren schien.

Mit Rücksicht auf Pius' bekannte Einstellung zu seinen allzu offenkundigen Exzessen brachte Rodrigo Rosa in Venedig unter, während er selbst nach Rom zurückkehrte. Er besuchte sie häufig und führte über fast zwanzig Jahre eine rege Korrespondenz mit ihr. In einem Brief schrieb er: „Rosa, meine Liebe, folge meinem Beispiel und bleibe keusch bis zu jenem Tag, an dem es mir erlaubt sein wird, zu Dir zu kommen, und wir unsere tiefe Zuneigung mit endloser Sinnlichkeit verschmelzen. Bis dahin lasse keine Lippen Deine Reize entweihen, lasse keine Hand jene Schleier heben, die mein höchstes Glück bedecken. Noch ein wenig Geduld, und ich werde haben, was er, den man meinen Onkel nannte, mir als Erbe hinterlassen hat, den Stuhl Petri. Unterdessen kümmere Dich mit großer Sorgfalt um die Erziehung unserer Kinder, denn sie sind bestimmt, über Nationen und Könige zu herrschen."

Er hatte vier Kinder mit Vannozza: Cesare, geboren 1475; Juan, geboren 1477; Lucrezia, geboren 1480 und Jofré, geboren 1481. Der Skandal hielt sich in Grenzen, da Rodrigo vorausschauend eine ehrbare Ehe für Rosa arrangiert hatte.

EIN LEBEN IN SAUS UND BRAUS

Inzwischen baute er seine Machtbasis weiter aus. Ein von seinem Reichtum geblendeter Zeitgenosse schrieb: „Seine päpstlichen Ämter, seine zahlreichen Abteien in Italien und Spanien sowie seine drei Bistümer Valencia, Porto und Cartagena sichern ihm ein ungeheures Einkommen, und man sagt, allein das Amt des Vizekanzlers bringe ihm 8000 Goldflorin. Sein Silber und Gold, seine Perlen, seine Stoffe aus Seide und Brokat und seine Bücher aus jedem Fachgebiet sind äußerst zahlreich, und alles ist von einer Pracht, die eines Königs oder Papstes würdig ist. Weder die unzähligen Bettbehänge noch den Schmuck seiner Pferde oder seine prächtige Garderobe muß ich gesondert erwähnen, auch nicht sein riesiges Vermögen in Goldmünzen."

Er gab Unsummen für den Palast aus, den er sich in Rom errichtete. Pius II. verglich ihn mit Neros Villa, sowohl was die Pracht als auch was die Dinge, die sich dort abspielten, betraf.

„Der Palast ist herrlich geschmückt", schrieb Kardinal Ascanio Sforza. „Die Wände der großen Eingangshalle sind mit kostbaren Gobelins verhangen, die Teppiche auf dem Boden harmonieren mit dem Mobiliar, darunter ein luxuriöses Ruhebett bezogen mit rotem Satin und einem Baldachin darüber, und eine Truhe, auf der eine enorme Sammlung von einzigartigem Tafelsiber und Tafelgold stand. Dahinter befanden sich zwei weitere Räume, der eine mit Tapisserien aus feinem Satin, Teppichen und einem weiteren Himmelbett mit einer Decke aus alexandrinischem Samt; das andere Zimmer war noch prächtiger, und darin stand eine mit Goldbrokat bezogene Liege. In diesem Raum lag ein Tuch aus alexandrinischem Samt über dem Tisch in der Mitte, darum waren kunstvoll geschnitzte Stühle angeordnet."

RODRIGO MACHT ERNEUT EINEN ANLAUF PAPST ZU WERDEN

Trotz all seiner Winkelzüge gelang es Rodrigo jedoch nicht, die Nachfolge von Pius II. anzutreten. Paul II. machte das Rennen. Bei dessen Tod hielt man Rodrigo immer noch für zu jung, um den Heiligen Stuhl zu besteigen. Er hatte aber inzwischen einen gewaltigen Einfluß, den er nutzte, um die Wahl von Francesco della Rovere zu Papst Sixtus IV. zu betreiben, wofür er im Gegenzug noch mehr Macht und Reichtum erhielt.

Unter Sixtus IV. kaufte Rodrigo die reiche Abtei von Subiaco und wurde päpstlicher Legat für Aragon und Kastilien. Während des Aufenthaltes in Spanien begingen er und seine Männer jedoch so viele Vergewaltigungen und Morde, daß sie von Heinrich dem Schwachen, dem König von Kastilien, des Landes verwiesen wurden.

Bei seiner Rückkehr nach Rom sah Rodrigo keinerlei Grund zu weiterer Diskretion und ließ Vannozza Catanei und ihre Kinder kommen. Er kaufte ihr einen Palast in einem ruhigen Teil der Stadt. Sie nahm Namen und Titel eines seiner Strohmänner an, der sich als ihr Ehemann ausgab, und hieß fortan Gräfin Ferdinand von Kastilien. Unter dem Vorwand, seinen Landsmann besuchen zu wollen, verkehrte Rodrigo ungehindert in ihrem Haus.

Während Sixtus IV. von Innozenz VIII. abgelöst wurde, blieben Rodrigos weltliche Aktivitäten vor dem Hintergrund der allgemeinen Ausschweifungen der Zeit unbemerkt. Rom war zu einem einzigen großen Bordell geworden, in dem 50 000 Prostituierte arbeiteten. Taschendiebe, Schläger, Banditen und mordlustige Strolche bevölkerten die Straßen. Die allgemeine Lage war so schlimm, daß, als das Konklave nach dem Tod von Innozenz VIII. einberufen wurde, Soldaten vor den Häusern der Kardinäle postiert werden mußten, um zu verhindern, daß sie in Abwesenheit der Geistlichen ausgeplündert wurden. Die Straßen zum Vatikan mußten mit Bauholz verbarrikadiert und von Soldaten zu Fuß und zu Pferd bewacht werden.

Unter Rodrigos Einfluß als Vizekanzler der Kirche war Rom zu einem öffentlichen Marktplatz geworden, auf dem alle heiligen Ämter zum Verkauf standen. Selbst der Papsttitel ging an den Meistbietenden. Als 1492 Papst Innozenz VIII. starb, galt Kardinal della Rovere als der große Favorit. Er verfügte über 100 000 Golddukaten von der Republik Genua und weitere 200 000 vom König von Frankreich, um seinem Anspruch den nötigen Nachdruck zu verleihen.

DAS KONKLAVE VON 1492

Doch inzwischen war Rodrigo Borgia unter vier Päpsten Vizekanzler des Heiligen Stuhls gewesen und hatte in dieser Position ungeheuren Reichtum angehäuft. Die von ihm gebotenen Bestechungsgelder waren atemberaubend. Er verschenkte reiche Abteien, luxuriöse Villen und ganze Städte, um sich die Stimme eines Kardinals zu sichern.

Während des fünftägigen Konklave im August 1492 operierte er mit Versprechungen auf profitable Beförderungen und unverhohlenen Bestechungen, um die Wahl für sich zu entscheiden. Manche Kardinäle wollten Paläste, andere Burgen, Land oder Geld. Kardinal Orsini verkaufte seine Stimme für die Burgen Monticelli und Sariani. Kardinal Ascanio Sforza wollte vier Maultierladungen Silber – und das lukrative Kanzleramt der Kirche, um seine Zustimmung zu garantieren. Kardinal Colonna bekam die reiche Abtei St. Benedikt mitsamt aller dazugehörigen Domänen und Patronatsrechte für sich und seine Familie auf ewige Zeiten. Der Kardinal von St. Angelo wollte das Bistum Porto, die dortige Burg und einen Keller voll Wein. Kardinal Savelli erhielt die Civita Castellana.

Ein unparteiischer Wähler war Kardinal Gherardo von Venedig. Er war fünfundneunzig und höchstwahrscheinlich senil. Er wurde nicht bestochen und stellte keine Forderungen, dennoch stimmte er für Rodrigo.

RODRIGO BESTEIGT ENDLICH ALS ALEXANDER VI. DEN HEILIGEN STUHL

Rodrigo fehlte jedoch immer noch eine Stimme zum Sieg. Die ausschlaggebende Stimme gehörte einem venezianischen Mönch. Er wollte lediglich 5000 Kronen und eine Nacht mit Rodrigos Tochter, der reizenden zwölfjährigen Lucrezia. Das Geschäft wurde besiegelt, und mit den Stimmen von zweiundzwanzig Kardinälen in der Tasche wurde Rodrigo Borgia zu Papst Alexander VI. (1492–1503) gekürt.

Die Kardinäle, die Alexander VI. gewählt hatten, machten sich keine Illusionen darüber, wen sie sich angelacht hatten. Giovanni de' Medici, der spätere Leo X., bemerkte zu Kardinal Cibò: „Nun sind wir in den Fängen des vielleicht wildesten Wolfs, den die Welt je gesehen hat. Entweder fliehen wir, oder er wird uns ohne Zweifel verschlingen."

Das ließ sich Kardinal della Rovere nicht zweimal sagen. Er floh vernünftigerweise nach Frankreich und hielt sich fast für die gesamte Dauer von Alexanders Pontifikat dort versteckt. Andere nahmen sich betont zurück, oder sie mußten feststellen, daß ihre Karrieren vorzeitig beendet waren. Aber Rodrigo scherte sich keinen Deut darum, was die Leute sagten. Er hatte bekommen, was er wollte.

Gibbon nannte Alexander den „Tiberius des christlichen Rom". Alexanders Zeitgenosse, der Florentiner Staatsmann Francesco Guicciardini, vertrat einen weniger moralisierenden Standpunkt. Er sagte: „Die Güte eines Pontifex wird gepriesen, wenn sie nicht die Verderbtheit anderer Männer übertrifft." Ein weiterer Kritiker hieß Alexander „einen höchst schwelgerischen Tyrannen; die bestialische Natur dieses gottlosen Schurken läßt sich mit Worten nicht erfassen".

Es gingen Gerüchte um, Alexander habe einen Pakt mit dem Teufel geschlossen, um sich das Pontifikat zu verschaffen. Doch die hartnäckigste Beschuldigung lautete, daß er „intim war mit seiner drei-sten Tochter Lucrezia".

Nach der Sesselprüfung – die sich in Rodrigos Fall eigentlich hätte erübrigen müssen – und seiner Inthronisation hielt Alexander eine gewaltige Parade durch Rom ab. Die Straßen waren mit Blumen ge-schmückt, und an den öffentlichen Gebäuden hingen Flaggen. Alle Fürsten der Christenheit schickten Gesandte. Nur Ferdinand, der Kö-nig von Neapel, lehnte es ab, diplomatische Beziehungen aufzuneh-men.

ALEXANDER FINDET SICH IN SEIN AMT EIN

Rodrigo Borgia wurde zwar zu Alexander VI. gekrönt, aber genau genommen hätte er Alexander V. sein müssen. Der 1406 auf dem Konzil von Pisa gewählte Alexander V. stand nicht mehr auf der of-fiziellen Liste der Päpste. Seit der Absetzung von Johannes XXIII. im Jahre 1415 auf dem Konstanzer Konzil lief er als Gegenpapst. Aber der Pisaner Gegenpapst, der durch seinen Hofstaat von Frauen Bekanntheit erlangt hatte, war anscheinend ein Mann nach Rodrigos Geschmack, und daher zollte er seinem lasziven Vorgänger auf diese Art indirekt Tribut.

Rodrigo förderte mit Begeisterung Darbietungen, in denen nackte und wohlproportionierte Frauen figurierten. Manchmal unterbrach er dafür sogar die Heilige Messe. Einmal holte er kichernde Frauen vor den Altar, die auf der Heiligen Hostie herumtrampelten. Er nutz-te ferner jeden sich bietenden Vorwand für ein Fest, was stets darauf hinauslief, Kurtisanen in großer Zahl in die päpstlichen Gemächer zu holen. Wohin er auch reiste, stets begleitete ihn ein Gefolge spärlich bekleideter Tänzerinnen.

Alexander zeigte sich sehr nachsichtig gegenüber den sexuellen Eskapaden anderer. Als Papst sprach er am Grab eines fünfzehnjäh-rigen florentinischen Burschen den Segen, der, so hieß es, an maßlo-sem Geschlechtsverkehr gestorben war. Er hatte sieben Mal in einer Stunde mit einem jungen Mädchen geschlafen – andere Stimmen behaupten, es seien elf Mal in einer Nacht gewesen –, dann erlag er dem Fieber und verschied.

Gleichzeitig versuchte Alexander, sich zu der sittenstrengen Haltung zu erziehen, die sich für einen Papst geziemte. 1496 erließ er eine Bulle, mit der er eine Reform des Benediktinerordens in die Wege leiten wollte. Er bemerkte, „beide Geschlechter in dieser alten und ehrwürdigen Institution gäben sich der schamlosesten Lasterhaftigkeit hin".

DIE STIMME DES BLUTES

Neben seinen beiden großen Leidenschaften Geld und Frauen stand Rodrigos tiefe Liebe zu seinen Kindern. Kaum daß er Papst war, machte sich Alexander VI. sofort daran, seine unehelichen Nachkommen zu protegieren, ganz besonders seine vier Lieblingskinder von Vannozza Catanei.

Am Tag von Alexanders Inthronisation wurde sein lasterhafter siebzehnjähriger Sohn Cesare zum Erzbischof von Valencia ernannt. In einem Konsistorium, bei dem Alexander Vannozza Cataneis Bruder und den fünfzehnjährigen Günstling Ippolito d'Este beförderte, erhielt Cesare den Kardinalshut.

Geschickt umging Alexander die Auflage, daß ein Kardinal ehelich geboren sein mußte. Er verfaßte zwei päpstliche Bullen. Die eine war für die Öffentlichkeit bestimmt und verkündete, Cesare sei der Sohn von Vannozza Catanei und ihrem „Gemahl". In der zweiten, die geheimgehalten wurde, erkannte er Cesare als seinen Sohn an.

Zunächst hielt Alexander es für ratsam, Cesare von Rom fernzuhalten, und schickte ihn nach Siena, wo er sich am Palio beteiligen sollte, dem berühmten Pferderennen um den zentralen Platz der Stadt. Cesare sicherte sich den Sieg durch einen einfachen Kunstgriff: er bestach die Preisrichter. Etwa einen Monat nach Alexanders Machtübernahme kehrte Cesare nach Rom zurück, bezog einen Palast in der Nähe des Vatikans und begann dort eine Reihe Freundinnen und Scharen von Prostituierten zu empfangen.

„Vorgestern habe ich Cesare in seinem Haus in Trastevere aufgesucht", schrieb ein gewisser Andrea Boccaccio. „Er stand gerade im Begriff, auf die Jagd zu gehen. Er trug ein weltliches Gewand aus Seide und hatte sich das Schwert umgeschnallt. Er hatte nur eine kleine Tonsur wie ein einfacher Priester. Ich ritt an seiner Seite, und wir unterhielten uns ausführlich. Ich stehe mit ihm auf vertrautem Fuß. Er besitzt die Umgangsformen eines wahren Fürsten, ist sehr bescheiden und sein Auftreten ist erheblich angenehmer als das des Herzogs von Gandia, seines Bruders."

Als Papst holte Rodrigo seine Mätresse und seine Tochter in den Vatikan. Bei Pinturicchio gab er ein lebensgroßes Porträt in Auftrag, das ihn in kostbarem Brokat und mit opulentem Schmuck zeigt; es hing in seinen Zimmern im Apostolischen Palast. Außerdem begann er, die politische Machtbasis des Papsttums auszubauen, die seit dem Exil in Avignon zunehmend geschwunden war.

LUKRATIVE NEBENVERDIENSTE

Alexanders anderer großer Ehrgeiz im Amt galt der Wiederbeschaffung des Geldes, das er für Bestechungen zur Erlangung des Pontifikats ausgegeben hatte. Das war eine seiner leichteren Übungen. Bei einer Mordrate von etwa vierzehn Toten pro Tag in Rom ließ Alexander die Täter einfach laufen – gegen eine kleine Gebühr. Denn immerhin, bemerkte der Papst spitzfindig: „Der Herr will nicht den Tod des Sünders, sondern daß er zahlt und lebt."

Simonie war eine weitere gute Einnahmequelle. Wer Kardinal werden wollte, konnte sich diese Position einfach erkaufen. Um die Einnahmen nicht versiegen zu lassen, sorgte Alexander dafür, daß die Kardinäle bald vergiftet wurden, die er zuvor ernannt hatte. So konnte er nicht nur ihren Kardinalshut erneut verkaufen, sondern auch alle ihre Besitztümer einstreichen, die auf die Kirche übergingen – soll heißen, auf Papst Alexander. Er setzte einfach fort, was er als Vizekanzler angefangen hatte, nur daß er jetzt andere Pfründen und Ablässe verkaufte. Einem Adligen berechnete er 24000 Goldstücke für die Erlaubnis, mit seiner Schwester Blutschande zu begehen. Peter Mendoza, Kardinal von Valencia, erkaufte sich die Genehmigung, seinen Liebesknaben leiblichen Sohn nennen zu dürfen.

„Es ist erforderlich, ein guter Fürst zu sein", verkündete Alexander, „und wir können nicht guten Gewissens unseren Untertanen eine Freiheit verwehren, die wir uns selbst womöglich viele Male genommen haben."

Auch Mord war ein hübscher Nebenverdienst. Der permanenten Bedrohung überdrüssig, die sein Bruder darstellte, der sich immer noch als Flüchtling im Vatikan aufhielt, schickte der osmanische Sultan Bajasid II. Alexander 40 000 Golddukaten, für die er Dschem ermorden sollte. Doch so billig war Alexanders Hilfe nicht zu haben. Er wartete ab. Weitere 200 000 Dukaten legte der Sultan nach. Dann ließ Alexander Dschem vergiften.

ALEXANDER UND DIE „BRAUT CHRISTI"

Nachdem Rodrigo Borgia sich ins Pontifikat eingelebt hatte, war seine langjährige Geliebte Vannozza Catanei unterdessen alt geworden und ihre Schönheit verwelkt. Also nahm sich der achtundfünfzigjährige Alexander eine andere Geliebte, die fünfzehnjährige Giulia Farnese. Sie war so schön, daß die Römer sie nur als „Giulia Bella" kannten – Julia die Schöne.

Im „Sternenzimmer" des Borgia-Palastes hatte Alexander ihre Trauung mit Orsino Orsini zelebriert und nahm das junge Paar unter seine Fittiche. Kurz darauf zerrte er die junge Braut in sein Bett. Das war Bestandteil einer Vereinbarung, die Alexander mit Giulias Bruder Alessandro getroffen hatte. Er verschaffte dem Papst den Genuß ihrer Gunst als Gegenleistung für den Freispruch von einer Anklage wegen Fälscherei. Als guter römischer Gatte tolerierte Orsino Orsini das Arrangement. Er war auf einem Auge blind und wußte, so hieß es, wann er das andere zudrücken mußte.

Obwohl Alexanders Liaison mit Giulia Farnese als flüchtige Affäre begann, schlich sich bald echte Leidenschaft in ihre Beziehung. Um seinen Zugriff auf die schöne Giulia nicht zu verlieren, verlieh der Papst Alessandro Farnese im jugendlichen Alter von neunzehn den Kardinalshut. Dies brachte Alessandro den Spitznamen „Kardinal Unterrock" ein. Später wurde er dann Papst Paul III. (1534–1549).

In ganz Italien war Giulia bekannt als die „Braut Christi" und die „Hure des Papstes". Jeder, der ihrer blendenden Schönheit ansichtig wurde, verstand Alexanders Vernarrtheit sofort. Sie war „Herz und Augen" des Papstes, wie ein Diplomat sich ausdrückte. Alexander ließ sie in einem Madonnenporträt verewigen, das Giulias Gesichtszüge trug. Sie hatten gemeinsame Kinder, aber Alexander gab seine erste Tochter Laura als eine Orsini aus – als sei Giulias Ehemann der Vater. Der florentinische Botschafter ließ sich jedoch nicht in die

Irre führen. Er schrieb nach Hause: „Die Ähnlichkeit des Kindes mit dem Papst ist derart, daß es einfach von ihm sein muß." Sie hatten auch einen Sohn, Rodrigo, der kurz vor Alexanders Tod zur Welt kam.

LUCREZIA KOMMT UNTER DIE HAUBE

Giulia und Alexanders Tochter Lucrezia wurden enge Freundinnen. Sie machten sich einen Spaß daraus, mit allen Besuchern der päpstlichen Gemächer zu flirten. Alexander wurde eifersüchtig und beschloß, es sei an der Zeit, Lucrezia unter die Haube zu bringen. Sie war eine schöne Frau mit blondem Haar und blauen Augen. Alexander liebte sie von ganzem Herzen, und jeder, der ihr begegnete, war von ihrer Fröhlichkeit angetan.

„Sie hatte ein Lächeln, das ihr Gesicht auf tausend verschiedene Weisen erstrahlen ließ", schrieb Andrea Boccaccio, der damals als Botschafter von Ferrara am päpstlichen Hof weilte. „Noch nie schien ein zartes Wesen glücklicher zu leben."

Ein Besucher am päpstlichen Hof schrieb über sie: „Sie ist mittelgroß und von anmutiger Gestalt, ihr Gesicht ist recht schmal, die Nase wohlgeschnitten, das Haar golden, ihr Mund ist eher groß, die Zähne strahlend weiß, der Hals schlank und hell und ihr Busen vortrefflich proportioniert. Sie ist stets fröhlich und lächelt viel."

Alexander verlobte sie mehrere Male, dann arrangierte er eine vorteilhafte Heirat mit Giovanni Sforza, dem Baron von Pesaro. Einer der früheren Verlobten, Don Gasparo de Procida, schlug deswegen Krach.

„Es wird viel geklatscht über Pesaros Heirat", schrieb Andrea Boccaccio. „Der erste Bräutigam ist hier und schreit Zeter und Mordio, als Katalane, sagt er, wird er bei allen Fürsten und Potentaten der Christenheit protestieren; aber *nolens volens* wird er sich wohl fügen müssen."

Rodrigo fand ihn kurzerhand mit 3000 Golddukaten ab. Don Gasparo verzichtete auf seinen Anspruch auf Lucrezias Hand und kehrte nach Spanien zurück.

Lucrezia heiratete standesgemäß in der Sala Reale. An ihrer Seite gingen die Enkelin von Papst Innozenz VIII., Giulia Farnese und weitere 150 römische Damen, die angeblich die Aufmerksamkeit Alexanders erregt hatten. Beim Hochzeitsbankett nahmen der Papst und seine Mätresse den Ehrenplatz ein. Die Kleidung Alexanders übertraf an Pracht noch die der Braut. Er trug eine goldene türkische Robe, deren Schleppe von einer afrikanischen Sklavin getragen wurde.

„Aus Anlaß der Hochzeit gab es Feste und Orgien, die der gnädigen Frau Lucrezia würdig waren", berichtete Stefano Jufessura. Man vergnügte sich bei Tanz, Gelagen und einer „weltlichen Komödie", auch kam es zu tumultartigen Ausschreitungen. Besonders dem Papst bereitete es großes Vergnügen, Konfetti in die tief ausgeschnittenen Dekolletés der Damen zu werfen.

„Abends ließen sich Seine Heiligkeit, der Kardinal Borgia [Cesare], der Herzog von Gandia [Juan], einige Höflinge und verschiedene adlige Damen zum Mahl nieder, bei dem Narren und Tänzer beiderlei Geschlechts auftraten, die zur großen Belustigung der Gäste obszöne Schauspiele aufführten", überliefert uns ein Chronist. „Gegen Morgen führte Alexander VI. das junge Paar in die eheliche Kammer, in deren Mitte ein prächtiges Bett ohne Vorhänge gestellt worden war. Dort fanden dann solch schockierende und scheußliche Szenen statt, die sich mit Worten weder ausdrücken noch beschreiben lassen. Der Papst übernahm die Rolle der Brautmutter seiner Tochter; Lucrezia, diese Messalina, die bereits als Kind von ihrem Vater und ihren Brüdern in die schrecklichsten Ausschweifungen eingeführt worden war, spielte, in diesem Fall, die Rolle der Unschuld, um die Obszönitäten der Komödie zu verlängern; und der Vollzug der Ehe fand in Gegenwart der päpstlichen Familie statt."

DER PAPST IST EIFERSÜCHTIG...

Nach der Hochzeit weigerte sich Lucrezia, ihrem Mann nach Pesaro zu folgen, und lebte weiterhin im Vatikan. Laut Burchard: „Sie verließ niemals die Gemächer des Papstes, weder tagsüber noch nachts." Schließlich konnte Lucrezia doch noch dazu bewegt werden, ihren Ehemann zu besuchen, und die schöne Giulia begleitete sie, was den Schmerz des Papstes noch verdoppelte.

Alexander wurde rasend eifersüchtig, als Giulia aus Pesaro schrieb und ein wenig zu übertrieben Caterina Conzaga lobte, eine Verwandte von Lucrezias Gatten Giovanni Sforza.

Der Papst antwortete: „Wir wissen sehr wohl, daß Eure Auslassungen und weitschweifigen Äußerungen über die Schönheit dieser Person, die nicht einmal wert ist, Euren Schuh zu binden, auf jene Bescheidenheit zurückzuführen ist, der Ihr Euch in dieser wie auch in allen anderen Angelegenheiten befleißigt. Weiterhin sind wir Uns wohl bewußt, warum Ihr Euch so verhaltet; damit Ihr erfahrt, daß jeder, der Uns schrieb, sagte, daß sie neben Euch wirkte wie eine zur Sonne erhobene Laterne, damit Wir Eure Schönheit noch mehr zu schätzen wüßten, an der Wir, um die Wahrheit zu sagen, niemals Zweifel hegten. Und Wir würden uns wünschen, daß Ihr, so sehr Wir dies zweifelsfrei wissen, für Euren Teil gänzlich und in aller Deutlichkeit und ohne jede Vorbehalte, jener Person ergeben treu seid, die Euch mehr liebt als alles andere auf der Welt."

Kurz – er vermißte sie. Als er ein zweites Mal schrieb, informierte ihn Lucrezia, Giulia und Alexanders Cousine Adriana del Mila, die Lucrezias Gouvernante gewesen war, seien nach Capodimonte, dem Familiensitz der Farnese, weitergereist, wo Giulias Bruder Angelo im Sterben liege.

…UND WIRD WÜTEND

Alexander war wütend und sandte eine in scharfen Worten abgefaßte Erwiderung an Lucrezia. „In Wahrheit haben Don Giovanni und Ihr selbst sehr wenig Rücksicht auf Uns an den Tag gelegt, soweit es diese Abreise von Madonna Adriana und Giulia betrifft, da Ihr ihnen gestattet habt, ohne Unsere Erlaubnis aufzubrechen", schrieb er. „Denn Ihr hättet daran denken müssen, und dies war tatsächlich Eure Pflicht, daß eine solch jähe Abreise ohne Unser Wissen Uns das größte Mißfallen bereiten würde. Und wenn Ihr sagt, sie taten dies, weil Kardinal Farnese es so anordnete, dann hättet Ihr Euch fragen sollen, ob dies dem Papst wohl gefiele. Wie auch immer, es ist getan. Aber beim nächsten Mal werden Wir aufmerksamer sein und dafür Sorge tragen, festzustellen, wo Eure wahren Interessen liegen."

Ein eifersüchtiger Brief an Giulia in Capodimonte folgte. Sie antwortete: „Da Euer Heiligkeit mir in streng ermahnenden Worten schreiben, ich solle mich betragen, wie es sich für meine Position ziemt, und ich solle auf meine Tugendhaftigkeit achten, kann ich Euer Heiligkeit diesbezüglich sofort beruhigen. Seid versichert, daß ich Tag und Nacht keinen anderen Gedanken in mir trage – sowohl zu meiner eigenen Ehre als auch aus Liebe zu Euer Heiligkeit – als mich der heiligen Katharina wert zu erweisen."

Die heilige Katharina war eine jungfräuliche Märtyrerin, doch wie Alexander diese Anspielung auffaßte, kann nicht mit Sicherheit beantwortet werden. Jedenfalls ließ er sich in seinen vatikanischen Gemächern von Pinturicchio ein Fresko mit dem Titel „Die Disputation der heiligen Katharina" malen. Darin erscheint Rodrigo Borgia sowohl als bewundernder junger Bischof wie auch als der heilige Papst Alexander VI., während Lucrezia als Vorbild für die Märtyrerin diente.

EIN BRIEF JAGT DEN ANDEREN

Um Alexander weiter zu beschwichtigen, schrieb Giulia, daß Adriana de Mila, die Gouvernante all seiner Kinder gewesen war, ihre Treue bestätigen würde. Es folgte ein stürmischer Briefwechsel.

„Giulia, meine liebste Tochter", schrieb Alexander, „ich habe Deinen Brief erhalten, der mich, wäre er denn etwas länger und ausführlicher gewesen, noch glücklicher gemacht hätte."

Sie antwortete überschwenglich: „An meinen einzigen Herrn." Dann tat sie alle Berichte über den Spaß, den sie ohne ihn erlebte, mit den Worten ab: „Und da Euer Heiligkeit bei der Lektüre der oben genannten Dinge womöglich denkt, daß wir in eitel Freude und Heiterkeit schwelgen, möchten wir versichern, daß dies ein großer Irrtum ist, denn fern von Euer Heiligkeit, an dem all mein Glück und Wohlbefinden hängen, bedeutet es mir keinerlei Befriedigung, solche Freuden zu kosten. Wo immer mein Schatz ist, da wird auch mein Herz sein. Und wer anderes behauptet, ist ein Tor. Also beschwören wir Euer Heiligkeit, vergeßt uns nicht ... und sollte Euer Heiligkeit geruhen, an uns zu denken, dann holt uns bald zurück, damit wir die Füße küssen, die wir so vermissen und nach denen wir uns sehnen."

Dann kam Alexander zu Ohren, daß Giulias Mann Orsino Orsini wegen einer angeblichen Erkrankung von seiner Militärgarnison auf den Familienbesitz nach Bassanello zurückgekehrt war. Der liebeskranke Papst argwöhnte, der junge Orsini könnte womöglich den Versuch machen, seine Braut zurückzugewinnen, und schrieb Giulia einen Brief, in dem er ihr verbot, nach Bassanello zu reisen. Sie antwortete, es gebe politische Gründe, es doch zu tun.

Also schrieb Alexander an Kardinal Alessandro Farnese und verlangte, daß dieser einschritt. Als Farnese zauderte, schrieb Alexander erneut, diesmal mit drohendem Unterton: „Ihr wißt sehr wohl, wieviel Gutes Wir an Euch getan haben, und auch, mit wieviel Liebe. Niemals hätten Wir geglaubt, Ihr könntet Unsere Gefälligkeiten so schnell vergessen und Orsini höher schätzen als Uns. Wir beschwören und ermahnen Euch, es Uns nicht mit dieser Münze zu vergelten, denn damit tut Ihr weder jenen Versprechungen genüge, die Ihr Uns so oft gemacht habt, noch Eurer Ehre und Eurem eigenen Wohlergehen."

Einen solchen Brief von einem Ungeheuer wie Alexander VI. zu erhalten, muß Farnese erschüttert haben.

PAPST ALEXANDER DROHT SEINER GELIEBTEN MIT EXKOMMUNIKATION

Am gleichen Tag schrieb Alexander an Giulia und schmähte sie. Unter die griechischen Initialen von Jesus Christus schrieb er: „Undankbare und verräterische Giulia, Wir haben über Navarico einen Brief von Euch erhalten, in dem Ihr andeutet und erklärt, daß Ihr nicht die Absicht hegt, hierher zu kommen, sofern es Orsino nicht genehm ist; und auch wenn Wir bisher nur zu gut Eure lasterhaften Neigungen verstanden haben wie auch, bei wem Ihr um Rat ersucht habt, konnten Wir Uns in Anbetracht Eurer geheuchelten und vorgetäuschten Versicherungen nicht ganz überzeugen, daß Ihr in der Lage wäret, uns mit einer solchen Undankbarkeit und Illoyalität zu begegnen (nachdem Ihr so oft geschworen und Uns Euer Wort gegeben habt, Uns stets zur Verfügung zu stehen und keinesfalls mit Orsino zu verkehren), wie jetzt das genaue Gegenteil zu tun und nach Bassanello zu reisen, unter großer Gefahr für Euer Leben; noch können Wir glauben, daß Ihr so handelt, es sei denn, um sich ein zweites Mal von diesem Hengst aus Bassanello schwängern zu lassen. Und Wir hoffen, daß sowohl Ihr als auch Madame Adriana, die undankbarste aller Frauen, schon sehr bald Eure Schuld zugeben und eine angemessene Strafe dafür erleiden werdet. Und überdies befehlen Wir Euch im Hinblick auf die Gegenwart, unter Androhung der Exkommunikation und ewiger Verdammnis, daß Ihr Euch nicht aus Capodimonte fortbewegt, geschweige denn in Angelegenheiten, die Unseren Staat betreffen, nach Bassanello reist."

Das war ein bißchen arg. Im Italien der Renaissance hatte Giulia sowohl nach kirchlichem wie nach weltlichem Recht ihrem Mann bedingungslos zu gehorchen. Es wäre ein lohnender Gegenstand für einen theologischen Disput, ob ihre eheliche Gehorsamspflicht mehr zählte als die Anweisungen des Papstes.

Auch Adriana de Mila kam nicht ungeschoren davon. „Am Ende habt Ihr all das Schlechte und die Bosheit in Eurem Herzen offenbart", schrieb Alexander. „Seid versichert, daß Ihr die höchst angemessene Strafe für Eure Täuschung erhalten werdet."

ULTIMATIVE DROHUNGEN UND ENDE EINER KRISE

Sollte sie Capodimonte ohne seine Erlaubnis verlassen, versprach er, würde er ihren gesamten Besitz einziehen und sie der ewigen Verdammnis übergeben. Und nur für den Fall, daß Kardinal Farnese Schwierigkeiten hatte, sich darüber klar zu werden, was er Giulia sagen sollte, schickte Alexander ihm ein päpstliches Breve und setzte das volle Gewicht der kirchlichen Autorität ein, um Giulia daran zu hindern, Orsino zu besuchen – „diesen Affen", wie Alexander ihn jetzt nannte.

Der Abgesandte, der mit dem Breve auf den Weg geschickt wurde, erhielt Anweisung, Giulia und Adriana klarzumachen, daß sie ihre Exkommunikation riskierten. Ein weiterer Abgesandter ritt nach Bassanello und unterrichtete Orsino, daß auch ihn die Exkommunikation erwarte, falls er nicht innerhalb von drei Tagen in Rom erschien. Orsinos Beichtvater warnte Alexander, der junge Mann fühle sich durch die Affäre seiner Frau mit dem Papst derart gedemütigt, daß er jetzt alles wagen würde, um sie zurückzugewinnen.

Ohne Lucrezias Gesellschaft fiel es Alexander noch schwerer, seinen Schmerz zu ertragen. Er schrieb ihr tadelnd: „Seit mehreren Tagen haben Wir keinen Brief mehr von Euch erhalten. Euer Versäumnis, Uns zu schreiben, wie es Euch und Unserem geliebten Sohn Don Giovanni geht, bereitet Uns große Pein. Seid in Zukunft rücksichtsvoller und zuverlässiger."

Lucrezias Erwiderung war sehr anteilnehmend. „Wir verstehen, daß in Rom die Lage nicht zum Besten steht", schrieb sie. Angesichts des Einmarsches der französischen Armee in Italien und der Forderung, den päpstlichen Staat durchqueren zu dürfen, um Neapel angreifen zu können, war dies schon eine kräftige Untertreibung. „Ich bitte Euer Glückseligkeit inständig, die Stadt zu verlassen, und sollte dies nicht möglich sein, seid bitte äußerst vorsichtig, und Euer Glückseligkeit sollte dies nicht auf Anmaßung zurückführen, sondern einzig und allein auf die große Liebe, die ich empfinde, und seid versichert, Euer Heiligkeit, daß ich niemals in Frieden leben kann, wenn ich nicht regelmäßig von Euer Heiligkeit höre."

ALEXANDERS GELIEBTE ENTFÜHRT

Doch die Krise war ausgestanden – zumindest die romantische. Giulia und Adriana hatten viel zu viel Angst vor Alexander, um nach Bassanello zu reisen. Als Orsino hörte, daß sie nicht kommen würden, kehrte er zu seiner Einheit zurück.

Im November 1494 riskierten es Giulia und Adriana dennoch, Capodimonte zu verlassen. Sie reisten Richtung Viterbo, um Kardinal Farnese aufzusuchen, der eben erst zum dortigen päpstlichen Legaten ernannt worden war. Doch auf dem Weg wurden sie von Vorausabteilungen der französischen Armee gefangengenommen. König Karl klopfte sich vor Lachen auf die Schenkel, als er erfuhr, daß er soeben Alexanders „Herz und Augen" gefaßt hatte.

Alexander bezahlte 3000 Golddukaten Lösegeld, um die beiden Frauen freizubekommen. Sie wurden von einer Ehrengarde von vierhundert französischen Kavalleristen zurückeskortiert. Alexander empfing sie in einem schwarzen Wams, das mit Goldbrokat gesäumt war, spanischen Stiefeln, einem spanischen Gürtel mit Schwert und Dolch und einem schwarzen Birett. Ein Beobachter sagte, er habe „sehr galant" ausgesehen. In dieser Nacht schlief Alexander wieder mit seiner geliebten Giulia im Arm in den vatikanischen Gemächern.

Auch wenn er glühend eifersüchtig war, bedeutete dies nicht, daß er Giulia treu gewesen wäre. Ludovico Sforza berichtete dem Mailänder Senat, daß Alexander innerhalb der ersten Woche ihrer Wiedervereinigung mit drei anderen Frauen geschlafen habe – „eine von ihnen eine Nonne aus Valencia, eine andere eine Kastilierin, eine Dritte ein sehr schönes Mädchen aus Venedig, vielleicht fünfzehn oder sechzehn Jahre alt".

Doch Alexander hatte größere Probleme. Der König von Frankreich stand vor den Toren Roms. Er drohte, Alexander abzusetzen und ihn unter anderem des Ehebruchs, der Blutschande und des Mordes anzuklagen. Da ihm keine Armeen zur Hilfe kamen, öffnete Alexander die Stadttore, obwohl Cesare noch heftigen, wenn auch nutzlosen Widerstand leistete. Um seinen Vormarsch zu sichern, nahm König Karl Cesare als Geisel, während die französische Armee auf Neapel marschierte. Nach einigen Tagen jedoch gelang Cesare in der Verkleidung eines Stallburschen die Flucht; seinen Kardinalspurpur ließ er achtlos über sein Lager geworfen zurück. Wütend befahl Karl zur Vergeltung die Zerstörung einer nahegelegenen Stadt, doch Kardinal della Rovere, der ebenfalls mit den Franzosen gereist war, machte darauf aufmerksam, daß dies ihren Marsch nach Süden nur unnötig verzögern würde.

DIE SYPHILIS MACHT NICHT NUR NEAPOLITANERN ZU SCHAFFEN

Als die französische Armee dann Neapel erreichte, geriet der Widerstand der Einwohner schon bald ins Wanken. Einmal in der Stadt, widerfuhr den französischen Soldaten das gleiche – sie erlagen schnell den schönen, heißblütigen neapolitanischen Frauen. Leider waren diese mit der Syphilis infiziert, die in der Gegend unter dem Namen „neapolitanische Krankheit" grassierte. Im übrigen Europa war die Krankheit damals mehr oder weniger unbekannt, sie sollte sich jedoch bald als „französische Krankheit" in Windeseile von der Spitze Italiens bis zum Ärmelkanal ausbreiten. In gerade einmal zwei Monaten erkrankten 1494 siebzehn Angehörige der päpstlichen Familie und seines Hofes, darunter auch Cesare Borgia, an Syphilis.

Im gleichen Jahr heiratete Jofré Borgia die schöne grünäugige Sancia, Enkelin des Königs von Ferrante, und besiegelte damit eine weitere Allianz. Ihr Hochzeitsbankett dauerte bis drei Uhr morgens, dann wurde das Brautpaar ins Schlafzimmer geleitet, von den Brautjungfern ausgezogen und nackt zu Bett gebracht. Kurz darauf tauchten in alter Tradition König Alfonso und Kardinal Borgia-Lanzol im Schlafzimmer auf, um zuzusehen, wie sich der dreizehnjährige Fürst und die zwanzigjährige Prinzessin küßten und liebkosten. Anscheinend legte das Paar keinerlei Verlegenheit an den Tag. Als man fand, die Ehe sei vollzogen worden, zogen sich die beiden älteren Männer zurück und erlaubten den Frischvermählten, den Rest der Nacht allein miteinander zu genießen.

In seinem Bericht an Alexander charakterisierte dessen Neffe Kardinal Borgia-Lanzol Jofrés Leistung als niveauvoll und spritzig und fügte hinzu, manch einer hätte sicherlich eine Menge Geld geboten, den jungen Bräutigam so engagiert bei der Sache sehen zu können.

Doch offenbar war Jofrés Leistung für Sancia weder niveauvoll noch spritzig genug. Schon bald wurden ihre amourösen Abenteuer in Rom Stadtgespräch. Alexander zieh sie in einem Schreiben eklatanter Sittenlosigkeit. Ihr Hausverwalter sprang ihr zur Seite und führte an, der einzige Mann, der außer ihrem Gatten ihr Schlafzimmer betreten hätte, sei „ein wohlwollender Mann deutlich jenseits der sechzig" gewesen. Da Alexander selbst ebenfalls deutlich über sechzig war, kann dies kaum eine große Beruhigung gewesen sein – besonders da Jofrés Brüder Juan und Cesare um ihre Aufmerksamkeit buhlten. Es dauerte nicht lange, und die sinnliche, inzwischen zweiundzwanzigjährige Sancia bediente beide in ihrem Bett, während sich Jofré, erst fünfzehn, damit tröstete, das Geld mit beiden Händen aus dem Fenster zu werfen.

DIE GRÖSSTE GEFAHR GEHT VON WUNDERMITTELN AUS

Die Auswirkungen der ersten Syphiliswelle in Europa waren verheerend. Die Seuche wütete grauenvoll in jeder Gemeinde. Die Krankheit verlief damals absolut tödlich. Die Menschen besaßen keinerlei Widerstandskräfte, und die Ansteckungsrate war extrem hoch. Jeder Geschlechtsverkehr mit einem Erkrankten bedeutete ein Ansteckungsrisiko von fünfzig Prozent. So etwas hatte es noch nie zuvor gegeben.

Aber die Krankheit allein war nicht die einzige Gefahr. Überall in Rom wurden Wundermedizinen angeboten. Erwischte man die Hausierer, kochte der Volkszorn sofort über. Einmal wurden sechs Bauern mit Knüppeln durch die Straßen Roms geprügelt. Sie boten ein Öl feil, von dem sie behaupteten, es kuriere die Syphilis. Die Menschen bezahlten, um darin zu baden. Bald stellte sich heraus, daß die schlauen Händler das bereits gebrauchte Öl zur Wiederverwendung erneut in Gefäße abfüllten.

SAVONAROLA VERBRENNT SICH DEN MUND

Der Dominikaner Girolamo Savonarola erklärte, die Syphilis sei eine Strafe Gottes. Alexander, inzwischen ebenfalls erkrankt, fand das gar nicht komisch. Von der Kanzel des Doms in Florenz wetterte Savonarola: „Komm her, o degenerierte Kirche. Ich gab dir ein feines Gewand, sagt der Herr, und du hast einen Götzen daraus gemacht. Deine Gefäße verwandelst du in Stolz und deine Sakramente in Simonie. In deiner Lüsternheit bist du eine schamlose Hure geworden. Du bist schlimmer als die Tiere, du bist ein Monstrum und eine Abscheulichkeit. Es gab eine Zeit, als du dich deiner Sünden schämtest, aber jetzt nicht mehr. Du hast ein öffentliches Haus von üblem Ruf errichtet, ein gewöhnliches Bordell."

Und er schoß sich auf Papst Alexander ein: „Ich versichere euch, daß dieser Alexander weder ein Papst ist noch als solcher angesehen werden kann. Beiseite gelassen, daß er seinen päpstlichen Thron durch Simonie erworben hat und daß er die kirchlichen Pfründe jenen überträgt, die dafür den höchsten Preis zahlen, und auch all seine anderen Laster beiseite gelassen, allen Menschen wohl bekannt, versichere ich euch, daß er weder Christ ist noch an die Existenz Gottes glaubt."

Alexander befahl Savonarola, seine Angriffe einzustellen. Als er das nicht tat, bot Alexander ihm einen Kardinalshut an – gratis. Savonarola lehnte ab. Also ließ Alexander ihn 1498 als Häretiker auf dem Scheiterhaufen verbrennen und feierte seinen Tod und zugleich die Taufe seines Kindes von Giulia Farnese mit einer Orgie. Anschließend annullierte er die Ehe von Lucrezia und Giovanni Sforza mit der lächerlichen Begründung, Giovanni habe die ehelichen Pflichten nicht erfüllt, obwohl er mit eigenen Augen gesehen hatte, wie die Ehe vollzogen worden war.

EINE TRAGI-KOMISCHE ANGELEGENHEIT

Giovanni Sforza ließ sich das nicht so einfach bieten. Er verkündete öffentlich, daß er die Ehe vollzogen habe, nicht nur einmal, sondern „zahllose Male". Allerdings war er nicht sonderlich mutig, und es gefiel ihm gar nicht, sich mit Alexander anzulegen, der wahrscheinlich schon plante, ihn vergiften zu lassen. Sforza hatte die Wahl: Entweder gab er zu, daß er impotent war, oder aber seine Ehe wurde wegen Lucrezias vorheriger Verlobung mit Don Gasparo de Procida für ungültig erklärt. In diesem Falle hätte Giovanni die Mitgift zurückzahlen müssen, die er bereits erhalten hatte. Dazu sah er sich allerdings nicht in der Lage. Aber als stolzer Italiener war er auf keinen Fall bereit, sich als impotent zu bekennen.

„Lieber verliere ich meinen ganzen Besitz und mein Leben als meine Ehre", verkündete er.

Giovanni flüchtete aus Rom zu seinem Vetter Ludovico Sforza, dem Herzog von Mailand. Ludovico riet Giovanni, den Papst herauszufordern. Alexander sollte Lucrezia an einen neutralen Ort schicken, wo Giovanni seine Potenz beweisen konnte, indem er sie in aller Öffentlichkeit liebte. Sollte der Papst seiner Tochter diese Demütigung ersparen wollen, sollte Giovanni sich bereit erklären, seine Männlichkeit in den Bordellen Mailands mit Prostituierten unter Beweis zu stellen, bezeugt vom päpstlichen Legaten in Mailand, Kardinal Borgia-Lanzol, Alexanders Neffen.

Das mag uns heute wie ein ziemlich ordinäres Spektakel erscheinen, doch in jener Zeit war es nichts Ungewöhnliches, wenn sich Männer solchen Potenzbeweisen unterzogen. Unter dem Strich stand jedoch: Ludovico war nicht bereit, seinem Vetter mit Waffengewalt beizustehen.

Giovanni ging hart mit dem Papst ins Gericht und behauptete, daß dieser „seine Tochter nur für sich selbst haben wolle" und „bereits bei unzähligen Gelegenheiten Geschlechtsverkehr mit ihr gehabt" habe.

Ganz Italien stand auf Giovannis Seite. Alexanders Behauptung gegen Giovanni ließe sich nur aufrechterhalten, wenn Lucrezia beweisen konnte, daß sie noch Jungfrau war. Allein schon die Idee war lächerlich. Lucrezia war entsetzt bei dem Gedanken, sich von einer Hebamme untersuchen zu lassen, um zu beweisen, daß sie noch *virgo intacta* war, und verkroch sich in einem Konvent.

Kardinal Ascanio Sforza versuchte zu vermitteln, konnte aber nichts erreichen. Alexander und Cesare wollten die Scheidung um jeden Preis erzwingen, da Lucrezia für eine weitere wichtige Allianz benötigt wurde. Widerwillig mußte Kardinal Sforza nachgeben und schreiben, obwohl er „es gern gesehen hätte, wenn diese Ehe von Bestand gewesen wäre ... sei sie doch aufgrund von Impotenz nicht vollzogen worden".

Am Ende konnte Giovanni nur noch nachgeben. Für den Rest von Lucrezias Mitgift, etwa 31 000 Dukaten, unterschrieb er das Dokument, in dem er seine Impotenz bestätigte.

UNTER DEM DECKMANTEL DES PAPSTES

Lucrezia wurde aus dem Kloster geholt und schwor vor einer päpstlichen Kommission, noch Jungfrau zu sein. Das wurde mit Hohngelächter aufgenommen. Viele der päpstlichen Ausschußmitglieder wußten von ihrem Inzest und ihren zahlreichen sexuellen Affären mit Angehörigen des päpstlichen Hofs. Dennoch annullierte die Kommission auf dieser Grundlage ordnungsgemäß die Ehe – „eine Nachricht, bei der ganz Italien vor Lachen schrie", berichtete ein Chronist. „Es war hinlänglich bekannt, daß sie die größte Hure war, die es in Rom je gab."

Seinen Höhepunkt erreichte das Possenspiel, als Lucrezia nach ihrer Scheidung feststellen mußte, daß sie schwanger war. Der Vater war vermutlich Perotto Calderoni, Alexanders gutaussehender Lieblingskämmerer. Aus Zorn, daß Alexanders Pläne nun womöglich doch noch durchkreuzt worden sein könnten, erstach Cesare Calderoni in den päpstlichen Gemächern, und sein Leichnam wurde in den Tiber geworfen.

Paolo Capello, der venezianische Gesandte in Rom, schrieb nach Hause: „Eigenhändig und unter dem Umhang des Papstes ermordete Cesare Meister Perotto, so daß sein Blut in das Gesicht des Papstes hinaufspritzte."

Alexander hatte versucht, den päpstlichen Umhang schützend über seinen jungen Günstling zu breiten. Doch das konnte Cesare nicht aufhalten. Er hackte den armen Kammerherrn in Stücke und ließ seinen Vater, den Papst, blutbesudelt zurück.

Calderoni mochte zwar ein Günstling des Papstes gewesen sein, aber seine Frau erfreute sich noch größerer Gunst beim Stellvertreter Christi. Es hieß, daß Alexander der Vater des Sohnes war, den sie 1497 zur Welt brachte.

Der Mord an Calderoni ließ die Gerüchte nicht verstummen. Einige Monate später berichtete der Gesandte von Ferrara: „Aus Rom ist zu hören, daß die Tochter des Papstes ein Kind entbunden hat."

Das Baby wurde versteckt, aber 1501 erschien Lucrezia mit einem dreijährigen Jungen namens Giovanni, der allgemein als *Infans Romans* bekannt wurde. Unter Historikern ist allerdings immer noch umstritten, wer denn nun der wirkliche Vater dieses Kindes war. Calderoni ist ein Kandidat, und dieser Auffassung war Cesare wohl ebenfalls. Aber es wurden zwei päpstliche Bullen erlassen: die eine benannte Cesare als Vater, die zweite Alexander VI. – was erheblich wahrscheinlicher klingt.

LUCREZIA REGIERT MIT IM VATIKAN

Es besteht kein Zweifel, daß Lucrezia und ihr Vater einander sehr nahegestanden haben. Sie leitete den Vatikan wie eine Regentin, wenn er nicht in Rom war. Sie öffnete offizielle Briefe, kümmerte sich um die Geschäfte und berief die Versammlungen des Heiligen Kollegiums ein. Nach einer Feier führte sie nicht selten den Vorsitz über das Kardinalskollegium, immer noch wie die Teilnehmerin eines Bacchanals gekleidet: die Brüste nackt und der übrige Körper nur spärlich bedeckt von einem durchsichtigen Musselingewand. Bei solchen Gelegenheiten „schlug sie frivole Gesprächsthemen" vor. Und laut Burchard schämte sie sich auch nicht, vor versammeltem Rat „unanständige Liebkosungen" zu spenden oder entgegenzunehmen.

Johann Burchard war Alexanders Majordomus, und er notierte in seinem Tagebuch: „Heute ließ der Papst zur Belustigung der gnädigen Frau Lucrezia einige mit Zweigen beladene Stuten auf den kleinen Hof neben dem Haupteingang des Palastes bringen und ordnete an, daß die Hengste seines Stalles frei von Zaumzeug und Kandare auf sie losgelassen werden sollten. Sie stürzten sich auf die Stuten, die verzweifelt wieherten. Nach einem schrecklichen, mit Zähnen und Hufen ausgetragenen Kampf wurden die armen Stuten, unter großem Applaus der gnädigen Frau Lucrezia und des Papstes, der die Szene aus einem Schlafzimmerfenster verfolgte, das sich oberhalb der Palasttür befand, überwältigt und gefügig gemacht."

Alsdann, notierte Burchard, zogen sich der Papst und seine Tochter in einen Raum im Palastinneren zurück, wo sie sich für mehr als eine Stunde einschlossen.

Sollte Alexander tatsächlich eine inzestuöse Affäre mit seiner schönen Tochter Lucrezia gehabt haben, dann ist er vermutlich der einzige Papst, der sich mit drei Frauengenerationen der eigenen Familie vergnügte – seiner Tochter, ihrer Mutter und ihrer Großmutter.

HEIRATSPOLITIK DER BORGIAS

Alexander hatte Lucrezias Scheidung eingefädelt, weil er sie mit König Federico von Neapel verheiraten wollte. Cesare wurde geschickt, um das Heiratsangebot zu unterbreiten, aber Federico, der befürchtete, sich damit den Borgias auszuliefern, lehnte es ab, eine Frau zu heiraten, von der man „allgemein sagte, sie habe mit ihren Brüdern geschlafen".

Als er sah, wie Cesare sich an seinem Hof aufführte, beunruhigte ihn das noch mehr. Cesare legte seinen Kardinalspurpur ab und stillte seine Lust mit den schönen Frauen Neapels. Da er ein gutaussehender und athletischer Mann war, erregte er die Aufmerksamkeit jeder Dame bei Hof. Er verliebte sich in Maria Diaz Garlon, die Tochter eines aragonischen Grafen. Die Affäre scheiterte, weil an Cesare die Symptome der Syphilis inzwischen unübersehbar waren. Nach seiner Rückkehr klangen die Symptome in Rom ab. Er glaubte, geheilt zu sein, die Krankheit ging jedoch lediglich in ihr zweites, erheblich gefährlicheres Stadium über.

Unterdessen hatte Herzog Juan Borgia von Gandia 1493 eine spanische Prinzessin geheiratet, die Cousine König Ferdinands. Doch

statt wie geplant Italien und Spanien zu vereinigen, verscherzte Juan
es sich erst recht mit Ferdinand. Alexander hatte ihn immer vor
Glücksspiel und Frauengeschichten gewarnt. Ein Bischof und zwei
der getreuesten Diener des Papstes mußten ausgesandt werden, um
zumindest zu versuchen, den jungen Herzog aus Schwierigkeiten
herauszuhalten, aber gegen Weihnachten des Jahres 1493 erhielt
Alexander Berichte, denen zufolge sich Juan exzessivem Glücksspiel
hingab und seine Nächte in den Bordellen Valencias und Barcelonas
verbrachte. Schlimmer noch: er hatte es wohl versäumt, seine Ehe zu
vollziehen.

Alexander schrieb Juan einen Brief. Nichts sei mehr dazu angetan,
ermahnte er seinen Sohn, eine Frau zu kränken, als nicht mit ihr zu
schlafen. Sollte er die Ehe nicht vollziehen, stelle dies für Ferdinand
eine katastrophale Beleidigung dar.

Cesare schrieb ebenfalls und flehte den Bruder an: „Versuch die
Hoffnungen zu erfüllen, die Seine Heiligkeit stets in Dich gesetzt hat,
falls Du ihm ein langes Leben wünschst, der unser aller Wohl, unser
Leben und unser Entzücken ist; und falls Du Erbarmen mit mir hast,
sorge dafür, daß diese Berichte aufhören, die Seiner Heiligkeit solchen Schmerz bereiten."

Juan antwortete, die Gerüchte über sein skandalöses Verhalten
könnten nur von Menschen „mit wenig Verstand oder im Zustand
des Vollrauschs" stammen. Darüber hinaus behauptete er, seine Ehe
nicht nur einmal, sondern viele Male vollzogen zu haben. Schließlich
erreichte Alexander die Nachricht, daß seine Schwiegertochter, die
Herzogin, ein Kind erwartete.

DER MORD AN JUAN BORGIA

Der Papst war zutiefst erschüttert, als Juan – wahrscheinlich 1497 –
ermordet wurde. Sofort fiel der Verdacht auf Cesare, der auf die besondere Zuneigung Alexanders zu seinem Bruder eifersüchtig war.
Jahrelang hatten sie um die Gunst ihres Vaters gebuhlt, indem sie
den Privatharem des alten Mannes mit immer neuen erfrischenden
Schönheiten versorgten, und Juan hatte ein exotisches spanisches
Mädchen gefunden, das Alexander zur Ekstase brachte. Cesare war
ein schlechter Verlierer. Auch reagierte er verärgert, als Lucrezia ihre

inzestuöse Zuneigung auf Juan übertrug, wodurch Cesare von der Ménage ausgeschlossen wurde.

Nach einem Fest im Haus ihrer Mutter ritten Juan und Cesare gemeinsam zum Vatikan zurück. Juan sagte, er wolle sich „auf die Suche nach weiteren Vergnügungen" begeben, und ritt mit einem Stallburschen und einem maskierten Mann davon. Am nächsten Tag wurde seine Leiche aus dem Tiber gefischt. Er hatte acht Stichverletzungen, und man hatte ihm die Kehle durchgeschnitten. Seine Hände trugen Fesseln, und um seinen Hals hatte man einen Stein gebunden, um die Leiche zu beschweren. Das Motiv für den Mord war mit Sicherheit nicht Raub. Er war immer noch vollständig bekleidet, seine Handschuhe steckten im Gürtel, und er hatte dreißig Goldstücke bei sich.

Juan verbrachte seine letzten Lebensstunden in den Armen einer Frau. Einer Version zufolge war es die berühmt-berüchtigte römische Kurtisane Madonna Damiata. Eine andere Darstellung spricht von der schönen Tochter eines römischen Adligen, in die er sich verliebt hatte und die ihn in den Tod lockte.

WER TÖTETE JUAN?

Der erste Tatverdacht fiel auf Jofré. Es gab Andeutungen, er habe seinen Bruder aus Eifersucht auf seine Frau Sancia umgebracht. Ein weiterer Verdächtiger hieß Giovanni Sforza, sein Motiv wiederum Eifersucht, diesmal wegen Lucrezia. Doch es war dann der florentinische Polittheoretiker Niccolo Machiavelli, der mit dem Finger auf Cesare zeigte. Seine deduktive Argumentation war simpel: Er suchte denjenigen, der am meisten zu gewinnen hatte. Nachdem sein Konkurrent Juan aus dem Weg war, konnte Cesare die Liebe seines Vaters Papst Alexander und seiner Schwester Lucrezia auf sich ziehen und die Stellung seines Bruders als Oberkommandierender der päpstlichen Armeen übernehmen.

Als Juans Leiche aus dem Fluß gefischt und zu Füßen des Papstes gelegt wurde, raunte ein Zyniker: „Na endlich, ein Menschenfischer."

Untröstlich, bereute der Papst seine lasterhafte Lebensweise und schwor, sich von nun an ausschließlich den Kirchengeschäften zu widmen. Alle Konkubinen von Klerikern, verfügte er, sollten innerhalb von zehn Tagen entlassen werden. Doch er selbst konnte nicht so ohne weiteres allen Sinnesfreuden entsagen. Burchard berichtete: „Dann trocknete er seine Tränen und tröstete sich in den Armen der gnädigen Frau Lucrezia, der eigentlichen Schuldigen an diesem Mord." Giulia Farnese schenkte ihm im folgenden Jahr ein Kind.

Wie auch immer, die Beziehung zwischen Cesare und seinem Vater kam bald wieder ins Lot. Zur Feier organisierte Cesare eine Jagd. Die beiden Kirchenmänner brachen nach Ostia auf. In ihrem Gefolge befand sich eine große Zahl von Kurtisanen und Prostituierten, Tänzerinnen und Mätressen, sie alle geschützt von fünfhundert Rittern und sechshundert Infanteristen.

„Sie verbrachten ganze vier Tage in den Wäldern von Ostia", protokollierte der Historiker Thomas Tomasi, „und gefielen sich darin, alles, was sich die Phantasie an Lüsternheit und Ausschweifung ausmalen kann, noch zu übertreffen. Anschließend kehrten sie nach Rom zurück, das sie in eine Laster- und Räuberhöhle verwandelt hatten."

Tomasi fügte verzweifelt hinzu: „Es wäre nicht möglich, all die Morde, die Vergewaltigungen und die Fälle von Blutschande aufzuzählen, die jeden Tag am Hof des Papstes begangen wurden. Das Leben eines Menschen ist nicht lang genug, um sich die Namen aller ermordeten, vergifteten oder bei lebendigem Leibe in den Tiber geworfenen Opfer zu merken."

Wenn ihnen ihr Leben lieb war, mußten sich die Prälaten vor Alexander VI. niederwerfen, seine inzestuösen Beziehungen zu seinen Kindern preisen und Cesare schmeicheln.

LUCREZIA HEIRATET, UND ALEXANDER GEWINNT EINEN VERBÜNDETEN

Auch wenn König Federico Lucrezias Hand verschmäht hatte, hielt er es für diplomatisch klug, ihr einen anderen Gatten zu suchen. Sie sollte Herzog Alfonso von Bisceglie heiraten, den Sohn von Herzog Alfonso II. von Aragon, der in Sorrent herrschte. Damit kam Alexander endlich zu einem neapolitanischen Bündnispartner, was seine Position in Italien erheblich stärken würde. Lucrezia und Alfonso waren auf den ersten Blick ineinander verliebt. Bei seinem Eintreffen in Rom, berichtete ein Chronist, war er der „attraktivste junge Mann

... den Rom je gesehen hatte". Auch in Lucrezias Augen unterschied er sich deutlich von dem ungehobelten Giovanni Sforza.

Alexander war zwar begeistert, daß Lucrezia ihr Glück gefunden hatte, ließ aber in den Ehevertrag aufnehmen, das Paar müsse die Dauer seiner gesamten Ehe in Rom leben. Eine neuerliche Trennung von seiner geliebten Tochter konnte er nicht ertragen.

Das Hochzeitsfest war eine vergleichsweise zahme Angelegenheit, obwohl es zu einer Prügelei zwischen den Dienern von Cesare und denen der Prinzessin Sancia kam. Anschließend wurde ein Stück aufgeführt, in dem Cesare sinnigerweise ein Einhorn spielte, das gehörnte Symbol der Reinheit.

Der päpstliche Zeremonienmeister Johann Burchard bestätigte, daß die Ehe in der ersten Nacht vollzogen wurde. Kurz darauf wurde Lucrezia schwanger. Sie hatte eine Fehlgeburt, nachdem sie in einem Weinberg herumgetollt war, der einem der Kardinäle gehörte, aber bald darauf war sie wieder guter Hoffnung.

Alfonso und Lucrezia nannten das Neugeborene Rodrigo. Der Papst war darüber so begeistert, daß er zahlreiche Botschafter aus ihren Betten holen ließ, um ganz Europa zu verkünden, daß er Großvater geworden war. In einem Taufkleid aus Goldbrokat wurde das Kind in der Sixtinischen Kapelle in Anwesenheit zahlreicher Würdenträger getauft. Der venezianische Chronist Girolamo Priuli schrieb: „Ein Murren ging durch die gesamte Christenheit, und man beklagte, daß der Pontifex, das Oberhaupt der christlichen Religion, die Liebe und Zuneigung zu seiner Familie öffentlich zur Schau stellte und daß der Papst sich offiziell als Vater seiner Kinder bekannte."

EIN WEITERER MORD UND EIN GÖTTLICHES ZEICHEN

Politisch hatte sich das Blatt gegen den neapolitanischen Verbündeten gewendet. Alfonso war klugerweise nach Neapel geflohen, doch die Taufe lockte ihn zurück nach Rom. Nach einem Festmahl griffen ihn fünf mit Schwertern und Messern bewaffnete Männer auf den Stufen der Peterskirche an. Seine Eskorte rettete ihn und trug ihn hinauf in die päpstlichen Gemächer, wo er von seiner Frau Lucrezia liebevoll gepflegt wurde.

Cesare ließ als militärischer Oberbefehlshaber der Kirche Wachen aufstellen. Jeder, der im Vatikan eine Waffe trug, sollte exekutiert werden. Lucrezia und Sancia bereiteten das Essen für Alfonso zu, damit man sicher sein konnte, daß es nicht vergiftet war. Der Arzt wurde mit Argusaugen beobachtet. Doch gerade als Alfonso das Schlimmste hinter sich zu haben schien, fand man ihn erdrosselt vor. Man glaubte allgemein, daß niemand anderes als Cesare der Täter war.

Nach dem Mord an Lucrezias zweitem Mann saß Alexander eines Abends mit drei Prälaten zusammen und besprach die zu erwartenden Profite aus dem bevorstehenden Jubiläumsjahr, als ein Sturm losbrach. Ein Blitz schlug ins Dach des Lateranpalastes ein, das daraufhin einstürzte. Die drei Bischöfe wurden von herabfallenden Deckenbalken getroffen und starben. Allein der Papst überlebte. Dennoch sahen viele darin einen göttlichen Kommentar zu den skrupellosen Kuppeleien der Borgias.

EIN MANN OHNE JEDEN SKRUPEL - CESARE BORGIA

Cesare Borgia war Machiavellis Vorbild für den völlig skrupellosen Herrscher, den er in seiner politischen Theorie *Der Fürst* porträtierte. Machiavelli erkannte ausdrücklich an, wieviel seine Landsleute der Borgia-Familie und ihrer Kirche zu verdanken hatten. Er schrieb: „Die Italiener stehen bei der römischen Kirche und ihrem Klerus in tiefer Schuld. Durch ihr Beispiel haben wir jede wahre Religion verloren und sind absolute Ungläubige geworden. Dies kann man als Regel auffassen: Je näher eine Nation der römischen Kurie steht, desto weniger Religion besitzt sie."

Der florentinische Staatsmann Francesco Guicciardini hatte mehr Angst vor Cesare als vor Alexander. Er schrieb, Cesare sei geboren worden, damit „es auf der Welt einen Mann gibt, der verworfen genug ist, die Pläne seines Vaters Alexander VI. auszuführen".

Der Rest des Kirchenestablishments sei kaum besser, schließt Guicciardini: „Man kann gar nicht schlecht genug über die römische Kurie reden, doch sie verdient eigentlich noch Schlimmeres, denn sie ist niederträchtig und ein Paradebeispiel für alles, was auf dieser Welt böse und widerwärtig ist."

Allen Berichten zufolge war Cesare gutaussehend, charismatisch, athletisch, charmant, intelligent und bar jeden Skrupels. In seinem ganzen Leben wurde ihm nur eine einzige gute Tat zugeschrieben. Er eröffnete ein Heim für alternde Prostituierte – und selbst dabei mag ein wenig Eigennutz im Spiel gewesen sein.

Cesare spielte nur zu gerne den verlängerten Arm seines Vaters. Als sich König Ferdinand und Königin Isabella von Kastilien beklagten, daß Bischof Florida von Cosenza der portugiesischen Thronerbin die Genehmigung erteilt habe, das Konvent zu verlassen, in dem sie als Nonne lebte, um den natürlichen Sohn des verstorbenen Königs Johannes II. zu heiraten – und damit verhinderte, daß sich Kastilien Portugal einverleiben konnte –, ließ Alexander Bischof Florida ergreifen, entkleiden und nackt in die Verliese der Engelsburg werfen, wo er bis an die Knie im Kot versank. Man gab ihm zwei Pfund Brot, einen Eimer voll Wasser, eine kleine Flasche Öl sowie eine Lampe und setzte ihn davon in Kenntnis, daß seine Vorräte einmal wöchentlich aufgefüllt würden.

Nach zwei Monaten glaubte Cesare, daß die Gegenwehr des geistlichen Würdenträgers womöglich erlahmt sei. Er versprach dem Bischof, daß er nicht an den Galgen käme, sondern wieder in sein Amt eingesetzt würde, falls er eine Erklärung unterschrieb, daß die Eheerlaubnis, die er der portugiesischen Prinzessin ausgestellt hatte, gefälscht sei. Da er keinen anderen Ausweg sah, unterschrieb der Bischof. Alexander behauptete anschließend, nichts von der Vereinbarung zu wissen, nahm ihm sein Bistum und übergab ihn zur Bestrafung den weltlichen Behörden.

Cesare hielt dennoch wenigstens einen Teil seines Versprechens. Er bewahrte Bischof Florida vor dem Galgen, indem er ihn in seiner Zelle vergiftete, bevor er zum Schafott geführt werden konnte. Unterdessen wurden der Besitz, die Ämter und die Pfründen des Bischofs an den Meistbietenden verkauft.

BISWEILEN NIMMT MAN ES GENAU MIT DER SEXUELLEN MORAL

Selbst mit einem Borgia auf dem Heiligen Stuhl hielt man es in Rom nicht ganz so locker, was die sexuelle Moral betraf – zumindest nicht gegenüber denen, die weder reich noch mächtig waren. Johann Burchard berichtete von der Bestrafung, die man einem schwarzen Transvestiten, der sich die Spanische Barbara nannte, und einer Prostituierten namens Cursetta angedeihen ließ. Zuerst wurden sie durch die Stadt geführt. Er trug ein Kleid, das man ihm hochgezogen hatte, damit seine Genitalien entblößt waren und kein Zweifel daran bleiben konnte, daß es sich um einen Mann handelte. Sie war mit einem Tigerfell bekleidet, das nur von einem Gürtel zusammengehalten wurde.

Nach einer Runde durch die Stadt ließ man Cursetta wieder frei, aber die Spanische Barbara mußte zurück in den Kerker. Einige Tage später wurde er zusammen mit zwei Dieben herausgeführt. Der Parade voran ritt ein Mann auf einem Esel, der einen Stock hochhielt, an dessen Spitze zwei Hoden befestigt waren. Diese hatte man einem Juden abgeschnitten, der in flagranti beim Beischlaf mit einer Christin erwischt worden war.

Die Spanische Barbara wurde auf einen Holzstoß gestellt. Man legte ihr ein Seil um den Hals, das durch die Astgabel eines Pfostens geführt und mit einem Stock angezogen wurde. Dann setzte man den Scheiterhaufen in Brand. Leider hatte es geregnet, und das Holz wollte sich zuerst nicht so recht entzünden, aber dann fing es doch noch so viel Feuer, um dem Delinquenten die Beine wegzubrennen.

DER GERUCH VON BLUT

Cesare war zweifellos blutrünstig genug, um die kühnsten Träume seines Vaters zu erfüllen. Mit spanischer Eleganz tötete er auf dem Petersplatz fünf Stiere mit einer Lanze. Einen sechsten köpfte er mit einem einzigen Schwertstreich.

„Es war ihm so angenehm, Blutvergießen zu sehen, daß er, wie Kaiser Commodus, Gemetzel verübte, nur um seinen Blutdurst lebendig zu erhalten", schrieb Burchard. „Einmal ging er so weit, daß er den Petersplatz von einer Palisade einzäunen ließ, hinter die auf seinen Befehl einige Gefangene – Männer, Frauen und Kinder – geführt werden sollten. Dann ließ er sie an Händen und Füßen fesseln. Bewaffnet saß er auf einem feurigen Roß und setzte zu einer schrecklichen Attacke gegen sie an. Manche erlegte er mit Pfeilen und andere streckte er mit seinem Schwert nieder oder zermalmte sie unter den Hufen seines Pferdes. In weniger als einer halben Stunde trabte er allein inmitten der Leichen seiner Opfer in einer Blutlache, während sich Seine Heiligkeit und die gnädige Frau Lucrezia von einem Balkon aus dieser entsetzlichen Szene erfreuten."

Und in seiner Jagd auf Frauen übertraf Cesare sogar noch seinen Vater. Einmal entführte er eine verheiratete Frau, vergewaltigte sie und ließ sie, als er mit ihr fertig war, ermorden. Als sich die Symptome seiner Syphilis verschlimmerten, ließen ihn Anmut und Schönheit zunehmend kalt – „die einzige Gunst, die er den jungen Damen noch gewährte, war, daß er sich ihrer einige Tage für seine Ausschweifungen bediente; anschließend warf er sie in den Tiber."

Cesare war als Mann der Kirche nie glücklich. Er ging lieber auf die Jagd und stellte Frauen nach, als daß er die Messe las. Nach Juans Tod war es sein größter Ehrgeiz, an die Stelle seines Bruders als Oberbefehlshaber der päpstlichen Streitkräfte zu rücken. Doch zuvor benötigte er einen Titel und einen Rang. Daneben hielt er es für seine Pflicht, Nachwuchs zu zeugen, damit das Haus Borgia nicht ausstarb.

AUF FREIERSFÜSSEN

Während er in Neapel Lucrezias zweite Ehe aushandelte, hatte Cesare Carlotta kennengelernt, die legitime Tochter König Federicos. Er machte ihr einen Heiratsantrag, doch der König gab zu bedenken, daß er doch immerhin Kardinal sei. „Wenn es Euch gelingt, einen Sohn zu finden", ließ Federico dem Papst ausrichten, „der meine Tochter heiraten und dennoch Kardinal bleiben kann, würde ich es in Betracht ziehen."

Natürlich wollte Federico nur Zeit gewinnen. Er war sich bewußt, daß er Gefahr lief, ermordet zu werden, wenn Cesare seine Tochter heiratete, da er selbst dann das einzige Hindernis zwischen seinem potentiellen Schwiegersohn und dem Thron von Neapel darstellte.

Im Alter von zweiundzwanzig bat Cesare, aus dem heiligen Kollegium ausscheiden zu dürfen, weil er immer noch beabsichtigte, Carlotta zu heiraten. Alexander gab seine Zustimmung, da Cesares Gesicht bereits von auffallenden Schwielen und dunklen Flecken bedeckt war, untrüglichen Anzeichen für das zweite Stadium der Syphilis. Ein Kardinal merkte an, wenn ihnen allen erlaubt würde, aus so trivialen Gründen zurückzutreten, würden sich ihre Reihen bald erheblich lichten.

Carlotta hielt sich zu dieser Zeit in Frankreich auf. König Ludwig XII. von Frankreich versprach Cesare Unterstützung, wenn er im Gegenzug die Scheidung von seiner aktuellen Ehefrau Jeanne de Valois erhielt. Er wollte Anne von der Bretagne heiraten. Also wurde die unselige Jeanne zu der Aussage genötigt, aufgrund einer Mißbildung ihrer Geschlechtsorgane habe die Ehe nicht vollzogen werden können. Den Rest erledigte Cesare.

Nachdem er seinen Kardinalshut los war, wurde Cesare zum Herzog von Valentinois ernannt und reiste nach Paris, wo er Carlottas Liebe zu gewinnen suchte. Für Hochzeitsgeschenke und anderes Gepäck ging ein Vermögen drauf. Sechs französische Galeeren waren erforderlich, um die Ladung von Civitavecchia nach Marseille zu transportieren. In Cesares Gefolge reisten zweihundert Personen. Er war in Samt und Seide gekleidet, und sein Roß mit silbernen Hufeisen beschlagen. Die Pagen trugen seidene, goldbestickte Röcke, Halsketten aus Smaragden und Saphiren, und ihre Schuhe waren mit Perlmutt besetzt. Selbst die Hufe der Maultiere, die den Proviant schleppen mußten, wurden kurz vor Paris mit Gold beschlagen, obgleich viele die Hufeisen bald wieder verloren.

CESARE ERHÄLT EINEN KORB

Aber Carlotta zeigte sich keineswegs beeindruckt. Sie gab Cesare einen Korb, da sie wußte, daß ihr Vater gegen die Verbindung votierte. Viel wichtiger und ausschlaggebend war indessen, daß Carlotta einen jungen bretonischen Adligen liebte. Sie verkündete deshalb, niemals den Bastard eines Priesters heiraten zu wollen. Alexander verlangte in einem Brief, die Hochzeit müsse stattfinden, andernfalls würden die Borgias zum Gespött Europas. Carlotta war keine Schönheit, was Cesare nicht weiter störte, da er sich von der Verbindung ausschließlich politische Vorteile erhoffte. Er hingegen wurde vom französischen Hof zum „attraktivsten Mann seines Alters" gewählt, und das trotz syphilitisch trockener Haut und einem unansehnlichen braunen Ausschlag. Andererseits war es überaus demütigend, von einer so unscheinbaren Frau einen Korb zu bekommen. Die Sache wurde nicht besser, als Abgesandte von König Federico erschienen, und eine Nachricht folgenden Inhalts überbrachten: „Dem Bastard des Papstes würde der König nicht einmal die Hand eines eigenen Bastards gewähren, geschweige denn, ihm seine legitime Tochter anvertrauen."

EINE DENKWÜRDIGE HOCHZEITSNACHT

Um dieser unerhörten Beleidigung den Stachel zu nehmen, bot Ludwig von Frankreich Cesare die schöne siebzehnjährige Charlotte d'Albret an, Tochter des Herzogs von Guyenne, die Cesare bereits aufgefallen war. Die Trauung fand am 12. Mai 1499 in einer Privatkapelle des Schlosses von Blois statt. Auf den Weiden vor den Mauern des Schlosses wurde in seidenen Zelten ein aufwendiges Hochzeitsbankett veranstaltet. An diesem Nachmittag wurde die Ehe zweimal und sechs weitere Male am Abend vollzogen Am nächsten Morgen brach ein Kurier mit der frohen Kunde nach Rom auf, daß Cesare seiner Gattin „acht Beweise seiner Männlichkeit" gegeben hatte. Burchard vermerkte in seinem Tagebuch ebenfalls, daß der Vollzug achtmal hintereinander erfolgte. König Ludwig äußerte sich in einem Schreiben bewundernd über Cesares Potenz, und auch Cesare selbst schrieb seinem Vater davon. Das tat er nicht, um zu prahlen. Es war eine völlig normale Korrespondenz zwischen zwei Männern mit ähnlich gelagerten erotischen Interessen. Offensichtlich muß Cesare von seiner jungen Braut sehr angetan gewesen sein, obgleich die amourösen Ereignisse in der Hochzeitsnacht nicht ganz wunschgemäß verliefen. Irgendein kühner Witzbold hatte das von Cesare beim Apotheker bestellte Aphrodisiakum gegen ein Abführmittel vertauscht. Laut Charlottes Zofen, die alles durchs Schlüsselloch verfolgten, verbrachte Cesare mindestens soviel Zeit auf dem Nachtstuhl wie im Bett.

Robert de la Marck, Baron von Fleurange, schrieb in seinen Memoiren: „Etwas zur Hochzeitsnacht des Herzogs von Valentinois. Er bat den Apotheker um einige Pillen, mit deren Hilfe er seiner Gemahlin Freude bereiten könne. Dieser leistete ihm allerdings einen

Bärendienst, denn statt ihm zu geben, wonach er verlangte, gab er ihm Abführpillen, was zur Folge hatte, daß er, wie die Damen am Morgen zu berichten wußten, die ganze Nacht über immer wieder den Abtritt aufsuchen mußte."

Cesare war dennoch glücklich. Er berichtete Alexander, er sei „der zufriedenste Mann der Welt". Ungeachtet der Tatsache, daß Alexander anordnete, in ganz Rom Freudenfeuer zu entfachen, notierte Burchard, die Heirat sei kein Grund zum Jubel, sondern eher „eine große Schande", eine weitere Brüskierung des Heiligen Stuhls durch Neapel.

Die Ehe hielt nur vier Monate. Cesare mußte als Befehlshaber der päpstlichen Armee nach Italien zurückkehren, das sich inzwischen in permanentem Kriegszustand befand. Einige Monate später brachte Charlotte eine Tochter namens Luisa zur Welt. Cesare lernte sein einziges legitimes Kind nie kennen, und auch seine Frau sah er nicht wieder, obwohl er ihr häufig schrieb und kostspielige Geschenke schickte. Charlotte war fünfundzwanzig, als sie vom Tod ihres Mannes erfuhr. Sie trug Trauer um ihn, bis sie sieben Jahre später selbst starb.

EINE BEMERKENSWERTE AMAZONE

Nach der Trennung von seiner Frau tröstete sich Cesare natürlich mit anderen. Im Jahre 1500 eroberte er die Festung Forli in der Romagna und mit ihr die siebenunddreißigjährige Caterina Sforza. Jahrelang hatte sie mutig jedem Feind getrotzt, der ihr entgegenzutreten wagte. Sie war eine schöne Frau, die in einer Rüstung mit speziell für ihre herrliche Figur gearbeitetem Brustharnisch in die Schlacht ritt. Zwei ihrer Ehemänner waren vor ihren Augen ermordet worden, und als der Mob drohte, ihre beiden Kinder umzubringen, stellte sie sich auf die Zinnen ihrer Burg, zog ihre Hemden hoch und brüllte: „Seht her, ich habe genug, um ein paar neue zu machen."

Sie hatte tapfer gekämpft, um ihre Ländereien gegen Cesare und die päpstlichen Streitkräfte zu verteidigen. Als alles verloren schien, schickte sie dem Papst ein Kapitulationsschreiben, das sorgfältig mit Pestkeimen infiziert war. Kaum daß Cesare dies herausgefunden hatte, eilte er nach Rom, um seinen Vater zu retten. Alexander ließ die Boten, in deren Besitz die Nachricht sich immer noch befand, auf dem Scheiterhaufen verbrennen.

Um weiteren Widerstand im Keim zu ersticken, war Cesare fest entschlossen, Caterina öffentlich zu demütigen. Er kehrte nach Forli zurück, und nach einem letzten Sturmangriff, bei dem in weniger als einer halben Stunde vierhundert Männer getötet wurden, konnte Caterina gefangengenommen werden. Cesare peitschte sie aus und vergewaltigte sie. Anschließend ließ er in Umlauf bringen, daß sie ihre Burg hartnäckiger verteidigt hätte als ihre Tugend.

Caterina nahm wohl an, sie hätte in Cesare den perfekten Partner gefunden. Auf dem Weg nach Rom verliebten sie sich anscheinend ineinander. Die Affäre war aber kurzlebig. Bei der Ankunft in Rom wurde sie in Ketten in die Stadt geführt.

CESARE WIRD HERZOG DER ROMAGNA

Dann kursierte da noch die Geschichte, daß Cesare den schönsten jungen Mann Italiens entführt und vergewaltigt haben sollte. Im Verlauf seiner Eroberung der Romagna belagerte Cesare auch die Stadt Faenza, die von dem sechzehnjährigen Astor Manfredi verteidigt wurde. Mehrere Angriffe wurden zurückgeschlagen, doch schließlich kapitulierte die Stadt unter der Voraussetzung, daß Leben und Besitz des jungen Fürsten respektiert würden. Doch Manfredis Schönheit weckte Cesares Begehren. Nachdem er des jungen Mannes überdrüssig war, schickte er ihn mit seinem Bruder und einem weiteren attraktiven Knaben zu Alexander. Daraufhin, heißt es, habe sich der Papst noch eine Zeitlang an den jungen Männern vergangen. Aber die Beweislage ist dürftig. Da die Opfer mit um den Hals gebundenen Steinen im Tiber gefunden wurden, konnten sie ihre Version der Geschichte nie erzählen.

Wahrscheinlich waren sie tot ohnehin besser dran. Die Symptome der Syphilis wurden bei Cesare inzwischen so schlimm, daß er sich angewöhnte, in der Öffentlichkeit eine schwarze Seidenmaske zu tragen, die ihren Teil dazu beitrug, seinen dämonischen Ruf zu verstärken. Er wagte sich längst nur noch nachts aus dem Haus.

Mit Hilfe der Franzosen eroberte Cesare schließlich die ganze Romagna und wurde 1501 dort Herzog.

Alexander VI. ging mit seinen Mätressen und Kurtisanen auf Inspektionsreise durch das zum Erbfürstentum der Borgias bestimmte Herzogtum Romagna. Auf Elba lud er die hübschesten Mädchen der Insel ein, in seinem Palast ihre Tänze vorzuführen.

„Diese Feier bei einem Borgia konnte nur mit einer Orgie enden", meint der Historiker Gordon, „und daher wurde die Zügellosigkeit bis zum Äußersten getrieben. Beim Abendessen hatten sie keine Skrupel, Fleisch aller Art zu essen, obwohl Fastenzeit war. Seine Heiligkeit taufte Hühnchen und Reh einfach in Steinbutt und Stör um."

Trotz seiner Syphilis hatte Cesare 1500 mit der schönen und kultivierten florentinischen Kurtisane Fiametta de'Michelis angebandelt. Sie spielte Lyra und sang wunderbar dazu, trug Gedichte auf Griechisch vor und sprach sehr wortgewandt. Sie erfreute sich so großer Beliebtheit, daß sie sehr bald eine reiche Frau wurde.

Aber Cesare bezahlte nur selten für sein Vergnügen. Normalerweise nahm er sich einfach, was er wollte. 1501 entführte er Dorotea Malatesta Caracciolo, eine der schönsten Frauen Italiens, die sich auf dem Weg zu ihrem Mann befand, einem Offizier der venezianischen Armee. „Wenn der Herzog das wirklich getan hat", schimpfte Alexander, „muß er den Verstand verloren haben." Eine so krasse Beleidigung der Venezianer hieß einen diplomatischen Zwischenfall zu riskieren, der seinen Kirchenstaat in einen neuen Krieg stürzen konnte. Als er Cesare wegen der Entführung zur Rede stellte, heuchelte dieser völlige Unwissenheit und beschuldigte einen seiner Offiziere. Cesare hielt Dorotea Malatesta zwei Jahre gefangen und benutzte sie als Sexspielzeug. Als er ihrer müde wurde, schickte er sie zurück zu ihrem Mann.

EIN HURENTURNIER

Unterdessen versuchten Vater und Sohn, sich ganz Mittelitalien einzuverleiben. Zur Finanzierung ihrer Anstrengungen verkauften sie hohe Kirchenämter, ermordeten jeden, der ihnen im Weg stand, und beschlagnahmten auch noch den Besitz der Getöteten.

Alexander fädelte eine dritte Heirat für seine geliebte Lucrezia ein. Wieder ging es um eine politisch opportune Verbindung. Ihr dritter

Mann, Alfonso d'Este, Herzog von Ferrara, zählte nicht zu den sonderlich attraktiven Vertretern seines Geschlechts. Er war häßlich, hatte eine große Nase und einen Stiernacken, und er war auch nicht der Allerschlaueste. Seine erste Frau, Anna Sforza, hatte bei der Geburt ihres Kindes ihr Leben verloren. Allerdings stand er ohnehin in dem Ruf, mehr Zeit in Bordellen als bei ihr verbracht zu haben.

Zur Feier der bevorstehenden Hochzeit lud Cesare seinen Vater Papst Alexander und seine Schwester Lucrezia zu einem Fest ein, das er „Hurenturnier" nannte. Fünfzig der schönsten römischen Prostituierten wurden in Cesares Gemächer im Apostolischen Palast geladen. Selbst Johann Burchard, der meinte, schon alles gesehen zu haben, war empört, als die Frauen zuerst noch spärlich bekleidet, dann nackt um den Tisch des Papstes tanzten.

„Diese Hochzeit", schrieb Burchard, „wurde mit beispiellosen Orgien gefeiert, wie sie die Welt noch nie erlebt hatte. Seine Heiligkeit lud zu einem Abendmahl für die Kardinäle und Granden seines Hofes und setzte jedem Gast zwei Kurtisanen zur Seite, deren einzige Bekleidung aus einem weiten Gewand aus dünner Gaze und Blumengirlanden bestand; als das Mahl vorüber war, vollführten diese Frauen, mehr als fünfzig an der Zahl, laszive Tänze – zuerst allein, danach mit den Gästen. Auf ein Zeichen der gnädigen Frau Lucrezia glitten die Gewänder der Frauen schließlich zu Boden, und der Tanz wurde unter dem Applaus Seiner Heiligkeit fortgesetzt.

Sodann ging es mit anderen Lustbarkeiten weiter. Auf Anordnung des Papstes wurden zwölf Reihen mehrarmige Kandelaber mit brennenden Kerzen symmetrisch im Festsaal verteilt; die gnädige Frau Lucrezia warf einige Handvoll Kastanien auf den Boden, woraufhin besagte Kurtisanen splitternackt und auf allen Vieren herumkrochen, um möglichst viele Kastanien einzusammeln, denn welche am schnellsten und erfolgreichsten war, erhielt von Seiner Heiligkeit Geschenke wie Schmuck und Seidengewänder. Wie es für sportliche Wettkämpfe Preise gibt, wurden an diesem Abend auch Prämien für Wollust gewährt, und zur Erbauung aller Gäste die Frauen fleischlich angegangen; dieses Mal war es die gnädige Frau Lucrezia, die neben dem Papst auf einem Podium präsidierte, und den Besuchern die Prämien aushändigte."

Wer Sex mit den meisten Prostituierten hatte, erhielt den Hauptpreis.

Das „Hurenturnier" war ohne Frage der Gipfel päpstlicher Exzesse; aber schon seit einer ganzen Weile kursierten Gerüchte in römischen Diplomatenkreisen, daß allabendlich fünfundzwanzig Prostituierte in den Vatikan gebracht würden, um Alexander, Cesare und die Kardinäle zu unterhalten. „Der Papst", sagte man, „hält sich dort ständig eine kleine Schar, so daß der ganze Palast unverhohlen in ein Bordell für jede erdenkliche Verderbtheit umgewandelt wird."

Geschichten über die alkoholgeschwängerten Orgien des Papstes waren Legion. Als er einmal wegen einer Erkältung alle offiziellen Verpflichtungen absagen mußte, schrieb der florentinische Gesandte Francesco Pepi: „Dies konnte ihn am Sonntagabend, am Vorabend von Allerheiligen, nicht davon abhalten, bis zwölf Uhr mit dem Herzog von Valentinois zu feiern, der Prostituierte und Kurtisanen in den Vatikan geholt hatte. Sie verbrachten den Abend mit Tanz und Gelächter."

EIN ÖFFENTLICHER BRANDMARKT DIE BORGIAS

Zwar nahmen ähnliche Berichte unter Alexanders Herrschaft Überhand, aber die Dinge begannen erst außer Kontrolle zu geraten, als ein Brief in Umlauf kam, der seine Exzesse in allen Einzelheiten schilderte. Es war der sogenannte „Brief an Silvo Savelli", adressiert an einen angeblichen Baron, dessen Ländereien von Alexander konfisziert worden waren. In dem Schreiben wurde der Papst als „infame Bestie" und „Monstrum" charakterisiert und des Mordes, des Diebstahls und der Blutschande beschuldigt. „Wer ist nicht schockiert, Geschichten über die ungeheuerliche Lüsternheit zu hören, die zum Hohn Gottes und gegen allen menschlichen Anstand offen im Vatikan zur Schau gestellt wird? Wer ist nicht abgestoßen von dem ausschweifenden Leben, der Blutschande, den Obszönitäten der Kinder des Papstes, seines Sohnes wie auch seiner Tochter, und von den Scharen der Kurtisanen im Palast des heiligen Petrus? Es gibt kein Haus von üblem Ruf, kein Bordell, das nicht ehrbarer wäre. An Allerheiligen wurden fünfzig Kurtisanen zu einem Bankett in diesem päpstlichen Palast geladen und gaben dort eine äußerst widerliche Vorstellung. Rodrigo Borgia ist ein Abgrund des Lasters, und er untergräbt alle Gerechtigkeit, die menschliche wie die göttliche."

Auch Cesare wurde nicht geschont: „Sein Vater begünstigt ihn, weil er seine eigene Perversität, seine eigene Grausamkeit besitzt. Es ist schwer zu sagen, welcher dieser beiden abscheulicher ist. Die Kardinäle sehen alles und schweigen dazu, und sie umschmeicheln und bewundern den Papst, jedoch nur aus Angst vor ihm und vor allem aus Angst vor seinem brudermörderischen Sohn, der sich von einem Kardinal in einen Meuchelmörder verwandelt hat. Er lebt wie die Türken, ist ständig umgeben von einer Schar Prostituierter und bewacht von bewaffneten Soldaten. Auf seinen Befehl oder seine Verfügung werden Männer getötet, verwundet, in den Tiber geworfen, vergiftet und all ihres Besitzes beraubt."

Alexander nahm keinerlei Notiz von solcher Kritik, doch der Brief verärgerte Cesare. Ein Mann, der ihn verbreitete, wurde in den Kerker geworfen. Cesare ließ ihm die rechte Hand amputieren und die Zunge herausschneiden, um ihm ein für alle Mal das Schreiben und Sprechen unmöglich zu machen. Als Warnung an andere wurden die Hand und die Zunge vor seiner Zelle angebracht, wo jeder Besucher sie sehen konnte. Wie immer fand Alexander auch für eine solch barbarische Tat eine Entschuldigung. „Der Herzog ist ein gutherziger Mann", sagte er, „aber Beleidigungen kann er nicht tolerieren."

LUCREZIAS DRITTE EHE

Um Lucrezias Mitgift noch attraktiver zu machen, legte Alexander ein paar kleinere Pfründen zusätzlich drauf. Die Trauung wurde in Abwesenheit des Bräutigams von Alexander durchgeführt. Sein Bruder sprang als Stellvertreter ein. Zur Feier ließ Alexander eine Gedenkmünze prägen. Lucrezia war auf der einen Seite abgebildet, die andere trug die Inschrift: „Keuschheit, kostbarer denn Verdienst und Schönheit."

Lucrezia mußte ihre Kinder in Rom zurücklassen, da kein Renaissancefürst die Kinder eines anderen angenommen hätte. Cesare bestand darauf, daß sie über die von ihm eroberten Städte der Romagna nach Ferrara reiste, und Alexander verschob sogar den Beginn der Fastenzeit, damit die Menschen von Ferrara auch gebührend feiern konnten.

Bei ihrer Ankunft führte sie ihr neuer Ehemann schnurstracks ins eheliche Schlafzimmer. Am nächsten Morgen schrieb Herzog Ercole an Alexander: „Letzte Nacht wohnten Unser Sohn, der glorreiche Don Alfonso, und Lucrezia einander bei, und wir sind überzeugt, daß beide Parteien zutiefst zufrieden sind."

So glücklich die Ehe auch immer gewesen sein mag, Cesare behielt weiterhin ein liebendes Auge auf seine kleine Schwester. Wenn sie krank war, brach er sofort jeden militärischen Feldzug ab, um an ihre Seite zu eilen.

ALEXANDERS QUALVOLLES STERBEN

Im August 1503 starb Alexander. Bei einem Essen mit einem in Ungnade gefallenen Kardinal erkrankten sowohl der Papst als auch Cesare. Cesare überlebte. Es hieß, sie hätten Malaria, aber wahrscheinlicher ist, daß Cesare sich selbst und seinem Vater versehentlich das Gift verabreichte, das für den Kardinal bestimmt war.

Das von den Borgias zumeist benutzte Gift war Cantarella, ein Gebräu, das vor allem aus weißem Arsen bestand. Alexander zog schlichtes Erdrosseln und Erschlagen dem Vergiften vor. Das Arsen, so heißt es, erzeugte einen Feuerball in Alexanders Bauch. Stundenlang lag er mit blutunterlaufenen Augen und gelbem Gesicht auf seinem Bett und konnte nicht schlucken. Langsam verfärbte sich sein Gesicht zu einem dunklen Violett, und die Haut begann sich abzuschälen. Das Fett an seinem Bauch verflüssigte sich, und er blutete aus Mund und After.

Die Ärzte verstanden sich nur auf unzulängliche Behandlungsmethoden. Brechmittel und Aderlaß verschlimmerten seinen Zustand. Schließlich wurde ihm die letzte Ölung erteilt, und Rodrigo Borgia, Papst Alexander VI., war tot.

Noch am Sterbebett Alexanders ordnete Cesare an, daß die Gemächer seines Vaters versiegelt werden sollten, um sie vor unkontrollierten Plünderungen habgieriger Kardinäle zu schützen. Der Leichnam des Papstes wurde auf einem Tisch aufgebahrt. Der Körper war bereits schwarz geworden, und die Verwesung setzte sofort ein. Der

Leichnam schwoll an, bis er ebenso breit wie lang war. Die Zunge wurde dick, und Flüssigkeit troff aus dem weit geöffneten Mund. Der venezianische Botschafter beschrieb Alexanders Leichnam als „die häßlichste, monströseste und schrecklichste Leiche, die je gesehen wurde, ohne die geringste Ähnlichkeit mit einer menschlichen Gestalt".

ALEXANDER STINKT ZUM HIMMEL

„Es war ein widerlicher Anblick", berichtete Raphael Volterrano, „sich diesen deformierten, geschwärzten Leichnam ansehen zu müssen, so ungeheuer angeschwollen und einen pestilenzartigen Gestank absondernd; seine Lippen und Nase waren mit braunem Speichel bedeckt, sein Mund stand weit offen, und seine durch das Gift aufgeblähte Zunge fiel bis auf sein Kinn heraus. Daher wagte auch kein Fanatiker oder Anhänger, ihm Füße oder Hände zu küssen, wie es der Brauch verlangt hätte."

Während der Kaplan die Leiche zur Vorbereitung auf die Beisetzung wusch, überwachte Cesare persönlich die Plünderung der Gemächer seines Vaters. Seine Handlanger stahlen den goldenen und silbernen Zierat, die prächtigen Gewänder, die Teppiche und Wandbehänge. Sie zogen sogar die Ringe von den angeschwollenen Fingern der Leiche.

Nachdem die Gemächer ausgeräumt worden waren, sickerten faulige Flüssigkeiten aus sämtlichen Körperöffnungen der Leiche. Die päpstlichen Sargträger mußten sich die Nase zukneifen, als sie versuchten, die Leiche in den Sarg zu bugsieren. Aus Angst, sich beim Berühren des Leichnams anzustecken, banden sie einen Strick um seine Füße, die so oft von Prinzen und schönen Frauen geküßt worden waren, und wuchteten ihn in die Kiste. Der enorm aufgedunsene Körper wollte jedoch nicht hineinpassen, und Johann Burchard mußte ihn so gut es ging in den Sarg hineinzwängen. Dann bedeckte er die sterblichen Überreste des Papstes mit einem alten Stück Teppich. Das war alles, was Cesares Männer in den päpstlichen Gemächern zurückgelassen hatten.

Die Geistlichen in der Basilika weigerten sich, den Sarg hineintragen zu lassen. Es kam zu einem Handgemenge, doch schließlich gelang es den Trägern, den Sarg in der Krypta abzusetzen. Für den Toten wurde keine Messe gelesen. Papst Julius II. verfügte, es sei Gotteslästerung, für die Verdammten zu beten, demzufolge hätte jeder Gottesdienst für Alexander ein Sakrileg bedeutet.

WARTEN AUF DAS JÜNGSTE GERICHT

Am Tag seiner Ernennung verkündete Julius II.: „Ich werde nicht dieselben Räume bewohnen wie die Borgias. Wie kein anderer zuvor hat er die Heilige Kirche entweiht. Er hat mit Hilfe des Teufels widerrechtlich die päpstliche Macht an sich gerissen, und ich verbiete jedem unter Androhung der Exkommunikation, je wieder von Borgia zu sprechen oder nur an ihn zu denken. Sein Name und sein Andenken müssen vergessen werden. Er muß aus jedem Dokument und von jedem Denkmal getilgt werden. Sein Pontifikat muß ausgelöscht werden. Alle Gemälde, die von den Borgias oder für sie angefertigt wurden, sind mit schwarzem Crêpe zu verhängen. Alle Grabmale der Borgias müssen geöffnet und ihre Leichname dorthin zurückgeschickt werden, wohin sie gehören – nach Spanien."

Die Wohnungen der Borgias im Vatikan wurden versiegelt und blieben bis ins neunzehnte Jahrhundert verschlossen. 1610 wurde die Leiche von Papst Alexander VI. aus der Basilika entfernt. Sie ruht jetzt in der spanischen Kirche an der Via di Monserrato und wartet dort auf das Jüngste Gericht.

Nach dem Tod von Alexander VI. wurde Vannozza Catanei jedoch als Witwe des Papstes geehrt. Und als sie im Alter von sechsundsiebzig Jahren starb, bestattete man sie mit großem Pomp in der Kirche Santa Maria del Popolo. Der gesamte päpstliche Hof war wie bei der Beisetzung eines Kardinals anwesend.

CESARES ENDE

Ohne die Protektion seines Vaters blies Cesare der Wind hart ins Gesicht. Er hatte versucht, die Wahl von Julius II. zu vereiteln. Er wurde zweimal verhaftet, und zweimal gelang ihm die Flucht. Schließlich konnte er sich bei seinem Schwager, dem König von Navarra, in Sicherheit bringen. Er starb tapfer, als er 1507 im spanischen Viana in einen Hinterhalt geriet. Seine Angreifer zogen ihm die Rüstung aus und ließen ihn nackt bis auf einen strategisch auf seinen Genitalien plazierten Stein liegen. Sein Leichnam wies dreiundzwanzig Wunden auf. Er war erst einunddreißig Jahre alt.

Beigesetzt wurde er in der schlichten Dorfkirche Santa Maria in Viana. Die Inschrift auf seinem Grabstein lautet: „In diesem Fleckchen Erde liegt der, den die ganze Welt fürchtete."

Ein französischer Soldat, der an seiner Seite gekämpft hatte, fügte hinzu: „Über seine Mannestugenden will ich nicht mehr sprechen, denn darüber ist genug geredet worden, doch ich muß sagen: Er war ein guter Kamerad und tapferer Kämpfer."

Aber sein vielleicht schönster Nachruf ist die Widmung in einem Buch über die Syphilis mit dem Titel *Tractatus contra Pudendarga*. Der Verfasser war Cesares spanischer Arzt. Cesare hatte seine ausdrückliche Zustimmung zu dieser Widmung gegeben und dem Arzt auch erlaubt, einige neue Heilverfahren an ihm auszuprobieren. Dankbar vermerkte der Arzt, daß „Ihr in Eurer Person der Menschheit die Möglichkeit gegeben habt, ein Heilmittel gegen diese Krankheit zu finden."

Cesare hinterließ zwei Kinder aus seinen außerehelichen Affären, von denen einer, Gerolamo, den skrupellosen Charakter seines Vaters erbte. Er heiratete 1537 die Tochter des Barons von Capri; ihre Tochter Camilla Lucrezia wurde Nonne und führte anscheinend ein gottesfürchtiges Leben.

LUCREZIA ALS HERZOGIN VON FERRARA

Lucrezias dritte Ehe könnte man als Erfolg verbuchen. Nachdem Alexander und Cesare tot waren, ergaben sich daraus keinerlei politische Vorteile mehr, doch Alfonso lehnte es ab, sich von ihr scheiden zu lassen, auch wenn er nebenbei noch eine Geliebte hatte. Lucrezia schenkte Alfonso einen Erben und nahm sich selbst mehrere Liebhaber. Einer von ihnen war der venezianische Dichter Pietro Bembo, der ihrer Schönheit und Eleganz in seinen Gedichten huldigte.

Lucrezia hatte außerdem eine Affäre mit Francesco Gonzaga, der Cesares Platz als militärischer Oberbefehlshaber des Vatikans eingenommen hatte. Dieser Seitensprung machte ihr besonderen Spaß, denn Gonzaga war der Ehemann von Alfonsos Schwester Isabel, die sie abgrundtief haßte. Die Geschichte geriet ein wenig außer Kontrolle, als Gonzaga versuchte, Ferrara zu überfallen und Lucrezia zu entführen – er hatte sogar schon Gemächer für sie vorbereitet –, doch im letzten Moment traf die französische Armee ein und schlug ihn in die Flucht.

Während Alfonsos Abwesenheit übernahm Lucrezia die Regierungsgeschäfte. Sie machte Ferrara zu einem der literarischen Zentren der Renaissance und wandte sich mehr und mehr der Religion zu. Mit neununddreißig Jahren starb sie im Kindbett.

XV

HEILIGE VÄTER

Papst Pius III. (1503) konnte seinem Vorgänger Alexander VI. wahrlich nicht das Wasser reichen. Er hatte beim Konklave von 1492 sogar Rodrigos ansehnliche Bestechung abgelehnt und beim Heiligen Kollegium protestiert, als Rodrigo einen beträchtlichen Teil des Kirchenstaats seinem Sohn Juan überschrieb. Pius III. regierte allerdings auch nur ganze sechsundzwanzig Tage.

Obwohl sich Julius II. (1503–1513) eilends von Alexander VI. distanzierte, war er schon eher vom Schlag der Borgias. Er hatte Kinder, trank übermäßig, fluchte gotteslästerlich, war großspurig und Päderast. Der gutaussehende Gottesmann hatte zahlreiche Mätressen, von denen eine ihm die Syphilis anhängte. Als Kardinal Giuliano della Rovere hatte er drei Töchter gezeugt und sich den Spitznamen „Il Terribile" verdient – ein beachtlicher Ruf, wenn man bedenkt, daß er unter der Herrschaft eines Borgia-Papstes erworben wurde.

Er war Alexanders Konkurrent um die Papstwürde gewesen und lebte während dessen gesamtem Pontifikat – die meiste Zeit verbrachte er in Frankreich – in Angst vor einem Mordanschlag. Er versuchte Karl VIII. von Frankreich für eine Allianz gegen Alexander zu gewinnen und berief ein Konzil ein, um den Papst abzusetzen. Doch Alexander konnte geschickt seine Pläne durchkreuzen, und der zukünftige Papst Julius mußte bis zu Alexanders Tod untertauchen. Im Anschluß an das kurze Pontifikat von Pius III. gelangte

Julius nach nur eintägigem Konklave durch Bestechung ins Amt. Sobald er fest auf dem päpstlichen Thron saß, verfügte er, daß von nun an jeder, der das Konklave bestach, abgesetzt werden sollte.

JULIUS II. LIEBT ESSEN, TRINKEN UND KNABEN

Er genoß den Sex und liebte das gute Essen. Selbst in der Fastenzeit aß er den feinsten Kaviar, Thunfisch, Garnelen und Neunaugen aus Flandern. Auch einem guten Tropfen zeigte er sich nie abgeneigt. Kaiser Maximilian urteilte unverblümt: „Julius ist ein dem Trunk ergebener und bösartiger Papst."

Es heißt, für Julius sei die Religion nicht einmal eine Nebenbeschäftigung gewesen. Er hatte ein aufbrausendes Temperament und schlug jeden, der ihn ärgerte, mit einem Stock, den er stets bei sich trug.

Man erinnert sich an ihn als den Papst, der den einunddreißigjährigen Bildhauer Michelangelo zwang, seine Steinmetzarbeiten zu unterbrechen und statt dessen die Decke der Sixtinischen Kapelle auszumalen. Michelangelo war mindestens so grantig wie sein Gönner, und häufig droschen sie munter aufeinander ein. Die beiden Männer hatten eine weitere Gemeinsamkeit: Während seiner Zeit als Kardinal beschuldigten führende Adlige Julius des „widernatürlichen Lasters" der Homosexualität. Und daß Michelangelo schwul war, ist ja kein Geheimnis. Man erzählte sich, Julius habe sich mit einem hektischen Leben „unter Prostituierten und Knaben" in zwei Jahren die Gesundheit ruiniert.

Zeitgenössische Autoren nannten ihn einen „großen Sodomiten". Einer Schrift aus dem siebzehnten Jahrhundert zufolge „mißbrauchte dieser Mann neben vielen anderen zwei junge Herren". Die beiden jungen Herren waren wohl zwei Edelknaben, „die Königin Anne von Frankreich zu Kardinal Robert von Nantz geschickt hatte, bei dem sie eine Ausbildung erhalten sollten". Worin genau sie unterwiesen werden sollten, verschweigt der Verfasser, aber ganz sicher war „dieser Akt" nicht im Lehrplan vorgesehen.

Julius II. soll außerdem einen deutschen Jüngling verführt haben – eine Eroberung, die sogar in Reimform verewigt wurde: „Nach Rom ein hübscher Deutscher kam / Doch zurück kehrt' er als Frau, nicht als Mann."

Er gab sich großzügig, wenn es um sexuelle Vergnügen anderer ging. Am 2. Juli 1510 verfügte er in einer päpstlichen Bulle die Einrichtung eines Bordells, in dem junge Frauen ihrem Gewerbe nachgehen durften. Leo X. und Klemens VII. duldeten dieses Etablissement ebenfalls stillschweigend unter der Bedingung, daß ein Viertel der gesamten Habe der dort arbeitenden Kurtisanen nach ihrem Tod in den Besitz der Nonnen von Sainte-Marie-Madeleine übergehen sollte. Außerdem gab Julius Heinrich VIII. die Dispens, die es ihm ermöglichte, die Witwe seines Bruders Arthur, Katharina von Aragon, zu heiraten.

EIN MANN DES SCHWERTES

Julius' Hauptinteresse galt jedoch weder der Religion noch der Kunst oder dem Sex, sondern dem Krieg. Unter Mißachtung des kanonischen Rechts legte er die Rüstung an und ritt an der Spitze der päpstlichen Armee auf einem stolzen Roß in die Schlacht. Als man Mirandola von den Franzosen zurückeroberte, stolperte er in voller Rüstung über zugefrorene Gräben und zwängte sich durch eine Bresche in der Stadtmauer. Die Stadt für Christus in Besitz nehmend, brüllte er: „Wollen doch mal sehen, wer die dickeren Kugeln hat, der König von Frankreich oder der Papst!" Allen, die diesen Ausruf hörten, war sofort klar, daß er keine Kanonenkugeln meinte.

Der Humanist Erasmus von Rotterdam schrieb eine satirische Skizze, in der Papst Julius in voller Rüstung an der Himmelstür erscheint. Da Petrus ihn nicht erkennt, reißt Julius seinen Helm herunter und setzt die päpstliche Tiara auf, aber Petrus tappt weiter im dunkeln. Voller Verzweiflung zeigt Julius seine päpstlichen Schlüssel, die ja angeblich die Schlüssel zum Himmelreich sein sollen. Petrus dreht und wendet sie, dann schüttelt er den Kopf.

„Tut mir leid, aber sie passen auf kein Schloß in diesem Königreich", sagt er schließlich.

Nachdem Michelangelo die Decke der Sixtinischen Kapelle ausgemalt hatte, griff er wieder zum Meißel und schuf eine Statue seines Gönners. Als Papst Julius sie sah, fragte er: „Was ist das da unter meinem Arm?"

„Ein Buch, Heiligkeit", antwortete Michelangelo.

„Was habe ich mit Büchern zu schaffen?" brüllte der Papst. „Mach gefälligst ein Schwert daraus."

Doch etwa gegen 1508 mußte Julius II. das Image eines Kriegers aufgeben, und der Zeremonienmeister am päpstlichen Hof hatte vornehme Besucher davon abzuhalten, die päpstlichen Füße zu küssen, die inzwischen von der Syphilis zerfressen waren.

EIN MEDICI BESTEIGT DEN APOSTOLISCHEN STUHL

Nach Julius' Tod stürmte Kardinal Farnese aus dem Konklave hinaus auf den Petersplatz und schrie: „Kugeln! Kugeln!" Die Menge wußte sofort, was er meinte. Der neue Papst würde Giovanni de'Medici heißen – *palli* oder Kugeln waren ein zentraler Bestandteil des Medici-Wappens.

Giovanni de'Medici wurde Papst Leo X. (1513–1521). Er hatte selbst mehrere uneheliche Söhne, aber es war der uneheliche Sohn seines ebenfalls illegitimen Bruders Giuliano de'Medici, der ihm als Klemens VII. (1523–1534) auf den Thron Petri folgen sollte.

Nach seiner Wahl bemerkte Leo zu Giuliano, der damals Kardinal war: „Gott hat uns das Papsttum beschert. Erfreuen wir uns daran." Was er zweifellos auch tat. Sogar die *Katholische Enzyklopädie* räumt ein, daß Leo X. „den päpstlichen Hof als Amüsierbetrieb betrachtete".

Das römische Volk war ein wenig überrascht, festzustellen, daß Leo X. keine Mätresse mit nach Rom brachte, doch ungeachtet diverser unehelicher Sprößlinge war Heterosexualität nicht seine erste Präferenz. Der florentinische Staatsmann Francesco Guicciardini berichtete, daß der neue Papst hemmungslos der Fleischeslust frönte, „besonders solche Vergnügungen [liebte], über die der Anstand zu schweigen gebietet". Nach Joseph McCabe saß mit Leo X. „ein ungehobelter, leichtfertiger, zynischer Lüstling, wahrscheinlich süchtig nach homosexuellen Exzessen, im Vatikan".

„Er überließ sich ganz Müßiggang, Vergnügen und fleischlichen Freuden, wodurch er viele Bastarde hatte, die er ausnahmslos zu Herzögen oder bedeutenden Fürsten beförderte und stets mit den Besten verheiratete", kommentierten zeitgenössische Berichte. Er

„liebte die Knaben", und er liebte den Alkohol. Und nicht zuletzt war er ebenfalls ein Förderer von Michelangelo und Raffael.

DER JÜNGSTE KARDINAL ALLER ZEITEN

Seine Homosexualität hat ihren Ursprung vielleicht in der Tatsache, daß er seit frühester Kindheit in verschiedenen Abteien und Prioreien eingesperrt war. Mit sieben Jahren wurde er Abt, mit elf übernahm er die berühmte Abtei Monte Cassino und mit dreizehn bekam er den Kardinalspurpur – der jüngste Kardinal aller Zeiten, auch wenn Benedikt IX. bereits mit zwölf Papst geworden war.

Kaum daß er sein Amt als Kardinal angetreten hatte, begann er unverzüglich, Ablässe zu verkaufen, um seine Familie zu bereichern. Was seine sexuellen Vorlieben betrifft, scheint er recht diskret gewesen zu sein; sein öffentliches *coming out* hatte er erst, als er längst Papst war. Schon bald hatten sich seine Vorlieben herumgesprochen. Sein Freund und Biograph Bischof Giovio sagte offen: „Auch war er nicht frei von der Infamie, daß er eine unehrenhafte Liebe zu manchen seiner Kammerherren hegte, die zu den vornehmsten Familien Italiens gehörten, und er sprach stets liebevoll mit ihnen und machte derbe Witze." Kurzum seit Jahren hatte er Geschlechtsverkehr mit Männern. Bei seiner Wahl litt er an chronischen Geschwüren am Hinterteil und mußte auf einer Bahre ins Konklave getragen werden.

IM TRIUMPHZUG DURCH ROM

Seine Krönung war eher eines Kaisers, denn eines Papstes würdig. Kardinal Farnese setzte Leo X. die päpstliche Tiara aufs Haupt und sagte: „Empfange die Tiara geschmückt mit drei Kronen und wisse, daß du der Vater von Fürsten und Königen, der Bezwinger der ganzen Welt unter der Erde und der Stellvertreter unseres Herrn Jesus Christus bist, dem Ehre und Ruhm gebührt bis in alle Ewigkeit."

Dann ritt Leo, in golddurchwirktes Tuch gewandet und mit Juwelen behängt, auf einem Schimmel an der Spitze einer Prozession von 2500 Soldaten und 4000 Königen, Prinzen, kirchlichen Würdenträgern und Adligen durch die mit Bannern, bunten Fähnchen und Heiligenfiguren – die sich mit römischen Göttern abwechselten – geschmückten Straßen, vorbei am Forum und Kolosseum zum Lateranpalast. Für die Krönungsprozession hatte er einen Triumphbogen errichten lassen, der die Inschrift trug: „Mars hat regiert, Pallas folgte, aber die Herrschaft von Venus ist ewig."

Der Abend war Festgelagen und Feuerwerken vorbehalten. Die ganze Aufführung kostete ihn 100 000 Dukaten. In dieser Nacht feierte er seine Krönung im Castel Sant'Angelo mit seinem Geliebten Alfonso Petrucci aus Siena, den Leo zum Kardinal ernannte.

Leo verwöhnte seinen Geliebten mit allem, was gut und teuer war. Als großer Jäger und Gourmet unterhielt er in der Nähe Roms ein Wildreservat, das ausschließlich er und seine Kardinäle betreten durften – fünfundzwanzig Quadratkilometer Wald. Unbefugten Eindringlingen hackte man Hände und Füße ab, dann brannte man ihre Häuser nieder und verkaufte ihre Kinder in die Sklaverei.

LEO HAT ES GERN EXTRAVAGANT

Papst Leo X. liebte es, für seine Kardinäle und ihre Damen Maskenbälle zu veranstalten, und er richtete riesige Bankette aus, auf denen nackte Knaben aus den Nachspeisen hüpften. Eine Mahlzeit, bei der auch der venezianische Botschafter zugegen war, bestand aus fünfundsechzig Gängen mit drei Gerichten pro Gang, die mit bemerkenswerter Geschwindigkeit serviert wurden.

„Kaum waren wir mit der einen Delikatesse fertig, wurde uns auch schon ein neuer Teller vorgesetzt", schrieb Seine Exzellenz der Botschafter, „und alles servierte man auf feinstem Silber, wovon Seine Eminenz einen üppigen Vorrat besitzt. Am Ende der Mahlzeit erhoben wir uns vom Tisch, reichlich gesättigt vom schweren Essen und ganz taub von dem ununterbrochenen Konzert, das innerhalb wie außerhalb des Saales gegeben wurde, und dies offenbar auf jedem Instrument, das Rom aufzubieten hatte – Querflöten, Cembalos und viersaitige Lauten sowie die Stimmen eines Chors."

Die Leckereien umfaßten Affenhirn, Papageienzungen, rohen Fisch aus Konstantinopel, Affenfleisch, Wachteln und Rehe, alles zubereitet in köstlichen Soßen und serviert mit aromatischen Weinen und Früchten aus drei Kontinenten. Bei seinem immensen Reichtum schenkte Leo sich den Abwasch und ließ die Silberteller kurzerhand in den Tiber werfen, wenn ein Gang beendet war.

Er war für seine Extravaganzen berühmt. So spielte er unter anderem mit seinen Kardinälen Karten und gestattete einigen aus der Bevölkerung, als Zuschauer dabei zu sein. Wann immer er gewann, warf er eine gut bemessene Handvoll Goldmünzen in die Menge. Die Kosten seiner kulturellen wie militärischen Unternehmungen und seiner immer prunkvoller ausfallenden päpstlichen Ornate zehrten den gesamten Kirchenschatz auf.

Leo war zudem ein Freund von rohen Späßen. Einmal ließ er Aas mit einer kräftig gewürzten Soße übergießen und verteilte die Speise als päpstliche Delikatesse an die Armen. Einen alten Priester namens Baraballo, der stolz auf seine schrecklichen Reime war, machte er zum Hofdichter. Nach Baraballos Krönung mit dem Lorbeerkranz wurde er auf dem Rücken eines weißen Elefanten, den der Papst kurz zuvor vom portugiesischen König erhalten hatte, in einer Prozession über das Kapitol geführt.

SPIONE UND THEATERAUFFÜHRUNGEN

Leo behielt auch gern die Verfehlungen anderer zwecks möglicher späterer Erpressung im Auge. Eines Abends lud ein römischer Adliger, Lorenzo Strozzi, Kardinal Cibò und drei weitere Kardinäle zu einer Feier im engsten Kreis. Die eintreffenden Gäste wurden in eine Leichenhalle voller Schädel, nackter Körper, Blut, Schweineköpfe und Folterwerkzeuge geführt. Danach brachte man sie in einen prächtigen Speisesaal, in dem von schönen Kellnerinnen und hübschen Kellnern erlesene Speisen serviert wurden. Während des Essens ließen sie sich von Clowns, Narren und Musikanten unterhalten. Für den Höhepunkt des Abends sorgten die begehrteste Prostituierte Roms, Madre Mia, und ihre Damen.

Um sieben Uhr morgens lag bereits ein Bericht über die Vorgänge dieses Abends auf Leos Schreibtisch. Er ließ Cibò zu sich kommen und erkundigte sich nach der Herkunft des spanischen Ausdrucks „Madre Mia". War damit vielleicht die Mutter Gottes gemeint? Cibò, immer noch verkatert, verstand den Wink.

Leo ließ in seinem Palast auch Theaterstücke aufführen, wobei er allerdings derben Komödien und mehr oder weniger unanständigen Rabelais'schen Farcen den Vorzug vor ernsteren dramatischen Werken gab. Ein Autor solcher unanständigen Stücke war ein hoher kirchlicher Würdenträger: Kardinal Bibbiena.

Bei einem Frühlingsfest inszenierte Leo persönlich ein Stück, in dem es um acht Eremiten und eine „Jungfrau" ging. Die nackte Frau war eine Jüngerin der Venus, und die Eremiten wurden ihre feurigen Galane, die sich zum Schluß aus Liebe zu ihr gegenseitig umbrachten.

„Es ist schwer zu beurteilen, ob die Leistungen der Gelehrten oder die Possen der Narren Seiner Heiligkeit größere Freude bereiteten", meinte Pietro Aretino, der sich der Förderung Leos X. erfreute. Aretino, ein vielgelesener Renaissance-Schriftsteller, wurde bekannt durch seine derben Sonnette, die er zu den anschaulichen Zeichnungen von sechzehn erotischen Stellungen des begabten Raffael-Schülers Giulio Romano verfaßte, auf dessen Konto auch zahlreiche Fresken im Vatikan gehen.

Im Jahre 1516 setzte Aretino ein Scheintestament für Hanno, den zahmen Elefanten Leos X., auf, in dem das mächtige Geschlechtsteil des Tieres einem der frivoleren Kardinäle des Papstes vermacht wurde.

PAPST LEO BRAUCHT GELD FÜR EIN ABERWITZIGES PROJEKT

Im gleichen Jahr, als das tolle Treiben in Rom seinen Höhepunkt erreichte, fand ein ökumenisches Konzil statt, auf dem das unerhörte Lotterleben gewisser Äbte an den Pranger gestellt wurde, die sich jeden Gehorsams gegen die Zölibatsvorschrift enthoben und es unter dem Vorwand, Hilfe für häusliche Dienste zu benötigen, wagten, Frauen bei sich aufzunehmen. Leo X. unternahm den kläglichen Versuch einer Reform und verbot den systematischen Verkauf von Konkubinatserlaubnissen an den Klerus – allerdings ohne jeden Erfolg. Der an Syphilis erkrankte Renaissancekünstler Benvenuto Cellini berichtete bedauernd, daß „unter Priestern die Krankheit weit verbreitet war".

Leo trieb die Simonie in schwindelnde Höhen, um die Mittel für sein neues Projekt aufzubringen. Gegen jeden gutgemeinten Rat beschloß er, die alte Peterskirche, die zwölfhundert Jahre gestanden hatte, abzureißen und an ihrer Stelle eine neue zu errichten. Obwohl es in Rom rund 7000 registrierte Prostituierte gab, brachten die päpstlichen Bordelle nicht genug Geld in die Kasse. Leo verkaufte daher nur zu gern Kardinalshüte, auch an Atheisten, sofern sie das entsprechende Sümmchen dafür hinblätterten. Pro Titel kamen zwischen 24 000 und 70 000 Dukaten herein.

EIN ÄUSSERST UNDANKBARER KARDINAL

Leos Liebhaber Alfonso Petrucci mußte für seinen Titel natürlich nichts bezahlen, und nachdem er erst Kardinal geworden war, wurde ihm klar, daß ihn damit nur noch ein kleiner Schritt vom Pontifikat trennte. Er bestach einen florentinischen Arzt, Battista de'Vercelli, Leo zu vergiften, indem er ihm Gift in den Darmausgang applizierte, wenn er ihm seine Hämorrhoiden operierte. Unglücklicherweise fing die Geheimpolizei des Papstes einen Brief ab, in dem der Plan skizziert wurde. Unter der Folter gestand de'Vercelli und wurde darauf hin gestreckt, geviertteilt und gehängt.

Als Petruccio begriff, daß er nun selbst an der Reihe war, flüchtete er. Leo schickte bald den spanischen Botschafter zu ihm und garantierte sicheres Geleit, vorausgesetzt, daß Petrucci sofort nach Rom zurückkehrte. Naiverweise willigte Petrucci ein. Kaum war er in Rom eingetroffen, ließ Leo ihn in das berüchtigte Sammarocco-Verlies unter der Engelsburg werfen. Dort wurde er täglich auf der Folterbank gemartert. Als sich der spanische Botschafter beschwerte, daß sein Ehrenwort, mit dem er Petrucci sicheres Geleit garantiert hatte, beschmutzt worden sei, erwiderte Leo: „Giftmördern schuldet man keine Loyalität."

In seinem Geständnis, das ihm unter der Folter abgepreßt worden war, gab Petrucci zu: „Achtmal ging ich, Kardinal Petrucci, mit einem unter meiner Robe verborgenen Stilett ins Konsistorium und wartete auf eine günstige Gelegenheit, de'Medici zu töten."

Petrucci wurde zum Tode verurteilt. Da der Papst aber nicht zulassen konnte, daß ein Christ Hand an einen Kirchenfürsten legte, ließ er Petrucci von einem Mauren erdrosseln. Mit dem gebührenden Respekt vor Petruccis Stellung wurde eine kardinalsrote seidene Kordel benutzt, um ihn hinzurichten.

Vier weitere Kardinäle, die an dem Komplott beteiligt waren, wurden freigesprochen, allerdings erst, nachdem sie gigantische Wieder-gutmachungszahlungen geleistet hatten.

Anschließend tröstete sich Leo mit dem jungen Sänger Solimando, einem Enkel des türkischen Sultans Mehmet, der 1453 Konstantino-pel erobert hatte. Solimandos Vater war Sultan Dschem, der auf An-weisung seines Bruders, Sultan Bajasid, von Alexander VI. ermordet worden war.

Man sagte Leo X. nach, er sei Atheist gewesen. Nachdem er Kar-dinal Bembo über die frohe Botschaft Jesu Christi hatte predigen hö-ren, kommentierte Leo trocken, es sei ja seit alters her allgemein be-kannt, wie schön das Christus-Märchen „sich für uns und die unseren ausgezahlt hat".

Diese zynische Einstellung zum Papsttum war der berühmte letzte Tropfen, der das Faß zum Überlaufen brachte. Während der Amts-zeit Leos X. nagelte Martin Luther seine fünfundneunzig Thesen an die Tür der Schloßkirche zu Wittenberg, in denen Ablaßhandel, Si-monie und Korruption angeprangert wurden. Später begehrte er auch gegen das Verbot der Priesterehe auf.

Nach dem Tod Leos X. bestieg der Holländer Hadrian VI. (1522–1523) für kurze Zeit den Heiligen Stuhl. Er berichtete 1522 dem Reichstag von Nürnberg: „Seit vielen Jahren haben sich Abscheu-lichkeiten auf dem Stuhl Petri zugetragen, Mißstände in geistlichen Angelegenheiten, Verstöße gegen die zehn Gebote, so daß hier alles gottlos pervertiert wurde." Doch nach diesem kurzen und langweili-gen Intermezzo ging es wieder lustig weiter.

EIN GIFTMÖRDER UND KIRCHENRÄUBER WIRD PAPST

Klemens VII. (1523–1534), „ein Bastard, Giftmörder, Sodomit, Geo-mant und Kirchenräuber", war der uneheliche Sohn von Giuliano de'Medici und seiner Mätresse Fioretta. Allein die Tatsache seiner außerehelichen Geburt hätte ihn eigentlich für das Amt des Papstes disqualifizieren müssen. Wie sein Onkel Papst Leo X., war auch Kle-mens VII. Atheist, und er kaufte sich die Wahlstimmen schamlos zu-sammen; insgesamt 60 000 Dukaten verteilte er an die Kardinäle des Konklave.

Er nahm sich eine Schwarze als Mätresse. Der italienische Historiker Gino Capponi beschrieb sie als „maurische oder mulattische Sklavin". Sie war die Frau eines Eselstreibers, der für Klemens' Tante arbeitete. Er hatte einen Sohn von ihr, Alessandro, der zum ersten Erbherzog von Florenz wurde, nachdem Klemens die alte Verfassung der Stadt kurzerhand außer Kraft gesetzt hatte. Bei den Florentinern war er als „Der Maure" bekannt, und die *Encyclopaedia Italiana* verweist darauf, daß Hautfarbe, Lippen und Haare seine afrikanische Abstammung verrieten. Sein von Bronzino gemaltes Porträt belegt dies ebenfalls, und Benvenuto Cellini, der für Alessandro arbeitete, bemerkte, es sei ein offenes Geheimnis gewesen, daß Alessandro der Sohn des Papstes war.

Wie schon sein Onkel gehörte auch Klemens zu den Förderern des erotischen Schriftstellers Aretino.

DIE PLÜNDERUNG ROMS

Klemens schaffte es, Kaiser Karl V. so gegen sich aufzubringen, daß Rom volle zwei Monate lang zur Plünderung freigegeben wurde. Im Mai des Jahres 1527 drangen die kaiserlichen Streitkräfte Karls V. in die Stadt ein, in der sie auf keinen nennenswerten Widerstand stießen. Das goldene Kreuz Kaiser Konstantins wurde geraubt und nie mehr wiedergefunden; das gleiche Schicksal traf die Tiara Nikolaus' I. und die Goldene Rose von Martin V. Römer und Römerinnen, die in Kirchen Schutz suchten, metzelte man vollkommen willkürlich nieder. Vor dem Altar der Peterskirche wurden fünfhundert Männer massakriert und Reliquien verbrannt oder geschändet. Die Soldaten rissen den Priestern die Soutanen vom Leib und zwangen sie nackt, blasphemische Messen abzuhalten. Männern quetschte man brutal solange die Hoden, bis sie den Verbleib versteckter Schätze verrieten.

Nonnen wurden vergewaltigt, an der nächsten Straßenecke versteigert oder als Einsatz bei Glücksspielen benutzt. Eltern mußten bei der Vergewaltigung ihrer Töchter durch ganze Gruppen marodierender Soldaten des Kaisers zusehen und dabei sogar noch behilflich sein. Konvente funktionierte man in Bordelle um und zwang dorthin verschleppte Frauen der obersten Gesellschaft zum Liebesdienst.

„Marquisen, Gräfinnen und Baronessen mußten den ungebärdigen Horden zu Willen sein", schrieb Sieur de Brantôme, „und noch lange Zeit später blieben die patrizischen Frauen der Stadt bekannt als ,die Reliquien der Plünderung Roms'."

HEINRICH VIII. WILL DIE SCHEIDUNG, LUTHER HEIRATET

Klemens VII. verschanzte sich zunächst im Castel Sant'Angelo und floh schließlich nach Orvieto, wo ihn der Botschafter Heinrichs VIII. einholte. Allerdings war der Zeitpunkt nicht eben günstig, den Papst zu bitten, die Ehe des Königs von England mit Katharina von Aragon aufzulösen. Seine Weigerung, auch nur den leisesten Gedanken an die Angelegenheit zu verschwenden, führte schließlich zur Abspaltung der Kirche von England.

Unterdessen war Klemens in Deutschland mit noch erheblich größeren Problemen konfrontiert. Martin Luther hatte gerade den Sex entdeckt. 1525 heiratete Luther Katharina von Bora, eine der zwölf Nonnen, die er aus dem Kloster Nimbschen entführt hatte. Gegen Sex, sagte er, sei nichts einzuwenden. Später schrieb Luther, er könne in der Ehe nichts anderes als Gotteslob sehen.

Luther erkannte bald, daß es ein äußerst geschickter Schachzug war, in der protestantischen Kirche die Priesterehe zu legalisieren. Der unter Liebesentzug leidende Klerus lief in Scharen zu ihm über. Ein zeitgenössischer Kommentator: „Die Mätresse zu einer ehrbaren Ehefrau und die ehrlosen Bastarde zu ehrbaren Kindern werden zu lassen, war das eine entscheidende Geschenk, das der Protestantismus dem Klerus machte. Von allen höheren Erwägungen abgesehen, erzählte man sich auch, daß Luthers Bett vor seiner Hochzeit mit Katharina von Bora ein Jahr lang nicht frisch bezogen worden sei."

XVI

PAPST UNTERROCK

Alessandro Farnese trat unter dem Namen Paul III. (1534–1549) die Nachfolge von Klemens VII. an. Er war ein ausgesprochen kluger und erfahrener Mann, doch „seine Moral war nicht höher als die der minderen Zeit, in der er lebte".

Ein Kommentator verzweifelte an der Aufgabe, „die vielen ungeheuren und schrecklichen Elternmorde, Diebstähle, Hexereien, verräterischen Taten, Tyranneien, Inzeste und beispiellosen Hurereien dieses Papstes" aufzuzählen – aber einen Versuch ist es ganz ohne Zweifel wert.

Als er in den Kreis des Heiligen Kollegiums trat, war er bereits als der „Unterrock-Kardinal" bekannt, weil er seine Schwester Giulia „Alexander VI. zur Entjungferung überließ". Die einträglichen Ämter, die sein Aufstieg mit sich brachte, erlaubten es ihm, sich eine Mätresse aus römischem Adel zu halten, die ihm drei Söhne und eine Tochter schenkte. Als sich die öffentliche Stimmung gegen die Exzesse der Borgia und Medici zu wenden begann, trennte er sich 1513 von ihr. Von da an versuchte er, diskreter vorzugehen.

Es existieren zahlreiche Berichte, daß er seine Mutter und seine Nichte vergiftete, um an das gesamte Erbe der Familie zu kommen. „Dem Muttermord noch einen doppelten Inzest hinzufügend, war er aus Eifersucht auf ihre anderen Liebhaber auch für den Tod einer seiner Schwestern verantwortlich." Dann „beging er Blutschande mit

235

seiner eigenen Tochter Costanza und vergiftete ihren Mann Bosius Sforza, um sich ungehinderter mit ihr vergnügen zu können; als er dann aber mit seiner Nichte Laura Farnese auf gleiche Weise verfuhr, versetzte ihm deren Mann Nicholas Quercen, der ihn in flagranti erwischte, ein Mal, das er mit ins Grab nahm".

FÜNFUNDVIERZIGTAUSEND HUREN

Seine amourösen Aufmerksamkeiten beschränkten sich durchaus nicht nur auf die eigene Familie.

„Als päpstlicher Legat von Julius II. in Ancona überredete er eine junge Dame unter dem Vorwand, sie heiraten zu wollen, sich seiner Lust zu ergeben, wobei sie fürwahr dachte, es nicht mit dem Legaten persönlich, sondern vielmehr mit einem seiner Herren zu tun zu haben. Nachdem sie diesen Irrtum begriffen hatte, wurde sie um ein Haar verrückt, brachte aber dennoch jenes Monstrum Pier Luigi zur Welt, das später der Herzog von Parma und Piacenza werden sollte."

Eben dieser Herzog von Parma und Piacenza erwarb sich selbst einen ziemlich üblen Ruf.

„Dieser Pier war der Liebling seines Vaters, insofern er nur lächelte und meinte, diese Dinge habe sein Sohn nicht von ihm, als man ihm von dessen abscheuerregenden Taten berichtete.

Jeder kennt die widerwärtigen Abscheulichkeiten, die diese Person an der Leiche von Bischof Cosmo Cherio von Fano beging, die wiederzugeben mir zuwider ist. Als schließlich die eigenen Hausangestellten des Herzogs seine Tyranneien und schmutzigen Scheußlichkeiten nicht länger ertragen konnten, schafften sie ihn im Jahre 1547 aus dem Weg."

Nach der Ermordung Pier Luigis erhielt später Pauls III. Enkel Ottavio das Herzogtum von Parma und Piacenza.

Nachdem „er die eigene Schwester an den spanischen Papst verkaufte, um seinen Kardinalshut zu erhalten", beschuldigte man Paul, sich der Hilfe von Astrologen und Nekromanten zu bedienen, um im Konklave gewählt zu werden. Weiterhin bezichtigte man ihn, Atheist zu sein, über eine theologische Streitfrage zwei Kardinäle und einen polnischen Bischof vergiftet zu haben und „fünfundvierzigtausend

Huren zu halten, die ihm monatlichen Tribut entrichteten". Die Stadt Rom hatte zur damaligen Zeit nur eine Gesamteinwohnerzahl von etwa 100 000 Menschen.

Anläßlich seiner Wahl ließ er eine neue Goldmünze prägen. Da die Familie Farnese ihre Vormachtstellung ausschließlich der Liebesbeziehung seiner Schwester zu Papst Alexander VI. verdankte, zeigt die Münze sie auf der Kehrseite als einen nackten Ganymed, der eine Lilie wässert. In der griechischen Mythologie war Ganymed der Mundschenk und Geliebte von Zeus.

Obwohl Paul III. seine Mätresse fallenließ, nahm er mit Vergnügen an Festen teil und hatte gern schöne Frauen an seinem Tisch. Der Vatikan erlebte Maskenbälle und prunkvolle Festgelage. Außerdem beauftragte er Michelangelo, in der Sixtinischen Kapelle das Fresko des Jüngsten Gerichts zu malen.

Doch Pauls III. erstes Ziel während seines Pontifikats war die Förderung der Familie Farnese. Er „versuchte auf jede nur erdenkliche Art seine Bastarde zu bereichern, von denen er viele hatte." Einer von ihnen, Pietro Lodovico, war, dem italienischen Historiker Cypriano de Valera zufolge, „der widerwärtigste Sodomit, der jemals lebte". Zwei seiner Enkel erhob Paul im Alter von vierzehn und siebzehn Jahren zu Kardinälen.

HEINRICH VIII. GEHT VON DER FAHNE...

Paul exkommunizierte Heinrich VIII. und belegte England mit einem Interdikt – es war nun verboten, dort katholische Gottesdienste abzuhalten und Sakramente zu spenden. Im Gegenzug befahl Heinrich seinem obersten Berater Thomas Cromwell, das Klosterleben genau unter die Lupe zu nehmen. Cromwell schickte daraufhin einen seiner Männer, einen Dr. Leighton, zur Langdon Abbey in Kent, wo er, nachdem er die Tür aufgebrochen hatte, den Abt mit seiner Geliebten im Bett antraf. Die Frau war in Männerkleidern in die Abtei geschmuggelt worden.

Alles in allem wurden von Thomas Cromwell 144 Klöster und Konvente untersucht. In seinem abschließenden Bericht stellte er fest, daß sie ausnahmslos die Lasterhaftigkeit Sodoms an den Tag legten, daß Nonnen von „lüsternen Beichtvätern" bedient wurden und

Mönche sich sowohl mit verheirateten Frauen als auch mit Prostituierten einließen.

Das lieferte Heinrich den Vorwand, unerbittlich gegen die Klöster vorzugehen. Einen Mönch schickte er ohne kirchlichen Segen aufs Schafott, weil er sich weigerte, seine Frau zu verlassen. Thomas Cranmer, unter Heinrich Erzbischof von Canterbury, begriff schnell, daß ein neuer Wind wehte. Er hatte gerade zum zweiten Mal heimlich geheiratet und schickte seine neue Frau nun zu ihrer Sicherheit nach Deutschland.

...SCHOTTLAND BLEIBT KATHOLISCH

Während das England Heinrichs VIII. die Reformation bereitwillig begrüßte, gelang es Paul III., Schottland bei der Fahne zu halten. Er ernannte den berühmt-berüchtigten Kardinal David Beaton zum Erzbischof von St. Andrews und Primas von Schottland. Beaton war Witwer mit drei ehelichen Kindern, doch er stand immer noch in dem Ruf, regen Gebrauch von dem „Talent, das Gott ihm schenkte", zu machen. Man schätzt, daß er elf Söhne und vier Töchter hatte, die in den offiziellen Registern als die „Bastarde des Erzbischofs von St. Andrews" geführt wurden.

Erzbischof Hey, der die Ernennung Beatons durch Paul beklagte, schrieb: „Ich frage mich oft, was Bischöfe sich wohl dachten, wenn sie die Führung von Gottes Heiliger Kirche Männern anvertrauten, die kaum die Buchstaben des Alphabets beherrschen. Priester kommen an den heiligen Tisch, die noch nicht die Ausschweifungen des vergangenen Tages ausgeschlafen haben ... Ich werde nicht auf das wilde Leben jener eingehen, die, Keuschheit vorschützend, neue Arten der Lust erfunden haben, die ich lieber ungenannt lasse, als derjenige zu sein, der sie wiedererzählt."

Trotzdem wollte Paul III. kein Wort gegen Beaton hören. Er war eben ein Mann ganz nach seinem Geschmack, und alles in allem war Beatons Verhalten gewiß nicht weiter ungewöhnlich für die damalige Zeit.

Priester hatten sich auf Verführungen während der Beichte spezialisiert. Beichtstühle kamen erst Mitte des sechzehnten Jahrhunderts auf, und allgemeine Verbreitung fanden sie erst, als sie 1614 obligatorisch wurden. Bis dahin saßen die reuigen Sünder neben ihrem Beichtvater oder knieten zu seinen Füßen. In einem dunklen Winkel der Kirche war es nur zu leicht, einen Annäherungsversuch zu starten. Selbst wenn es zu einer Anzeige gegen einen Priester kam, ging das kirchliche Gericht für gewöhnlich nicht sonderlich streng gegen ihn vor. Im Februar 1535 wurde der Pfarrer von Almodovar einer ganzen Reihe sexueller Vergehen beschuldigt, unter anderem des Bordellbesuchs und unsittlicher Annäherungsversuche bei der Beichte. Er hatte sich geweigert, einer jungen Frau die Absolution zu erteilen, bevor sie nicht mit ihm ins Bett ging. Seine Strafe bestand in einer bescheidenen Geldbuße und dreißig Tagen Hausarrest.

DIE INQUISITION WIRD WIEDERBELEBT

Wenn es um Ketzerei ging, sah die Sache schon anders aus. Paul III. verfolgte die Protestanten mit schonungsloser Brutalität. Es heißt, sein Sohn, der Herzog von Parma, und sein Enkel Kardinal Farnese hätten bei ihrem Krieg gegen die Lutheraner soviel Blut vergossen, „daß ihre Horden eigentlich darin hätten schwimmen können".

Ein anderer Chronist notierte: „Nachdem die unseligen Lutheraner seinen Zorn erregt hatten, wurden seine Neffen zu Vollstreckern seiner Grausamkeit und scheuten sich nicht, öffentlich damit zu prahlen, Blutströme angerichtet zu haben, die tief genug waren, daß Pferde darin schwimmen konnten. Während diese Metzeleien stattfanden, schwelgte der Papst mit seiner Tochter Costanza in sinnlichen Freuden."

Trotz seiner eigenen Fehler und Mängel löste Paul III. in Rom eine neue Inquisitionswelle aus, um die Häresie zu unterdrücken. Er bestimmte Kardinal Gian Pietro Carafa – den späteren Papst Paul IV. (1555–1559) – und ein Dutzend weiterer Kardinäle, gegen all jene zu ermitteln, die vom rechten Weg abgekommen waren.

„Die Schuldigen und die Verdächtigen sollen eingesperrt und bis zur höchsten Strafe vor Gericht gestellt werden", bestimmte Paul III. Die Ironie war, daß sich der Papst angesichts seiner Mätressen, unehelicher Kinder, zweifachen Inzests, mehrerer Giftmorde und der Ernennung seiner jugendlichen Enkel zu Kardinälen durchaus selbst als Hauptverdächtiger für die Inquisition empfohlen hätte.

Carafa machte sich mit Feuereifer an seine Pflichten und schrieb für Papst Paul III. ein *Consilium*. In dieser „Benachrichtigung", schilderte er detailliert das Ausmaß der Verderbtheit, die er in der Kirche vorgefunden hatte. Doch das Dokument gelangte unter ungeklärten Umständen an die Öffentlichkeit.

Unter anderem hieß es dort: „In diesem Rom gehen die Metzen umher wie verheiratete Frauen, oder sie reiten auf ihren Maultieren, und vom Herzen der Stadt aus folgen ihnen Adlige und Kleriker aus dem Haushalt des Kardinals. In keiner Stadt haben wir so viel Verworfenheit gesehen wie in dieser, die als ein Musterbeispiel für alle gelten kann."

Die Protestanten waren begeistert, als sie das Dokument in die Hände bekamen, bestätigte es doch alles, was sie über die Unmoral am päpstlichen Hof verbreiteten. Das Bekanntwerden kam einer Katastrophe gleich. Sobald Kardinal Carafa den Heiligen Stuhl bestiegen hatte, unternahm er den einzig logischen Schritt: Er setzte sein eigenes *Consilium* auf das Verzeichnis der verbotenen Bücher.

WAS EINEN KARDINAL AUSMACHT

Julius III. (1550–1555), der Nachfolger Pauls III., „mißbrauchte einen Unschuldigen als Geliebten, machte ihn zum Kardinal und schreckte auch vor dem Kardinal selbst nicht zurück". So las es sich in der Anklageschrift gegen Papst Julius.

Im Bericht eines anderen Zeitzeugen liest man: „Er verhängte den Kirchenbann über die Lutheraner, verfolgte sie bis in den Tod und, der Grausamkeit noch Verderbtheit anfügend, beförderte einen jungen Mann zur Kardinalswürde, der in seinem Haus die Doppelrolle als Affenwärter und Diener der infamen Freuden des Papstes spielte."

Tatsächlich mißbrauchte er sowohl seinen unehelichen Sohn Bertuccino als auch seinen Adoptivsohn Innocente, einen fünfzehnjährigen Jungen, den er in den Straßen von Parma aufgesammelt hatte. Er ernannte sowohl diese beiden zu Kardinälen, als auch einen weiteren „Lustknaben", den er noch aus seiner Zeit als päpstlicher Legat in Bologna kannte. Die übrigen Kardinäle waren alles andere als begeistert, besonders was seine letzte Ernennung betraf, und wollten von ihm wissen, was er an dem Burschen fand, daß er ihn mit so hohen Ehren auszeichnete. Julius erwiderte: „Und was habt ihr an mir gefunden, daß ihr mich zum Papst gemacht habt? Das Schicksal begünstigt, wen es will, und dieser Junge besitzt vielleicht so viele Vorzüge wie ich selbst."

Anschließend nannte das Volk von Rom den jugendlichen Kardinal Ganymed und den Papst Jupiter. Dies war treffender, als Giulia Farnese zum Ganymed zu erheben, wie es sein Vorgänger getan hatte. Ganymed, der mythologische König von Troja, wurde wegen seiner Schönheit von Zeus in den Olymp entführt und dort der Lustknabe seines himmlischen Kidnappers.

EIN KALTER PFAU ERZÜRNT DEN PAPST

Von Natur aus träge, widmete sich Julius vorzugsweise angenehmen Zeitvertreiben. Verwandten gegenüber zeigte er sich ausgesprochen großzügig, auch liebte er prunkvolle Feste, das Theater und die Jagd. Er war berüchtigt für seinen Jähzorn und ausgeprägten Hang zum Fluchen. Einmal geriet er in größter Wut, weil ihm ein gebratener Pfau kalt serviert wurde. Nachdem seine unflätige Schimpfkanonade beendet war, fragte man ihn, wie eine solche Lappalie ihn derart erzürnen könne. Er antwortete, wenn es dem Herrn gefallen habe, wegen eines Apfels zu zürnen und Adam und Eva deswegen aus dem Garten Eden zu verstoßen, dann könne ein Papst doch wohl wegen eines Pfaus wütend werden.

Er ernannte noch zahlreiche andere hübsche junge Männer zu Kardinälen und soll sich daran ergötzt haben, ihnen auf von ihm veranstalteten Orgien beim Analverkehr zuzuschauen. Kardinal della Casas berühmtes Gedicht „Loblied auf die Sodomie" war ihm gewidmet. Auch andere Dichter konnten nicht widerstehen, die Verderbtheit von Julius und seinem päpstlichen Hof zu besingen, und Julius, der dritte päpstliche Förderer des erotischen Schriftstellers Aretino, stand kurz davor, diesem für seine Verdienste um die Zotigkeit einen Kardinalshut zu verleihen.

XVII

DIE SIXTINISCHE
WIRD SITTSAM

Paul IV. (1555–1559) war der wahre Herold der Ära sexueller Nüchternheit für die Päpste. Als Gian Pietro Carafa hatte Hadrian IV. (1522–1523) ihn auserkoren, die Gegenreformation anzuführen. Zu diesem Zweck verzichtete er auf eine Reihe einträglicher Bischofsämter, um einem Orden vorzustehen, der sich der Armut verschrieben hatte. Als Kardinal Carafa wurde er unter Paul III. Generalinquisitor – sein Lohn dafür, daß er die Idee einer neuen Inquisition, diesmal in Rom selbst, ausgebrütet hatte. Er war der perfekte Mann für eine solche Aufgabe: „Selbst wenn mein eigener Vater Häretiker wäre", schrieb Paul später, „würde ich persönlich das Holz zusammentragen, um ihn verbrennen zu lassen".

Da er der Ansicht war, unter seinen Vorgängern seien Priester, die bei der Beichte unsittliche Annäherungsversuche unternahmen, vor den bischöflichen Tribunalen zu glimpflich davongekommen, beschloß er, diese Aufgabe der Inquisition zu überantworten. Ein solches Verhalten mußte doch ein Indiz für Häresie sein. Ihm bereitete es keine Sorgen, daß Frauen womöglich von einem skrupellosen Priester zum Sex genötigt worden waren, sondern vielmehr, daß das Meßopfer entweiht sein könnte, wenn der Priester anschließend die Kommunion austeilte.

Nachdem die Inquisition ins Spiel gekommen war, mußte zunächst definiert werden, was nun genau unter unsittlichen Annäherungsversuchen zu verstehen war. Zählte schon ein Berühren der Hände oder ein vorsichtiges Füßeln dazu? Fielen die Weitergabe von Liebesbriefen oder zweideutige Anspielungen ebenfalls darunter? Oder mußte der Priester erst die Brüste der Sünderin streicheln und anfassen? Wenn zum Beispiel eine Frau während der Beichte in Ohnmacht fiel und der Priester die Gelegenheit nutzte, sich an ihr zu vergehen, stellte dies strenggenommen keinen unsittlichen Annäherungsversuch dar, befand die Inquisition.

Wie den Unterlagen der Inquisition zu entnehmen ist, ging eine ungeheure Zahl von Anzeigen gegen Priester ein, besonders gegen solche, die hohe Kirchenämter innehatten und solche kleinen Übertretungen als ein ganz selbstverständliches Privileg ihres Amtes betrachteten.

Es gab zahlreiche Fälle, in denen Priester, die sich als Flagellanten aufspielten, einer Sünderin befahlen, die Kleider abzulegen, um sie anschließend auszupeitschen. Manchmal beschloß der Beichtvater, auch er sei nicht frei von Sünde, und zog sich dann ebenfalls aus, und beide geißelten sich gegenseitig.

Aber nur sehr wenige der geistlichen Sünder wurden tatsächlich bestraft. Die Inquisition ging davon aus, daß es für Männer, die keinen Sex mehr gehabt hatten, seit sie in frühester Jugend in ein Priesterseminar eingetreten waren, mehr war, als Fleisch und Blut ertragen konnten, wenn sie im Dunkeln saßen und einer attraktiven jungen Dame zuhörten, wie sie pikante Details ihrer sexuellen Fehltritte beichtete.

DAS VERZEICHNIS DER VERBOTENEN BÜCHER

Erst einmal zum Papst gewählt, übernahm auch Paul IV. die inzwischen gängige Praxis, Verwandte in gewinnbringende Positionen zu hieven. Als er jedoch herausfand, daß sie demselben skrupellosen Verhalten frönten wie andere Geistliche, enthob er sie wieder ihrer Ämter. Damit machte er sich äußerst unbeliebt.

Anders als nahezu alle seine Vorgänger, war Paul ein ziemlich engstirniger Mann. Während die Renaissancepäpste die neue Blüte der Literatur gefördert hatten, begann er 1557 das Verzeichnis der verbotenen Bücher anzulegen. Ganz oben auf der Liste stand Boccaccios literarischer Klassiker *Decamerone*, und dort blieb er so lange, bis sämtliche anstößigen Stellen von päpstlichen Zensoren entfernt worden waren. Rabelais' derbe Erzählungen *Gargantua und Pantagruel* wurden gänzlich verboten, obwohl Rabelais Mönch war.

DIE INDIZIERUNG VON BÜCHERN IST EIN ALTER HUT.

Natürlich begann die päpstliche Zensur von Büchern nicht erst mit Paul IV. 150 nach Christus wurde den Gläubigen die Lektüre der *Taten des Hl. Paulus* verboten. 325 verbot das Konzil von Nicaea *Thalia* von Arius, ein satirisches Werk, weil darin mehrere volkstümliche Witze über die Göttlichkeit Jesu zitiert wurden. Im Jahre 398 ließ sich der einundzwanzigjährige Kaiser Arcadius überreden, die Lektüre der Werke des Eunomius unter schwerste Strafe zu stellen. Eunomius war einer der schärfsten Kritiker des Klerus.

446 legte Leo I. eine lange Liste mit Werken vor, die von den Gläubigen unverzüglich zu verbrennen seien. Die spanische Kirche verbrannte gleich die Autoren – man hielt das für erheblich effizienter. Kaiser Justinian und seine Frau, die frühere Kurtisane Theodora, sühnten ihre eigenen Verfehlungen mit der Anordnung, daß jedem die Hände abgehackt werden sollten, der ein verbotenes Buch auch nur berührte.

Viele der frühen Verbote betrafen Häresie und die Unterdrückung apokrypher Versionen der Evangelien, von denen viele möglicherweise authentischer waren als die offiziell zugelassenen. Papst Damasus I. (366–384) und Papst Gelasius I. (492–496) legten beide Listen verbotener Bücher vor. Doch bald darauf wurde die Anzahl derer, die in Europa überhaupt des Lesens mächtig waren, derart verschwindend gering, daß sich weitere Verbote erübrigten. Selbst innerhalb des Klerus gab es nur einen kleinen Kreis von Personen, die lesen konnten, und die ließen sich mühelos überwachen.

Etwa um 1050, kurz vor Ende des sogenannten „finsteren Mittelalters" also, erwachte das geistige Leben in Europa erneut. Vor allem die Literatur bediente sich gern anzüglicher und derber Erzählungen über das Treiben in Klöstern und Konventen. Die Kirche reagierte, wie nicht anders zu erwarten, mit der Verbrennung der Bücher und manchmal auch ihrer Autoren.

Die Erfindung des Buchdrucks im fünfzehnten Jahrhundert verschlimmerte das Problem dramatisch, soweit es die Kirche betraf. Bis dahin waren Schriftsteller auf Kopisten angewiesen, von denen sich die meisten in den Reihen der Kirche befanden. Doch Druckerpressen eröffneten humanistischen Schriftstellern die Möglichkeit, Bücher zu veröffentlichen, in denen die gesamte Bandbreite menschlicher Erfahrungen erkundet wurde, und die Kirche stürzte sich schnell auf jedes Buch, das der „Unkeuschheit" Vorschub zu leisten schien. Es sei schließlich ihre heilige Pflicht, argumentierten die Päpste, ihre Schäfchen vor ewiger Verdammnis zu bewahren. Die Ironie lag nur darin, daß ausgerechnet Papst Gregor XI. für einen großen Teil der Verbote verantwortlich zeichnete, dessen päpstlicher Hof in Avignon geradezu verschrieen war für sexuelle Ausschweifungen und verschwenderischen Luxus.

PAPST PAUL IV. SÄUBERT DIE LITERATUR

Unter Klemens VII. und Paul III. wurden lediglich solche Bücher auf den Index gesetzt, welche die protestantische „Häresie" unterstützten. Wenn man die persönliche Moral dieser Päpste bedenkt, konnten sie erotische Literatur wohl auch schlecht verbieten. Klemens VII. ließ zu abendlicher Stunde in den Gärten des Vatikans frivole Theaterstücke aufführen, bevor er mit seinen Edelknaben ins Bett hüpfte. Er hätte somit sein eigenes Treiben verbieten müssen.

Ein deutscher Kritiker wies darauf hin, daß wenn die damaligen Päpste schon unbedingt „unkeusche" Literatur verbieten mußten, sie auch einen Gedichtband von Kardinal della Casa auf den Index hätten setzen müssen, in dem die Männerliebe verherrlicht wurde. Kardinal Bembo hätte ebenfalls zu den Kandidaten für den Index gehört, aber auch er war ein enger Freund der Päpste.

Daher blieb es Paul IV. vorbehalten, schließlich gegen das anzutreten, was für ihn ein Sumpf von Unmoral war. Er machte sich daran, jedes Buch zu verbieten, das seinen Anstoß erregte.

Als Herrscher der Stadt Rom versuchte Paul IV., die öffentliche Unmoral auszumerzen. Darüber hinaus verbannte er die Juden in ihre Ghettos und zwang sie, unverwechselbare Kopfbedeckungen zu tragen. Doch seine drakonischen Maßnahmen stießen in der Stadt auf wenig Gegenliebe. Nach seinem Tod im Sommer 1559 wurde das Gefängnis der Inquisition an der Via Ripetta niedergebrannt und seine Statue auf dem Kapitol umgestürzt. Der Mob spuckte darauf und trampelte alles nieder. Am Ende warf man die Bruchstücke in den Tiber. Die Menge begann, lautstark Pauls Leichnam zu fordern, doch die katholischen Behörden hatten bereits alle Vorsichtsmaßnahmen ergriffen und den Toten heimlich mitten in der Nacht in der Peterskirche beisetzen lassen und eine bewaffnete Wache davor postiert.

Pauls ursprünglicher Index wurde selbst von zeitgenössischen Katholiken als Beispiel für Ignoranz und Torheit abgetan, und als er starb, ging eine Sonderkommission aus vier Erzbischöfen und neun Bischöfen daran, diese Liste zu durchforsten. Sie machten ihre Arbeit zwar besser, ordneten aber trotzdem die Vernichtung der klassischen Werke von Machiavelli, Guicciardini und Dante an.

DER ZÖLIBAT IST WIEDER AUF DER TAGESORDNUNG

1560 bat Kaiser Ferdinand auf dem Konzil von Trient, das 1545 einberufen worden war, um mögliche Strategien gegen die Reformation zu finden, Papst Pius IV. (1559–1565) darum, die Priesterehe zuzulassen – in der Hoffnung, daß die Priester sich dann eines moralischen Lebenswandels befleißigten. „Denn auch wenn jedes Fleisch verdorben ist", sagte er, „die Verdorbenheit der Priesterschaft ist noch schlimmer."

Doch wie immer schloß sich das Konzil dem Hauptargument für den klerikalen Zölibat an – er gewährleiste die Loyalität des Klerus und halte das Vermögen der Kirche zusammen. 1563 bekräftigte das Konzil erneut, Keuschheit und Zölibat seien der Ehe vorzuziehen. Wer im Zölibat lebte, wurde erklärt, befand sich im „Stande der Vollkommenheit", und wer etwas anderes behauptete, war ein Ketzer. Pius IV. packte persönlich die Überarbeitung des Verzeichnisse der verbotenen Bücher an. Außerdem berief er die aus sieben Kardinälen bestehende Kongregation des Verzeichnisses zur Prüfung neuer Bücher.

Der Nachfolger von Pius IV., Pius V. (1566–1572), hatte drei Kinder, und sein Privatleben war ein steter Quell für Klatsch und Tratsch. Jedoch war er unter Paul IV. Großinquisitor gewesen und hatte im Alter völlig dem Sex abgeschworen. Er sah sein höchstes Ziel darin, den Vatikan in ein Kloster zu verwandeln, und drohte sogar seinem Koch mit Exkommunikation, als dieser dabei erwischt wurde, wie er an Fastentagen verbotene Zutaten in seine Suppe gab.

Bei seiner Krönung zum Papst bemerkte Pius V., er habe in Rom ebensolche Unmoral vorgefunden wie auf der Höhe der Renaissance. Seinen ganz besonderen Anstoß erregte die Unzahl der dort ansässigen Prostituierten, und er verlangte deren Vertreibung, besonders derjenigen, die ein Vermögen mit Liebesdiensten an kirchlichen Würdenträgern verdienten. Der römische Senat widersetzte sich und argumentierte, die Unmoral blühe stets dort, wo die Zölibatsregel herrsche, und wenn die Prostituierten gingen, könne keine ehrbare Frau mehr vor den Nachstellungen der Priester sicher sein.

PIUS V. KEHRT ROM MIT EISERNEM BESEN

Aber Pius V. war fest entschlossen, klar Schiff zu machen. Er ordnete an, alle Prostituierten Roms müßten entweder verheiratet oder ausgepeitscht werden. Diejenigen, die unter den Peitschenschlägen starben, sollten in einem Misthaufen begraben werden. Die Überlebenden mußten sich auf bestimmte Stadtteile beschränken, wo sie von Seiner Heiligkeit nicht mehr gesehen wurden – aus den Augen, aus dem Sinn. Er erließ ferner eine Bulle, die es verbot, Kircheneigentum an uneheliche Kinder von Priestern zu vererben.

Anschließend ging Pius V. gegen die Weibergeschichten seiner Priester vor. Er mußte allerdings feststellen, daß dies zu einem eklatanten Anstieg homosexueller Beziehungen innerhalb des Klerus führte, und bald war er diesen Feldzug leid.

Pius wollte sämtliche antiken Denkmäler Roms mit der Begründung zerstören, es seien heidnische Machwerke. Er verbot den Römern auch den Besuch von Tavernen. Gotteslästerern wurde die Zunge mit einem rotglühenden Schürhaken durchbohrt, und Hunderte von Ketzern wurden bei lebendigem Leib verbrannt.

Junggesellen durften keine weiblichen Hausangestellten beschäftigen, Nonnen keine Rüden halten. Sexuelle Fehltritte jeder Art wurden mit äußerster Härte bestraft, und Homosexuelle verbrannt. Ehebrecher beiderlei Geschlechts wurden öffentlich ausgepeitscht. Erst in letzter Minute konnte man Pius V. davon abbringen, Ehebruch zum Kapitalverbrechen zu erklären.

Während er häufig zu beschäftigt war, um andere Aufgaben wahrzunehmen, versäumte er kein einziges der donnerstäglichen Treffen der Heiligen Inquisiton und drängte sie, mehr und mehr Delikte zu benennen, die der Todesstrafe würdig waren.

Pius war ein leidenschaftlicher Frauenhasser. Als Elisabeth I. den englischen Thron bestieg, hatte er nichts Eiligeres zu tun, als sie zu exkommunizieren. Außerdem erklärte er sie zur Dienerin des Lasters und bezichtigte sie der siebzehnfachen Untreue. Das zwang sie zum Handeln, und wieder einmal wurde England protestantisch.

Pius wurde überredet, die Frage der Priesterehe vorerst zurückzustellen. Statt dessen ließ er seinen Ärger an den Juden aus. Ihnen wurde das Leben noch schwerer gemacht als unter Papst Paul IV. Sie durften das Ghetto nicht verlassen und waren gezwungen, Abzeichen zu tragen und wurden von allen Ehrenämtern und vielen Berufen ausgeschlossen.

PAPST GREGOR XIII. DREHT DIE UHREN ZURÜCK

Unter Gregor XIII. (1572–1585), dem Nachfolger von Pius V., normalisierte sich alles wieder. Bevor er Papst wurde, hatte er in Rom ganz offen mit einer Mätresse gelebt, und er zeugte vor und während seiner Zeit als Stellvertreter Christi zahlreiche uneheliche Kinder. Es hieß, nachdem man „solche sicheren Beweise für die Männlichkeit des Papstes [habe], bedürfe der Vatikan des Stuhls der Erprobung nicht mehr" – die sedes stercoraria fand also keine Anwendung.

Nach seiner Wahl ließ er es etwas diskreter angehen, doch es lebten so viele seiner Kinder bei ihm, daß sie ihn „mit ihrem ständigen Geplapper ablenkten". Sein Liebling war ohne Zweifel sein ältester Sohn Philip Buoncompagni, dem er 6000 Kronen jährlich zahlte. In typisch päpstlicher Manier ernannte er einen anderen Sohn, Giovanni, zum Kardinal.

Die heilige Brigitta sagte zu Gregor: „Die Geistlichen sind weniger Priester Gottes als vielmehr Zuhälter des Teufels." Doch er schenkte dieser Bemerkung keine weitere Beachtung. Zeitgenössische Schriftsteller berichteten von Priestern, die ihre Tage in Tavernen und ihre

Nächte in den Armen ihrer Konkubinen verbrachten. Da die Angehörigen der Kurie samt und sonders Mätressen hatten, wurde argumentiert, mußte das Konkubinat ja wohl eine läßliche Sünde sein.

Gregor hob den Bann seines Vorgängers gegen Prostituierte auf, und die strömten wegen der vielen unbeweibten Männer in großen Scharen nach Rom zurück. Unter Gregor verdiente eine Kurtisane, der die ganze Stadt zu Füßen lag, ausgesprochen gut. Konvente wurden wieder in Bordelle verwandelt; ehrbare Frauen mußten zur Beichte Dolche bei sich führen, um die Annäherungsversuche ihrer Beichtväter abzuwehren; und die besten römischen Chöre sangen so anstößige Lieder, daß die Kardinäle schon in Erwägung zogen, das Singen in der Kirche ganz zu verbieten.

Cosimo de'Medici, der erste Monarch der Medici, war überaus angetan von Boccaccios Meisterwerk *Decamerone*, und er fragte Papst Gregor, ob er irgendeine Möglichkeit sehe, das Buch aus dem Verzeichnis der verbotenen Bücher zu streichen. Gregor, von Natur aus ein liberaler Mann, veranlaßte den päpstlichen Zensor Vincenzo Borghini, sich der Sache anzunehmen. Borghini war ein Meister des Kompromisses. Das Buch war in überaus provokanter Sprache geschrieben, dennoch erkannte er darin ein geniales Werk. Also ging er den ganzen Text durch und machte aus allen sündigenden Priestern einfach Laien. In dieser Fassung wurde der *Decamerone* neu veröffentlicht, diesmal mit einem Vorwort, das eine päpstliche Bulle und zwei Imprimaturen (bischöfliche Druckgenehmigungen) enthielt, eine vom Obersten Gericht der Inquisition und eine vom Generalinquisitor von Florenz. Dem fügten noch die Könige von Frankreich und Spanien ihre Empfehlungen hinzu.

SIXTUS V. REGIERT MIT HARTER HAND

Der Nachfolger Gregors XIII., Sixtus V. (1585–1590), wußte, wie man mit solchen Zuständen aufräumte. Von Hause aus Franziskanermönch, zog er mit Leidenschaft gegen die Ketzerei und das Laster zu Felde. Er ließ Tausende hinrichten, darunter Mönche und deren Mätressen, die sogar ihre eigenen Töchter anschaffen ließen. Sündige Nonnen konnten natürlich durch regelmäßige Geißelung von ihren unanständigen Tagträumen erlöst werden.

Bei der eigenen Familie sah Sixtus die Dinge etwas weniger streng. Während seines Pontifikats wurde seine Schwester, eine Bäuerin, ganz schnell zur reichsten Frau von Rom.

Sixtus V. mußte sich mit einer wahren Schwemme neuer anzüglicher Bücher befassen, die sich aus den Druckerpressen Europas ergossen. Er gliederte die Kongregation des Verzeichnisses in fünfzehn Ausschüsse auf und verteilte die Zensorenarbeit unter ihnen, was für einige Verwirrung sorgte. So verbot die spanische Kongregation eine Anzahl katholischer Gebetbücher, weil sie eine Illustration enthielten, die das Martyrium der heiligen Ursula und ihrer elftausend Jungfrauen zeigte. Darauf sind sie und ihre gut entwickelten Begleiterinnen halbnackt dargestellt, umgeben von heidnischen Soldaten, die ein höchst ungehöriges Interesse an den Damen bekunden.

DER UMGANG MIT VERBOTENEN BÜCHERN IST LEBENSGEFÄHRLICH

Nachdem das Verzeichnis der verbotenen Bücher veröffentlicht war, wurde jeder, der ein verbotenes Buch druckte, öffentlich auf dem Schafott mit einem kreuzförmigen Eisen gebrandmarkt und bekam durch den Henker ein Auge ausgestochen oder eine Hand amputiert. Den Vertreiber eines solchen Buches erwartete gleich die Hinrichtung. Wer verbotene Bücher nicht der Inquisition aushändigte, wurde enthauptet oder auf dem Scheiterhaufen verbrannt. Unterdessen konnten die Inquisitoren, die kirchlichen Zensoren und der Papst selbstverständlich nach Herzenslust in verbotenen Büchern schmökern.

Unter Sixtus wurde der Schriftsteller François Rabelais – in dessen außerordentlich zotigen Erzählungen Themen wie Geschlechtsverkehr auf der Latrine oder die Vorteile koedukativer Klöster und Konvente zur Sprache kamen – vom Index genommen. Bücher, die das Sexualverhalten der Päpste beschrieben, wanderten jedoch direkt auf den Index und blieben auch dort.

Urban VII. (1590) schien etwas toleranter veranlagt zu sein. Doch in der Nacht seiner Wahl erkrankte er an Malaria und starb, bevor seine Weihe noch vollzogen werden konnte. Er verfügte, daß aus sei-

nem Privatvermögen verarmten römischen Mädchen eine Mitgift ge-
zahlt werden sollte.

Während der Amtszeit Pauls V. (1605–1621) hielt der Klerus immer
noch seine Mätressen. Der Erzbischof von Salzburg verfügte, es sei
nichts dagegen einzuwenden, wenn seine Priester ihre Konkubinen
und Kinder behielten, vorausgesetzt, sie brachten sie mindestens
zehn Kilometer außerhalb der Stadt unter.

Pauls V. Nachfolger, Gregor XV., darf den Ruhm für sich in Anspruch nehmen, während seines gesamten Pontifikats (1621–1623) der
Mätresse treu geblieben zu sein, die er bereits als Kardinal verführt
hatte.

AUCH IM SIEBZEHNTEN JAHRHUNDERT IST
IMMER NOCH DER TEUFEL LOS

In der Kirche war immer noch der Teufel los. Bis ins siebzehnte Jahrhundert hinein blieb die Katharer-Häresie immer noch aktuell. 1633
wurde der französische Priester Urbain Grandier, ein bekannter
Schürzenjäger, beschuldigt, Nonnen zur Teufelsanbetung verleitet zu
haben. Mit den Nonnen des örtlichen Konvents hatte er in seiner
eigenen Kirche Orgien zu Ehren des persischen Gottes Asmodues
organisiert. Sein Haus wurde durchsucht, und natürlich fand man
einen Vertrag mit dem Teufel. Er war rückwärts auf Lateinisch geschrieben und mit Grenadiers eigenem Blut unterzeichnet.

Etwa zur gleichen Zeit ereignete sich ein Fall von Satanismus im
Monastère de Saint-Louise de Louvier in Paris. Pater David, der dortige Beichtvater, hielt die Nonnen dazu an, ihre Andachten *in nudo* zu
begehen. Sie empfingen die Kommunion mit nacktem Oberkörper
und trieben lesbische Liebesspiele in der Kapelle. Als Pater David
starb, nahm Pater Mathurin Picard seinen Platz ein. Er führte die
Schwarze Messe ein, bei der Nonnen Geschlechtsverkehr mit einer
Teufelsgestalt hatten – als Tiere verkleidete Priester, die aus „einem
Buch der Blasphemien" vorlasen. Priester klebten sich Hostien an
den Penis, ehe sie in eine Nonne eindrangen. Ein Neugeborenes wurde gekreuzigt, und zwei Männer, die nur zum Zusehen gekommen
waren, wurden ermordet, als sie wieder gehen wollten. Wenn die
Nonnen Kinder zur Welt brachten, wurden die Neugeborenen sofort

getötet, gekocht und gegessen. Ein klarer Fall für die Inquisition, auf die immer noch eine Menge Arbeit wartete.

Unter Innozenz X. (1644–1655), am 15. September 1644 im Alter von siebzig Jahren auf den Stuhl Petri gewählt, wurde „der Einfluß einer schlechten und rücksichtslosen Frau innerhalb der Mauern des Vatikans wieder einmal deutlich sichtbar". Die fragliche rücksichtslose Frau war seine Schwägerin Donna Olimpia Maidalchini, deren „unersättliche Macht- und Habgier" berüchtigt war.

Es gab Andeutungen, ihr Verhältnis sei intimer, als das bei Schwager und Schwägerin der Fall sein sollte. Mit Sicherheit lebte Innozenz nicht im Zölibat. Vor dessen Wahl berichtete der venezianische Botschafter, daß Innozenz sich hauptsächlich „ritterlichen Übungen und den Freuden der Liebe" widme.

„Dieser Papst gewährte König Kasimir von Polen eine Dispens", notierte Cypriano de Valera, „was nicht überrascht, wenn es stimmt, daß er selbst nur zu vertraut mit der Frau seines Bruders umging, der verrufenen Donna Olimpia".

DAS PONTIFIKAT DER DONNA OLIMPIA

Sollte sie nicht seine Mätresse gewesen sein, verhielt sie sich doch zumindest so. Er fällte keine wichtige Entscheidung, ohne sich zuvor mit ihr zu besprechen, und ihr Sohn Camillo Pamfili wurde zum Kardinal ernannt. Sie bewirtete Gäste im Namen des Papstes, unterschrieb päpstliche Dekrete und war in allem ganz First Lady. Sie organisierte für ihn die Simonie, verkaufte Pfründen und arrangierte Beförderungen. Diese Ära wurde als „das Pontifikat der Donna Olimpia" bekannt.

Innozenz und Olimpia führten ihre Beziehung so offen, daß in Florenz eine Münze geprägt wurde, die auf einer Seite Donna Olimpia im päpstlichen Ornat zeigte. Auf der anderen Seite war Innozenz X. in der Haube einer Frau am Spinnrad sitzend zu bewundern.

Als Innozenz' Berater Kardinal Pencirillo ihn darauf aufmerksam machte, welchen Skandal er damit auslöste, protestierte der Papst und argumentierte, Donna Olimpia sei für ihn unentbehrlich.

Innozenz X. konnte allerdings schrecklich prüde sein. Ihn grauste geradezu vor der Zurschaustellung von Nacktheit in der Kunst. Er finanzierte Feigenblätter und metallene Tuniken, die an sämtlichen Statuen in Rom angebracht werden sollten, und er ließ ein nacktes Jesuskind auf einem Bild des Barockmalers Guercino durch Pietro da Cortona nachträglich bekleiden.

Während Innozenz' letzter Lebenswochen wich Donna Olimpia nicht von seiner Seite. Er starb 1655 im Alter von achtzig Jahren, seinen Kopf an ihren Busen gebettet.

KÖNIGIN CHRISTINE VON SCHWEDEN BESCHÄFTIGT MEHRERE PÄPSTE

Innozenz' Nachfolger Papst Alexander VII. (1655–1667) war ein Intellektueller und Dichter und besonders stolz darauf, Königin Christine von Schweden nach ihrer Abdankung im Juni 1654 zum Katholizismus bekehrt zu haben. Sie ließ sich in Rom im Palazzo Farnese nieder und verwandelte den Palast in einen intellektuellen Salon, was allerdings eine große Belastung für Alexander persönlich wie auch für den Kirchenschatz darstellte – ihre Apanage allein betrug 12 000 Kronen jährlich. Sie hängte äußerst taktlose Bilder an die Wände und ließ die Feigenblätter von den dortigen Statuen entfernen.

Christine von Schweden war eine außergewöhnliche Frau, die Männerkleidung trug und auf Besuch befindliche Würdenträger schockierte, indem sie ihre Busenfreundin Ebba Sparre als ihre „Bettgenossin" vorstellte und jedem versicherte, daß Ebbas Verstand ebenso herrlich sei wie ihr Körper. Bei offiziellen Anlässen vertauschte sie, selbst wenn sie Kardinäle bewirtete, ihre normale Garderobe gegen äußerst provozierende Kleider. Papst Alexander nannte sie „eine als Barbarin geborene Frau, barbarisch erzogen und mit barbarischen Gedanken".

Klemens IX. (1667–1669), der Alexander nachfolgte, schätzte sie jedoch und besuchte sie häufig. Er lud sie zum Abendessen ein, und das zu einer Zeit, in der es für einen Papst unerhört war, mit einer Frau zu speisen. Außerdem bewilligte er ihr eine großzügig bemessene Pension. Aber Klemens IX. war letztlich ein echter Pragmatiker.

„Nachdem König Alfons von Portugal aufgrund seiner Impotenz entthront und geschieden worden war, gewährte dieser Papst eine Dispens, damit dessen Bruder Don Pedro seine Königin heiraten konnte", berichtete Cypriano de Valera. „Um aber diese ungewöhnliche Handlung in einem besseren Licht erscheinen zu lassen, ließ man verlautbaren, er sei dazu gezwungen worden, da die Ehe bereits vollzogen und die Königin mit einem Kind hochschwanger war."

Unter der Protektion von Klemens IX. und Königin Christine erschienen wieder Frauen auf den römischen Bühnen, von denen sie durch die Edikte vorangegangener Päpste lange Zeit verbannt gewesen waren.

Diese Zeit der Liberalisierung währte jedoch nicht lange. Innozenz XII. (1691–1700) warf „gewisse Damen" wegen Glücksspiels ins Gefängnis und verlangte von den Priestern, in ihren Predigten „sittsamer und bescheidener" zu sein. Er nahm die Aufgabe wieder in Angriff, sämtliche Statuen mit Feigenblättern zu versehen. Die Brüste von Guido Renis Madonna wurden übermalt und öffentliche Theater geschlossen. Die Frauen mußten die Bühne erneut verlassen, und Kastraten ersetzten sie. Für den Karneval galten strenge Auflagen. Die Römer nannten Innozenz XII. nicht von ungefähr „Papa Nò", und Königin Christine fiel in Ungnade.

WENIG AUFREGENDES IM ACHTZEHNTEN JAHRHUNDERT

Klemens XI. (1700–1721) provozierte 1703 einen Skandal. Ein Erdbeben hatte sehr viele Häuser zerstört, der Tiber war über die Ufer getreten und Krankheiten grassierten. Klemens, ein gütiger Mann, half nach Kräften, indem er Witwen und jungen Mädchen erlaubte, in den Palästen der Prälaten zu nächtigen, wo den obdachlosen Frauen, so wurde erzählt, mehr als nur Essen und Unterkunft geboten wurden. Sie mußten auf Kosten des Papstes in andere Häuser umgesiedelt werden. Wegen diesem und anderer Mißgeschicke, die sich während seines Pontifikats zutrugen, soll der Papst angeblich ständig in Tränen aufgelöst gewesen sein.

Benedikt XIII. (1724–1730) schockierte die Kirche, indem er alles seinem korrupten „Lieblingskardinal" Niccolò Coscia hinterließ. Bei seinem Tod erhob sich in Rom der Aufschrei: „Wohlan, verbrennen wir Coscia." Also verurteilte Klemens XII. (1730–1740) Coscia zu zehnjähriger Haft in der Engelsburg und zu einer hohen Geldstrafe.

Benedikt XIV. (1740–1758) war für seine Liebe zu den Geschichten von Rabelais in ganz Europa bekannt. 1739, als er noch der schlichte Kardinal Lambertini war, erhielt er Besuch von einem französischen Staatsmann, der einem Freund schrieb, der zukünftige Papst habe ihm „ein paar gute Geschichten über Mädchen" erzählt und seinerseits großen Gefallen an den Geschichten des Franzosen über die Exzesse des Kardinals Dubois und des französischen Hofs gefunden.

Der intoleranteste Papst von allen, Klemens XIII. (1758–1769) befahl, sämtliche Statuen und Gemälde, auf denen Nacktheit zur Schau gestellt war – darunter die Fresken in der Sixtinischen Kapelle – zu verdecken.

NAPOLEON SETZT PAPST PIUS VI. AB

Pius VI. (1775–1799) wurde im Alter von sechsunddreißig Jahren die Domherrenpfründe von St. Peter angetragen, doch er lehnte ab, da er verlobt war und kurz vor der Hochzeit stand. Mit Zustimmung seiner Verlobten trat er jedoch der Kirche bei. Sie wurde Nonne.

Er war äußerst eitel. „Um seine Wirkung noch zu heben, widmete er dem schneeweißen Haar, das sein Antlitz umrahmte, ganz besonders große Aufmerksamkeit", schrieb der päpstliche Biograph Ludwig von Pastor. „Einige gingen sogar so weit, zu behaupten, daß er seine lange Robe an einer Seite elegant raffte, um seinen wohlgeformten Fuß zeigen zu können. Das kündete von einem eklatanten Mangel des Charakters, der mit seinem Verlangen nach Ruhm schlecht in Einklang zu bringen war. Solche Schwächen wurden von den sarkastischen Römern scharf kritisiert und übertrieben."

Im Jahre 1798 setzte ihn Napoleon ab und zwang ihn ins Exil nach Valence. Sein Tod wurde mit schöner Schlichtheit ins dortige Sterberegister eingetragen. Dort steht: „Name: Bürger Giovanni Braschi. Beruf: Pontifex."

XVIII

SAG EINFACH NEIN

Mit Beginn des neunzehnten Jahrhunderts scheinen die Päpste sauber geworden zu sein. Das Klima der öffentlichen Meinung änderte sich. Zeitungen und Skandalblätter entstanden in immer größerer Zahl, also mußten die Päpste lernen, noch diskreter zu sein. Im Zeitalter der Freiheit und Republiken hatten sie viel von ihrer Macht eingebüßt. Papst Pius VII. (1800–1823) war gezwungen, der Ehe von Ex-Bischof Talleyrand mit seiner langjährigen Geliebten den Segen zu geben. Sein vatikanischer Staatssekretär Kardinal Consalvi überzeugte ihn, daß es so für alle Parteien das Vernünftigste sei. Napoleon hatte Talleyrand die Heirat befohlen, um seiner Regierung einen respektableren Anstrich zu verleihen. Consalvi selbst war Laie. Er gestand Talleyrand, er sei weltlichen Freuden so zugetan, daß er aus moralischem Feingefühl darauf verzichtet habe, Priester zu werden.

Später kam Pius VII. nicht umhin, Napoleon seine Scheidung von Josephine zu gewähren. Zur selben Zeit verurteilte er Bibelgesellschaften als „eine zutiefst abscheuliche Erfindung, die das Fundament aller Religion zerstöre".

Sechzehn Tage nach dem Tod von Pius VII. versammelten sich fünfzig Kardinäle zum Konklave, um einen Nachfolger zu wählen. Nach sechsundzwanzig Tagen voller Intrigen, Kontroversen und Bestechungen wurde Kardinal Annibale della Genga unter dem Namen Leo XII. (1823–1829) zum Papst proklamiert. Er war erst dreiundsechzig Jahre alt, und damit schienen die Kardinäle von ihrer eigenen Regel abzuweichen. Normalerweise wählten sie mittlerweile einen der ältesten aus ihren Reihen, denjenigen nämlich, der dem Grab am nächsten stand und den anderen somit zumindest eine realistische Chance auf das Amt beließ. Doch um della Gengas Gesundheitszustand war es „als Folge seiner Exzesse in allen nur denkbaren Ausschweifungen" äußerst schlecht bestellt, hieß es. Tatsächlich war Leo XII. als „bekehrter Lebemann" bekannt. Allerdings besaß er noch genug Kraft, um den Verkauf von Wein in Rom und Frauenkleider, deren Saum oberhalb des Knöchels endete, zu verbieten.

PAPST LEO XII. WILL EIN AUTODAFÉ DURCHFÜHREN

Der neue Pontifex kam in der Diözese Fabriano zur Welt. Auf Wunsch des Vaters, Graf Illario della Genga, wurde er Priester, war jedoch schlicht ungeeignet für diesen Beruf. Es gingen Gerüchte, daß er schon bald „durch Intrigen mit römischen Kurtisanen und kleine Gefälligkeiten für die Sprößlinge des blutschänderischen Pius' VI." zu höchsten kirchlichen Würden aufstieg.

Unter Pius VII. wurde er zum Reichstag von Regensburg abgeordnet, um die Interessen des Heiligen Stuhls zu vertreten. Danach war er Botschafter am Hof Napoleons, wo er sich durch niedrigste Speichelleckerei hervortat. Und als Ludwig XVIII. den besiegten Napoleon ablöste, wurde er beauftragt, ihm zu seiner Ernennung zu gratulieren, „empörte [aber] den Hof mit seiner widerwärtigen Lobhudelei". Bei seiner Rückkehr nach Rom hieß es, „er habe all seinen Einfluß unter Pius VII. geltend gemacht, um eine Wiederbelebung der Folter und anderer barbarischer Praktiken des finstersten Mittelalters zu erwirken".

Während seines Pontifikats restituierte er den Orden der Jesuiten – ihnen eilte der üble Ruf voraus, Nonnen zu geißeln und zu verderben – und führte die Inquisition wieder ein. Er bat sogar Ferdinand VII. von Spanien, ein Autodafé durchzuführen und Ketzer auf dem Scheiterhaufen zu verbrennen, wobei er allen, die bei dem barbarischen Spektakel assistierten, Generalablaß gewähren wollte. Und er war wieder ein Papst, der Feigenblätter aus Blech an den anstößigen Stellen klassischer Statuen anbringen ließ.

In den vierziger Jahren des neunzehnten Jahrhunderts kamen Gerüchte um Gregor XVI. (1831–1846) und das große Vermögen seines Kammerherrn Gaetanino auf, der früher sein Privatbarbier gewesen war. Seine Heiligkeit, so hieß es, habe eine deutliche Schwäche für Gaetaninos Frau und ihre sieben Kinder. Sie hatte eine Wohnung im Palazzo del Quirinale, von der aus eine Verbindungstür in Gregors Wohnräume führte. Gerüchten zufolge war Gregor der wahre Vater von Gaetaninos Kindern. Weiter hieß es, daß es zu diversen häuslichen Turbulenzen gekommen sein soll, als sich ein schönes junges Kindermädchen aus Tivoli der Familie des Kammerherrn anschloß und die Aufmerksamkeit des Papstes erregte.

Gregor XVI. war ein begeisterter Leser und Bewunderer der schlüpfrigen französischen Romane von Paul de Kock. Er stand zudem im Ruf eines ausgesprochenen Genußmenschen. Seine bevorzugten Getränke waren Orvieto-Wein und Champagner. Man sagte ihm nach, er habe sich jeden Abend betrunken. Gesichert ist, daß er die Juden in Ancona und Sinigaglia zwingen wollte, im Ghetto zu bleiben, und ihnen untersagte, christliche Ammen oder Bedienstete zu beschäftigen oder Christen dazu zu bewegen, im Ghetto zu übernachten. Juden wiederum war es verboten, außerhalb des Ghettos zu schlafen.

Er stellte der Inquisition eine recht ungewöhnliche Aufgabe. Sie sollte jeden aufspüren, der einen Pakt mit dem Teufel schloß, um die Trächtigkeit von Nutztieren zu verhindern. Schuldige sollten mit lebenslanger Haft bestraft werden.

EIN EHERNES HEMD FÜR GIULIA FARNESE

Pius IX. (1846–1878) entdeckte, daß für eine der lasziv hingegossenen Schönheiten am Denkmal Papst Pauls III. in der Peterskirche, die nackte Figur der Justitia, offenbar Giulia Farnese, die Schwester von Paul III. und Mätresse von Papst Alexander VI., Modell gestanden hatte. Pius IX. ließ ihr ein metallenes Hemd überziehen, das dann bemalt wurde, damit es wie der ursprüngliche Marmor aussah.

Als er im Zuge einer republikanischen Erhebung für zwei Jahre Rom verlassen mußte, suchte er Zuflucht bei Kardinal Antonelli, dem Sohn eines neapolitanischen Banditen, der für seine Liebesaffären berüchtigt war. Antonelli wurde sein engster Berater.

Pius war gegen Bibelgesellschaften und Pressefreiheit. Mehr als 8000 politische Gefangene füllten unter seiner Herrschaft die päpstlichen Gefängnisse. Trotzdem wurde er zum ersten „unfehlbaren" Papst – einfach, weil er sich selbst dazu ernannte.

Pius XI. (1922–1939) schrieb *Casti Connubii*, worin er die christliche Ehe neu definierte und Empfängsnisverhütung kategorisch verdammte. Die katholische Kirche, sagte er, müsse „inmitten des sie umgebenden moralischen Verfalls aufrecht stehen, um die Keuschheit der ehelichen Vereinigung davor zu bewahren, von diesem üblen Makel verunreinigt zu werden". Pius XI. hatte ganz eindeutig nur wenig Sinn für Ironie.

1932 befahl er den deutschen Katholiken, ihre feindselige Haltung Hitler gegenüber aufzugeben und schockierte Katholiken auf der ganzen Welt, als er Mussolinis Invasion Abessiniens unterstützte.

FINSTERE ZEITEN

Sein Nachfolger Pius XII. (1939–1958) war schnell damit bei der Hand, die Sexualmoral anderer Menschen zu verurteilen, blieb aber merkwürdig still zum Thema Holocaust. Er ist vielfach kritisiert worden, sich nicht genug für die Juden eingesetzt zu haben. Zu seiner Verteidigung brachte er vor, er habe geglaubt, eine offizielle Verurteilung würde alles nur schlimmer machen … Dafür verurteilte Pius XII. künstliche Befruchtung in jeder Form und legte in *Miranda Prorsus* strenge Richtlinien fest, was im Film und in anderen audio-visuellen Medien darzustellen erlaubt sei.

Er pflegte eine innige Beziehung zu Schwester Pasqualina, einer deutschen Franziskanerin, die in Berlin, wo er Augenzeuge des Aufstiegs der Braunhemden wurde, seinem Haushalt vorstand. Er hatte von Anfang an die Ereignisse miterlebt, die schließlich zu Hitlers Machtübernahme führten. 1919 war er apostolischer Nuntius in München, als deutsche Kommunisten die kurzlebige bayerische Räterepublik ausriefen. Seine Residenz in der Briener Straße wurde mit Maschinengewehrfeuer belegt. Er rief das kommunistische Oberkommando an, um zu protestieren, und erhielt die schroffe Antwort: „Verlassen Sie noch heute abend München, andernfalls werden Sie sterben."

Als er 1929 nach Rom zurückgerufen wurde, um die Kardinalswürde zu empfangen, begleitete ihn Schwester Pasqualina und führte ihm bis zum Ende seines Lebens den Haushalt.

1895 schrieb der spätere Papst Johannes XXIII. (1958–1963) mit gerade einmal vierzehn Jahren: „Zu jeder Zeit ... muß ich vermeiden, mit Frauen zu tun zu haben, mit ihnen zu spielen oder zu scherzen – ungeachtet ihres Zustands, Alters oder Verwandtschaftsgrades." Zwei Jahre später begriff er, daß er sich, ob es ihm nun gefiel oder nicht, sehr wohl mit Frauen würde treffen müssen. Er notierte, daß „ich Frauen jedweden Zustands, selbst Verwandten oder Heiligen, mit respektvoller Zurückhaltung begegnen und jede Art von Vertraulichkeit vermeiden werde, alle Zusammenkünfte und Unterhaltungen mit ihnen, besonders und vor allem, wenn sie jung sind. Ich werde meinen Blick nicht zu ihren Gesichtern heben und werde mich stets daran erinnern, was der Heilige Geist lehrt: ‚Sieh keine Jungfrau an, damit du nicht strauchelst und ihr Nachteile bereitest.'" Sein Namensvetter, der Baldassare Cossa aus dem fünfzehnten Jahrhundert, hätte sich im Grabe umgedreht.

VERHÜTUNG - DAS THEMA DER SECHZIGER UND SIEBZIGER

Sein Nachfolger Paul VI. (1963–1978) wetterte in *Humanae Vitae* einmal mehr gegen alle künstlichen Methoden der Geburtenkontrolle und konterte neu aufkommende Bestrebungen, die Priesterehe einzuführen, in *Sacerdotalis Coelibatus*, wo zum wiederholten Male auf die Notwendigkeit des klerikalen Zölibats gepocht wird. Allerdings machte er in *Matrimonia Mixta* einige Zugeständnisse mit Hinblick auf Mischehen zwischen Katholiken und Protestanten.

Er vergrößerte die päpstliche Kommission zur Geburtenkontrolle und heizte die allgemeine Diskussion um Verhütungsmittel an. Pius XII. war von seiner starren Haltung etwas abgerückt, indem er Sex während der „unfruchtbaren Tage" erlaubte. Bis dahin wurde selbst diese primitive Version von „Safe Sex" als gegenseitige Masturbation verdammt. Mit der Freigabe der sogenannten Knaus-Ogino-Methode – auch bekannt als Vatikanisches Roulette – ging man von dem bis dahin geltenden Grundsatz ab, Sex dürfe einzig und allein der

Fortpflanzung dienen. Jetzt war Sex auch als Ausdruck von Liebe oder aus Spaß an der Freude legitim – was in den Augen früherer Päpste eine schwere Sünde dargestellt hätte.

Die Liberalen im päpstlichen Ausschuß argumentierten, wenn diese Methode der Empfängnisverhütung zulässig sei, wieso dann nicht auch die Verwendung von Kondomen? Oder, um gleich Nägel mit Köpfen zu machen, die Pille? Sämtliche Laienmitglieder des Ausschusses teilten diese Ansicht, und vier Fünftel des Klerus konnten für diese Position gewonnen werden. Doch dies wollte Paul VI. nicht hinnehmen. Er verkündete, die Entscheidung über Empfängnisverhütung läge nicht in der Kompetenz des Ausschusses. Darüber hinaus gestand er in der Zeitung *Corriere della Sera*, er finde die Diskussion über solche Dinge peinlich und beschämend. Er allein würde entscheiden, und er war dagegen.

GEHET HIN UND MEHRET EUCH!

Aber das eigentliche Problem bei der Freigabe empfängnisverhütender Mittel war ein rein politisches. Jahrhundertelang hatten die Päpste sie verurteilt; sie jetzt zu erlauben, hätte ja zu der Schlußfolgerung geführt, daß Päpste fehlbar sind und Abertausende völlig sinnlos und irrtümlich verdammt worden waren.

In *Humanae Vitae*, veröffentlicht 1968, untersagte Paul VI. jede Verwendung von Verhütungsmitteln – „vor, während oder nach dem Geschlechtsakt" – und erklärte ihren Gebrauch zur Sünde, auch wenn zwischen den Zeilen verschämt auf die Knaus-Ogino-Methode verwiesen wird. Die Gefahr empfängnisverhütender Mittel, unterstreicht Papst Paul, liege darin, daß sie Frauen in den Augen der Männer auf „ein bloßes Werkzeug zur Befriedigung seines eigenen Verlangens" reduziere.

Johannes Paul I. (1978) scheint das auch so gesehen zu haben, aber er starb nach nur knapp einem Monat im Amt an Herzversagen. Gerüchte über einen unnatürlichen Tod machten die Runde, besonders, da keine Autopsie vorgenommen wurde. Die wohl abstruseste Theorie lautete, er sei ermordet worden, weil er beabsichtigte, die *Humanae Vitae* zu überarbeiten. Johannes Paul II. (1978-2005), pflegte in jungen

Jahren eine innige Beziehung zur Dichtkunst. Er verfaßte mehrere Liebesgedichte und ein Theaterstück mit dem Titel *Das Geschäft des Juweliers*, in dem die Liebe zwischen Ehepartnern das zentrale Thema ist. Gut möglich, daß er ansatzweise wußte, wovon er redete, denn als zwanzigjähriger Student fühlte er sich zu einem Mädchen hingezogen. Aber diese Beziehung zerbrach, nachdem sein Vater gestorben und er selbst von zwei beinahe tödlich verlaufenen Unfällen genesen war. Während des Zweiten Weltkriegs galt er drei Jahre als vermißt, und es kursieren Gerüchte, er habe in der Zeit geheiratet und sei verwitwet. Papst Johannes Paul II. hingegen gibt an, er habe heimlich Theologie studiert.

Johannes Paul II. hat sich nie von der Enzyklika *Humanae Vitae* distanziert und seine eigenen Gedanken zur menschlichen Sexualität in *Liebe und Verantwortung* niedergeschrieben, erschienen im Jahre 1981.

Er saß in der päpstlichen Kommission zur Empfängnisverhütung Pauls VI., war aber unerklärlicherweise nicht zugegen, als über *Humanae Vitae* abgestimmt wurde. Am 12. November 1978 jedoch, drei Wochen nach seiner Wahl zum Pontifex, ließ er einen Artikel mit dem Titel „Die Wahrheit über die Enzyklika *Humanae Vitae*" nachdrucken, den er ursprünglich für den *Osservatore Romano* geschrieben hatte. Darin verkündet er: „Jede Sexualhandlung muß offen sein für die Weitergabe des Lebens."

BIBLIOGRAPHIE

Baigent, Michael, Leigh, Richard u. Lincoln, Henry: *Der Heilige Gral und seine Erben,* Bergisch Gladbach, 1997

Betten, Frances S.: *The Roman Index of Forbidden Books,* St. Louis, Missouri, 1909

Birnstein, Uwe u.a.: *Chronik des Christentums,* Gütersloh / München, 1997

Brentano, Robert: *Rome Before Avignon. A Social History of Thirteenth Century Rome,* University of California Press, 1991

Cheetham, Nicholas: *Keepers of the Keys. A History of the Popes from St. Peter to John Paul II.,* London, 1982

Cholij, Roman: *Clerical Celibacy,* Leominster, 1989

Cohen, Chapman: *Religion and Sex,* London, 1919

Cross, Donna Woolfolk: *Die Päpstin,* Berlin, 1998

Daggers, Henry G.: *The Roman Pontiffs,* New York, 1845

Davis, Raymond: *Liber Pontificalis,* Liverpool, 1992

Demurger, Alain: *Die Templer,* München, 1997

De Rosa, Peter: *Gottes erste Diener. Die dunkle Seite des Papsttums,* München, 1991

Deschner, Karlheinz: *Die Spätantike (Kriminalgeschichte des Christentums, Bd. 2),* Reinbek, 1988

Deschner, Karlheinz: *Frühmittelalter (Kriminalgeschichte des Christentums, Bd. 4),* Reinbek, 1994

Deschner, Karlheinz: *9. und 10. Jahrhundert (Kriminalgeschichte des Christentums, Bd. 5),* Reinbek, 1997

Di Berardino, Angelo: *Encyclopedia of the Early Church,* Cambridge, 1992

Dulaure, J.A.: *The Gods of Generation,* New York, 1934

Feucht, Oscar: *Sex in the Church,* St. Louis, 1961

Fichtinger, Christian: *Lexikon der Heiligen und Päpste,* Frankfurt a. M., 1995

Fuhrmann, Horst: *Die Päpste. Von Petrus zu Johannes Paul II.,* München, 1998

Gail, Marzieh: *The Three Popes. An Account of the Great Schism,* London, 1969

Gilmour-Bryson, Anne: *The Trial of the Templars in the Papal States and the Abruzzi,* Vatikanstadt, 1982

Gössmann, Elisabeth: *Die Päpstin Johanna. Der Skandal eines weiblichen Papstes,* Berlin, 1998

Gramick, Jeanne (Hrsg.): *Homosexuality and the Priesthood,* New York, 1990

Griffin, Miriam T.: *Nero,* London, 1984

H.M. u. R.T.: *A True History of the Lives of the Popes of Rome (with A Description of their particular Vices and Misdemeanours),* London, 1679

Hannay, James Ballantyne: *The Rise, Decline and Fall of the Roman Religion,* London, 1925

Hayblum, Leon: *I Have To Tell This Story,* New York, 1995

Kelly, John Norman Davidson: *Oxford Dictionary of the Popes*, Oxford, 1986

Kelly, John Norman Davidson: *Reclams Lexikon der Päpste*, Stuttgart, 1988

Kószegi, Michael A.: *Sexuality, Religion and Magic*, New York, 1994

Lacanau, Eric u. Paolo Luca: *Die sündigen Päpste*, Bergisch Gladbach, 1990

Lea, Henry Charles: *History of the Inquisition of Spain*, 4 Bde., New York, 1906–1907

Lea, Henry Charles: *Sacerdotal Celibacy in the Christian Church*, Philadelphia, 1867

Le Goff, Jacques (Hrsg.): *Das Hochmittelalter (Fischer Weltgeschichte, Bd. 11)*, Frankfurt a. M., 1994

Longworth, T. Clifton: *The Devil a Monk Would Be*, London, 1923

Mann, Rev. Horace K.: *Lives of the Popes*, 18 Bde., London, 1902–1932

McCabe, Joseph: *A History of the Popes*, London, 1939

McCabe, Joseph: *Crises in the History of the Papacy*, New York, 1916

McCabe, Joseph: *History of the Catholic Index*, Kansas, 1931

McCabe, Joseph: *The Decay of the Church of Rome*, London, 1909

McCabe, Joseph: *The Gay Chronicle of the Monks and the Nuns*, Girard, Kansas, 1930

Meyrick, Thomas: *Lives of the Early Popes*, London, 1878

Mollet, G.: *The Popes at Avignon*, Edinburgh, 1963; [*Les Papes d'Avignon, 1305–1378*, Paris, 1949]

New Catholic Encyclopedia, New York, 1966

Pardoe, Rosemary u. Darroll: *The Female Pope. The First Complete Documentation of the Facts behind the Legend*, Wellingborough, 1988

Pastor, Ludwig von: *Geschichte der Päpste seit dem Ausgang des Mittelalters*, 16 Bde., Freiburg/Br., 1923–1933

Payer, Pierre J.: *Sex and the Penitentials*, Toronto, 1984

Platina, B.: *The Lives of the Popes*, London, 1645

Ranke-Heinemann, Uta: *Eunuchen für das Himmelreich. Katholische Kirche und Sexualität*, Hamburg, 1988

Ravenna, Agnellus von: *Liber pontificalis, I. Bischofsbuch*, Freiburg, 1996

Ravenna, Agnellus von: *Liber pontificalis, II. Bischofsbuch*, Freiburg, 1996

Rogers, J.A.: *Sex and Race*, New York, 1940

Roidis, Emmanuil (o. Emmanuel Rhoides; i. Engl. übers.v. Lawrence Durrell): *Pope Joan*, London, 1954; dt. *Päpstin Johanna*, Mindelheim, 1985

Romano, Ruggiero u. Tenenti, Alberto (Hrsg.): *Die Grundlegung der modernen Welt (Fischer Weltgeschichte, Bd. 12)*, Frankfurt a. M., 1997

Stanford, Peter: *Die wahre Geschichte der Päpstin Johanna*, Berlin, 1999

Tannahill, Reay: *Sex in History*, London, 1980

The Catholic Enyclopaedia, New York, 1907

Thiede, Carsten Peter: *Das Petrusbild in der neueren Forschung*, Wuppertal, 1987

Thiering, Barbara: *Jesus von Qumran*, London, 1992

Valera, Cypriano de: *Popery*, London, 1704

Walker, Benjamin: *Gnosticism – its History and Influence*, Wellingborough, 1983

Wilson, A.N.: *Jesus*, London, 1993

Wright, Charles u. Neil, Charles: *A Protestant Dictionary*, London, 1904

LISTE DER PÄPSTE

Die kursiv aufgeführten Namen sind Gegenpäpste. Im Text erwähnte Päpste sind mit einem Punkt (•) gekennzeichnet. Gegenpäpste tragen ihre Ordnungszahlen in Klammern, sofern sie den Titel mit einem offiziellen Papst teilen. Ein Fragezeichen bedeutet, daß die Amtszeit des betreffenden Papstes nicht exakt feststellbar ist.

• ? bis 64/67 Petrus der Apostel
? 67–76 Linus
? 76–88 Anaklet I. (Anenkletos)
? 88–97 Klemens I.
? 97–105 Evaristus
? 105–115 Alexander I.
? 115–125 Sixtus I. (Xystus)
? 125–136 Telesphorus
? 136–140 Hyginus
? 140–155 Pius I.
? 155–166 Anicetus (Aniketos)
• ? 166–175 Soter
? 175–189 Eleutherus
• ? 189–199 Victor I.
? 198/9–217 Zephyrinus
• 217–222 Calixtus I.
• *217–235 Hippolytus*
222–230 Urban I.
• 230–235 Pontianus
235–236 Anterus
236–250 Fabianus
251–253 Cornelius

251 Novatianus
253–254 Lucius I.
254–257 Stephanus I.
257–258 Sixtus II. (Xystus)
259–268 Dionysius
269–274 Felix I.
275–283 Eutychianus
283–296 Cajus (Gaius)
296–304 Marcellinus
308–309 Marcellus I.
309 Eusebius
311–314 Miltiades (Melchiades)
• 314–335 Silvester I.
336 Marcus (18.1.–7.10.)
337–352 Julius I.
• 352–366 Liberius
• *355–365 Felix II.*
• 366–384 Damasus I.
• *366–367 Ursinus*
• 384–399 Siricius
• 399–401 Anastasius I.
• 401–417 Innozenz I.
417–418 Zosimus
• 418–422 Bonifatius I.

• *418–419 Eulalius*
422–432 Coelestin I.
• 432–440 Sixtus III.
• 440–461 Leo I.
461–468 Hilarus
468–483 Simplicius
• 483–492 Felix II. (III.)
• 492–496 Gelasius I.
• 496–498 Anastasius II.
• 498–514 Symmachus
• *498–505 Laurentius*
• 514–523 Hormisdas
523–526 Johannes I.
526–530 Felix III. (IV.)
• 530–532 Bonifatius II.
530 Dioskur
533–535 Johannes II. (Mercurius)
• 535–536 Agapet I.
• 536–537 Silverius
• 537–555 Vigilius
• 556–561 Pelagius I.
• 561–574 Johannes III.
575–579 Benedikt I.
• 579–590 Pelagius II.
• 590–604 Gregor I.

604–606 Sabinianus
• 607 Bonifatius III.
(19.2.–12.11.)
608–615 Bonifatius IV.
• 615–618 Deusdedit
(Adeodatus I.)
619–625 Bonifatius V.
625–638 Honorius I.
640 Severinus (28.5.–2.8.)
640–642 Johannes IV.
• 642–649 Theodor I.
649–655 Martin I.
655–657 Eugen I.
657–672 Vitalianus
672–676 Adeodatus II.
676–678 Donus
678–681 Agatho
682–683 Leo II.
684–685 Benedikt II.
685–686 Johannes V.
686–687 Konon
687 Theodor
687 Paschalis
• 687–701 Sergius I.
701–705 Johannes VI.
705–707 Johannes VII.
708 Sisinnius (15.1.–4.2.)
708–715 Constantinus I.
715–731 Gregor II.
• 731–741 Gregor III.
• 741–752 Zacharias
752 Stephan II.
• 752–757 Stephan II.
(III.)
757–767 Paul I.
767–768 Constantinus II.
768 Philipp
768–772 Stephan III. (IV.)
772–795 Hadrian I.
• 795–816 Leo III.
816–817 Stephan IV. (V.)
817–824 Paschalis I.
824–827 Eugen II.
827 Valentin
827–844 Gregor IV.
844 Johannes (Januar - ?)
844–847 Sergius II.

• 847–855 Leo IV.
• 855–858 Benedikt III.
855 Anastasius III.
• 858–867 Nikolaus I.
• 867–872 Hadrian II.
872–882 Johannes VIII.
• 882–884 Marinus I.
(Martin II.)
• 884–885 Hadrian III.
885–891 Stephan V. (VI.)
• 891–896 Formosus
• 896 Bonifatius VI.
• 896–897 Stephan VI.
(VII.)
• 897 Romanus
• 897 Theodor II.
898–900 Johannes IX.
• 900–903 Benedikt IV.
• 903 Leo V. (7.–9. 903)
• 903–904 Christophorus
• 904–911 Sergius III.
• 911–913 Anastasius III.
• 913–914 Lando
• 914–928 Johannes X.
• 928 Leo VI.
• 928–931 Stephan VII.
(VIII.)
• 931–935 Johannes XI.
936–939 Leo VII.
939–942 Stephan VIII.
(IX.)
• 942–946 Marinus II.
(Martin III.)
946–955 Agapet II.
• 955–963 Johannes XII.
• 963–965 Leo VIII.
• 964 Benedikt V.
(22.5.–23.6.)
• 965–972 Johannes XIII.
• 973–974 Benedikt VI.
• *974 Bonifatius VII.*
(Franco)
• 974–983 Benedikt VII.
• 983–984 Johannes XIV.
• 984–985 Bonifatius VII.
• 985–996 Johannes XV.
• 996–999 Gregor V.

• *997–998 Johannes XVI.*
• 999–1003 Silvester II.
1003 Johannes XVII.
• 1003/4–1009 Johannes
XVIII.
• 1009–1012 Sergius IV.
• 1012–1024 Benedikt
VIII.
1012 Gregor VI.
• 1024–1032 Johannes
XIX.
• 1032–1045 Benedikt IX.
• *1045 Silvester III.*
• 1045–1046 Gregor VI.
• 1046–1047 Klemens II.
• 1048 Damasus II.
(17.7–9.8.)
• 1049–1054 Leo IX.
• 1055–1057 Victor II.
1057–1058 Stephan IX.
(X.)
• 1058–1059 Benedikt X.
• 1058–1061 Nikolaus II.
• 1061–1073 Alexander II.
1061–1071/2 Honorius II.
• 1073–1085 Gregor VII.
• *1080–1100 Klemens III.*
• 1086–1087 Victor III.
• 1088–1099 Urban II.
• 1099–1118 Paschalis II.
1100–1102 Theoderich
1102 Albert
1105–1111 Silvester IV.
1118–1119 Gelasius II.
1118–1121 Gregor VIII.
• 1119–1124 Calixtus II.
• 1124–1130 Honorius II.
1124 Coelestin II.
• 1130–1143 Innozenz II.
• *1130–1138 Anaklet II.*
1138 Victor IV.
• 1143–1144 Coelestin II.
1144–1145 Lucius II.
1145–1153 Eugen III.
1153–1154 Anastasius IV.
• 1154–1159 Hadrian IV.
• 1159–1181 Alexander III.

LISTE DER PÄPSTE

1159–1164 Victor IV.
1164–1168 Paschalis III.
1168–1178 Calixtus III.
1179–1180 Innozenz III.
1181–1185 Lucius III.
1185–1187 Urban III.
• 1187 Gregor VIII.
(21.10.–17.12.)
1187–1191 Klemens III.
• 1191–1198 Coelestin III.
• 1198–1216 Innozenz III.
1216–1227 Honorius III.
• 1227–1241 Gregor IX.
• 1241 Coelestin IV.
(25.10.–10.11.)
• 1243–1254 Innozenz IV.
• 1254–1261 Alexander IV.
• 1261–1264 Urban IV.
• 1265–1268 Klemens IV.
• 1271–1276 Gregor X.
• 1276 Innozenz V.
(21.1.–22.6.)
1276 Hadrian V.
(11.7.–18.8.)
• 1276–1277 Johannes XXI.
• 1277–1280 Nikolaus III.
• 1281–1285 Martin IV.
1285–1287 Honorius IV.
• 1288–1292 Nikolaus IV.
• 1294 Coelestin V.
(5.7.–13.12.)
• 1294–1303 Bonifatius VIII.
1303–1304 Benedikt XI.
• 1305–1314 Klemens V.
• 1316–1334 Johannes XXII.
• *1328–1330 Nikolaus V.*
• 1334–1342 Benedikt XII.
• 1342–1352 Klemens VI.
1352–1362 Innozenz VI.

• 1362–1370 Urban V.
• 1370–1378 Gregor XI.
• 1378–1389 Urban VI.
• *1378–1394 Klemens VII.*
• 1389–1404 Bonifatius IX.
• *1394–1423 Benedikt XIII.*
• 1404–1406 Innozenz VII.
• 1406–1415 Gregor XII.
• *1409–1410 Alexander V.*
• *1410–1415 Johannes XXIII.*
• 1417–1431 Martin V.
1423–1429 Klemens VIII.
1425–1430 Benedikt XIV.
• 1431–1447 Eugen IV.
• *1439–1449 Felix V.*
• 1447–1455 Nikolaus V.
• 1455–1458 Calixtus III.
• 1458–1464 Pius II.
• 1464–1471 Paul II.
• 1471–1484 Sixtus IV.
• 1484–1492 Innozenz VIII.
• 1492–1503 Alexander VI.
• 1503 Pius III.
(22.9.–18.10.)
• 1503–1513 Julius II.
• 1513–1521 Leo X.
• 1522–1523 Hadrian VI.
• 1523–1534 Klemens VII.
• 1534–1549 Paul III.
• 1550–1555 Julius III.
1555 Marcellus II.
(9.4.–1.5.)
• 1555–1559 Paul IV.
• 1559–1565 Pius IV.
• 1566–1572 Pius V.
• 1572–1585 Gregor XIII.
• 1585–1590 Sixtus V.
• 1590 Urban VII.
(15.9.–27.9.)
1590–1591 Gregor XIV.

1591 Innozenz IX.
(29.10.–30.12.)
1592–1605 Klemens VIII.
1605 Leo XI. (1.4.–27.4.)
• 1605–1621 Paul V.
• 1621–1623 Gregor XV.
1623–1644 Urban VIII.
• 1644–1655 Innozenz X.
• 1655–1667 Alexander VII.
• 1667–1669 Klemens IX.
1670–1676 Klemens X.
1676–1689 Innozenz XI.
1689–1691 Alexander VIII.
• 1691–1700 Innozenz XII.
• 1700–1721 Klemens XI.
1721–1724 Innozenz XIII.
• 1724–1730 Benedikt XIII.
• 1730–1740 Klemens XII.
• 1740–1758 Benedikt XIV.
• 1758–1769 Klemens XIII.
1769–1774 Klemens XIV.
• 1775–1799 Pius VI.
• 1800–1823 Pius VII.
• 1823–1829 Leo XII.
1829–1830 Pius VIII.
• 1831–1846 Gregor XVI.
• 1846–1878 Pius IX.
1878–1903 Leo XIII.
1903–1914 Pius X.
1914–1922 Benedikt XV.
• 1922–1939 Pius XI.
• 1939–1958 Pius XII.
• 1958–1963 Johannes XXIII.
• 1963–1978 Paul VI.
• 1978 Johannes Paul I.
(26.8.–28.9.)
• 1978–2005 Johannes Paul II.

Ende

© 2011 (7. Auflage) für

Edition Enfer

in der Akzente Versandbuchhandlung GmbH, Lahnstein

© Nigel Cawthorne 1996
Die englische Originalausgabe ist erschienen bei
Prion
Ein Imprint der Carlton Publishing Group, London
unter dem Titel
"Sex lives of the popes"

ISBN 978-3-9811483-2-9

www.akzente-buch.de